適應
與
心理衛生

——人生週期之常態適應

———— Douglas H. Powell 著

俞筱鈞 譯

Understanding   Human Adjustment

Normal Adaptation
Through the Life Cycle

——— Douglas H. Powell

ISBN 957-9272-82-4
Printed in Taiwan, Republic of China

Chinese edition copyright © 1996
by Yang-Chih Book Co., LTD.
for sales in Worldwide.

適應與心理衛生

本書係美國哈佛大學資深教授鮑爾 (Douglas H. Powell)
所著，於西元一九八三年初版，一九九六年推出新版，
內容豐碩，其特色可列舉為：一、理論架構以強調常態
心理為主，敘述異常行為僅為達成對照之目的。二、採
取生命週期之觀點，闡明個人在工作、愛及遊樂三領域
之常態適應。三、分辨不同層次之壓力反應，除正常及
行為違常反應外，並涵蓋暫時性之過度負荷情況及危機
適應失調等。四、根據作者二十餘年臨牀心理學之教學
及專業經驗，以個案實例闡明學理及概念。五、集合體
質、精神分析、行為、人本，及認知等五大心理學派之
重要貢獻。六、最後之特點在於蘊涵歷史悠久之哲學，
臨牀心理學之智慧及最新心理學之驗證。

總之，本書強調個人在現代社會如何適應人生之不
同週期以增進心理衛生。因此，本譯文可作為心理衛生
學、適應心理學、心理輔導學、衛生教育學及機構心理
學等有價值之教材。同時，由於敘述通俗化及生活化，
亦可作為一般性之閱讀資料。

黃　序

　　一星期前，筱鈞學長以傳眞函告我，她將哈佛大學教授鮑爾所著之 *Understanding Human Adjustment：Normal Adaptation Through the Life Cycles* 首版名著譯成了中文，定名爲《適應與心理衛生》，要我爲該譯本寫一篇序，對於這份任務，我實有受寵若驚之感，因爲筱鈞是我就讀中央大學時道道地地的學長，她在心理學方面的造詣，素爲我所欲佩，對心理衛生工作，尤具豐富經驗。民國六十年應張曉峰先生的邀請，到當時的中國文化學院任教，並主持心理衛生中心，那是我國最先設立是項單位的少數大學之一。由於筱鈞學長的努力，使心理衛生工作在華岡奠定了良好的基礎。在這段時期中，她並就大學生的心理健康問題進行了多項研究，先後發表於中華心理學刊；並曾多次在國際心理學會議中提出報告，因其在學術上和實際工作上的卓越成就，她旋被文化大學聘任爲訓導長。很自然地，心理衛生乃成爲華岡學生輔導中心的核心，這該是值得大書特書的一件事。民國七十二年筱鈞學長更上層樓，受聘爲文化大學副校長，她的工作成就再度受到肯定。要爲這樣一位學人的譯著寫序，眞是一份無上的光榮。

　　近年來，由於心理疾病患者所製造的一些問題，引起了社會大衆對於心理健康的注意；不過卻也同時形成了一些不完全正確的觀念，認爲心理衛生的目標，只在治療心理疾病和處理

不良適應行為而已；工作的對象就只是那些心理不健全的人們。其實並不然，治療心理疾病只是心理衛生工作消極的目標，它更積極的目的，乃是要培養、增進個人和社會的心理健康，發展健康人格；它是以一般人、正常的人為對象的。正像鮑爾寫這本書的目的一樣，是為一般人、正常人所寫的，它在本書第一章就以「促進心理健康的常態適應」做為主題，實頗具深意。

在人生的旅程裡，不時會遇到各種壓力，整個生命實際上就是對各方面壓力適應的歷程；而且若干適應行為的形成和表現，常是在當事者不完全自覺的情況下進行的。因此對於生活中壓力的認識，對於行為適應原理和適應形式形成歷程的了解，乃為增進個人心理健康的必要步驟。本書作者將立論的基礎放在壓力觀念上，是十分得宜的。最後他在末章提出十一項「心理健康守則」，內容具體而簡明，一般人均能了解，而且也易於實施，使奉行的人不難體驗到自己的成就，因而能產生有所獲之感，乃可增加其信心。不少心理學或精神醫學的書籍，常使人讀後懷疑自己具有某些症狀，降低了他們對其心理健康的信心，後遺的影響頗大，鮑爾卻很技巧的避免了那種消極作用。

表面上看來，譯述像是件容易的工作，事實上卻正相反。以本書的譯述為例，譯者必須對心理學和心理衛生有透徹的了解，必須在中英文兩方面均有高深的造詣，方能勝任愉快。筱鈞學長同時具備了這些條件，所以譯本讀來流暢清順，有若松風水月。同時她譯述本書的目的，純粹是為推廣心理衛生的知識，使國人有機會接觸西方名學者的著作，從中獲得增進心理健康的益處，所以譯來用詞選句都非常慎重，同時充分保留了原著的意義和格調。她那份忠於學術、忠於心理衛生工作的精

神，充塞於字裡行間，讀者們當很容易體會到。

　　還有一點我認為特別值得一提，以筱鈞學長在心理學方面的造詣和其在心理衛生工作與教學的經驗，要自己撰寫一本健康心理學是輕而易舉的事。然而她在讀過鮑爾的原著以後，由於衷心欣賞該書的內容和結構，願意將之介紹與國內讀者，乃不厭其煩地設法和鮑氏取得聯繫，經過多次相互討論，而後將全書譯為中文，這種樂於彰顯他人的優點，而「不掠人之美」的崇高品德，確是非常值得稱道，也是學術界同仁應以之為範的。

　　筱鈞學長先我一年（即一九四三年）畢業于國立中央大學，我毋須為她的年齡保密，我們卻可以被放在高齡學人的行列裡，但是她近年仍舊是十分積極地從事于教學、研究、著書等項工作，對於國際性學術活動，也非常活躍地參與，目前她正擔任國際心理學人協會理事長（International Council of Psychologists，ICP）。該會去年在台北舉行第五十三屆年會，盛況空前，就是在她悉心擘劃之下進行的。如此因工作而忘年，也正是保持心理健康的原則之一，所以筱鈞學長不只是在致力於宣揚心理衛生知識，也是真正的身體力行者，能為她的譯著書此弁言，深以為榮，但個人對她欽佩的私衷，則是匪言可喻的。

黃堅厚　謹序

一九九六年六月

於美國俄亥俄州吉黎雅城

（序者為前國立師範大學教育學院院長、中國心理學會暨中國心理衛生學會會長）

譯　序

　　民國七十三年四月間，發生螢橋國小學童被潑毒傷害案，及財政部關稅司司長被妻子慘殺案，引起社會普遍的震撼，更激發各方的輿論和呼籲。而最近（八十五年）國中老師被不知好歹的學生在樓梯上持瑞士刀玩鬥時刺中要害致死亡；又好賭婦人因玩麻將輸掉數千萬元，向丈夫索取不得要領而狠心將其刺死。其實歷年來，多起聳人聽聞的社會新聞，都並不是突發事件。

　　撇開嚴重精神病不談，台大醫院精神科之最近研究調查指出，大城市一般人口中，平均有百分之四十之輕重程度不同的「身心症」（Psychosomatic Disorders），這是由於情緒不平衡，或情緒失調所導致之內臟器官失調。

　　報章之輿論則包括如以下之短評：

　　我們一面驚訝於都市中患有「心身症」者比例之高；一面對於如何在現時的生活高壓下，化繁為簡，以求得良好適應而為之著急。因為我們的國民，向以勤勞負責聞名於世，大多是默默耕耘，埋頭苦幹，而不知如何在緊張的工作中去安排休息，促使身心平衡。要治療現代的「心身症」，健全社會的發展，大家要建立起一個正確的觀念；為了明天走更遠的路，應該在今天有適當的休息，並掃除於事無補的焦慮和憂慮。

　　全民身心健康問題，絕對不是因發生一兩件震撼社會的慘

案，才掀起一股熱潮去疾呼建立精神醫療網或辦好各級學校心理輔導工作，當然這些都是須辦任務，可是，焦點應置於不同層次之心理困擾者。

本人對預防心理衛生及促進心理健康之學理與研究，素至感興趣。在華岡張創辦人其昀博士鼓勵下，不斷求新求深入，故於民國七十二年九月細讀哈佛大學健康心理學研究教授鮑爾 (Douglas H. Powell) 博士一九八三年出版之名著 *Under-standing Human Adjustment:Normal Adaptation Through the Life Cycles* 後，即決定引進爲教學用書。

該書之特點可見於作者鮑爾之「自序」及「新版序」。誠然，其內容、組織、統整之各家理論，涵蓋之追蹤個案，最新之研究發現，豐碩之圖表，使授課老師或修讀學生均可獲益良多。其所強調之人生之週期觀念，每週期中之工作、愛與遊戲之適當安排，以及壓力之不同層次處理方法，非但配合最新之心理衛生理論，而且亦極能因應時需。

誠如心理衛生學界前輩黃堅厚教授所言：鮑爾之名著內容與編纂，非但有其獨到之處，更對今日世人所強調之心理健康具備極有系統及完整之資訊。中國心理衛生學會於不久之前（一九九一）與衛生署聯合召開「邁向二十一世紀之國際全民心理健康研討會」，開誠佈公以下之前言：

提升個人的身體、心理健康是人類一直追求的目標與理想，維持與促進個人的身心健康更是每一個國民的義務與權利。在科技精進的今日，個人身體健康與心理健康的密切相關已為人們所熟知；心理的健康與否對身體健康有極大的影響，甚至足以擾亂社會的安寧與和諧。

於該大會中，學人張笠雲教授於「從精神衛生法草案內容

論台灣過去十年中心理衛生政策」一文中亦發表感嘆之言論：

以長期的發展來看，如何能從現實出發的窄化精神疾病患者的照顧，過渡到經神疾病防治，進而如「精神疾病法」草案所宣示的，增進國人心理健康，而臻和諧安寧之社會的理想。從目前送至立法院審查的「精神衛生法」草案內容，還看不出這個理想有實現的可能。」（一九九一）

我國國際級之資深精神科學人曾文星亦疾呼：

在現代化且先進的國家裡，其衛生系統裡都設有中央級的心理衛生機構，負責掌管監督各階級的精神衛生工作。也由各種社會及行為專家、教育家、精神醫學專家等綜合參與出力，經由此中央組織來推展心理衛生的工作。包括如何推展心理健康的觀念及普遍心理衛生教育等。

本人講授「適應心理學」原著已達十餘年，每學年從同學所遞繳之心得報告，均持續增強對鮑爾名著之學術及實用性價值。去年（一九九五）有幸得與作者親自聯繫，獲其欣然同意將原文譯成中文版，且增加最新有關研究資訊，尤其是對兩性及老人心理之新觀點。此外，DSM-IV之內容亦予以融入。因此，對原著之內涵更增強其價值與時代性。於譯著此一九九六版時，欣獲陳柏如小姐之協助及兒童福利研究所同學黃尤美、羅淑華、金惠梅、李正隆、吳秋雯、胡中宜、歐姿秀、賴佳菁，鄭善明校對，在此特予致謝。

最後，敬將本著呈獻予對心理健康有志之前輩及青年，並請不吝指正。

俞筱鈞　[印]　識於華岡
一九九六年八月

原序

　　我們的生活似乎是「一件麻煩事跟著另一件而來」。個人如何適應日常生活的困擾，或因應嚴重的問題對其快樂有很大的影響，成功地適應生活中的壓力，乃是本適應心理學著作之主題。

　　很多優異之教科書詳述適應與心理失調之過程。本書則強調人類之常態適應，從區辨常態適應與其他類別之適應，可發現前者之人格特質較後者富於彈性及充實。

　　生活於現代社會，了解常態人格心理學實極重要，因此，晚近講授或撰寫人類適應、心理衛生及人類發展週期之學者對身心健康均深感興趣。本書內容包含豐碩之最新資料，其中有經過半世紀追蹤研究結果發現，正常心態之男女橫斷面研究，以及對成年期、老年期，以及一般性身心保健與預防疾病之學理和方法等。因此，從眾多之成年期研究結果，吾人開始洞悉昔日所稱之認同危機、自我混淆、情緒不穩定等困擾問題並不僅屬於「暴風雨之青春期」。目前美國有很多心理學組織已充分反映對健康的重視，例如，全美心理學會（APA）之四十二個分組中之一組定名爲「健康心理學」（Health Psychology）；加州心理學會定期出版「保健資源」刊物，以及西元一九七九年，美國聯邦首席醫官曾發表一篇以「健康人」爲主題之報告，敍述如何維護身心健康之重要與原則，引起全國普遍之迴響。

六大特色

一、本書主要理論架構強調常態心理，敘述異常行為及情況僅為達成對照之目的。

二、採取生命週期之觀點，闡明個人在工作、愛及遊樂三領域之常態適應。

三、本書分辨不同層次之壓力反應，除正常及行為違常反應外，並涵蓋暫時性之過度負荷情況及危機適應失調等。

四、本書根據作者二十餘年臨牀心理學之教學及專業經驗，以寶貴之個案追蹤實例闡明學理及概念，雖然姓名屬虛構，但均為真實個案。

五、本書並不袒護或排斥任何心理學派，而集合體質、精神分析、行為、人本及認知等五大心理學派之重要貢獻。

六、最後，本書之中心概念係基於三大學術來源：哲學、臨牀心理學及科學研究，職是之故，其特點在於涵蘊歷史悠久之哲學，臨牀心理學之智慧以及最新心理學之驗證，讀者可予以更大之信心。

本書之組織架構

本書分為四篇，第一篇介紹「壓力與常態適應」，共包含四章。第一章主要提出常態適應之界說。第二章討論壓力之本質，壓力對人之正負影響。第三章探討各種處理壓力之方法和效度。第四章綜合二十世紀之重要理論及晚近之研究發現，提出六種常態人格形態。

第二篇介紹「人生各週期之工作、愛與遊樂」，亦包括四章。第五章介紹現代心理學對人生週期之概念，並從傳統及晚

近之理論去探索人類發展之意義。至於人生週期內之工作、愛與遊樂之特殊內涵，則分別於第六、七、八章詳述。

　　第三篇之主題為「不同情境下之適應」，內容亦分為四章。第九章敍述常態適應，係指大多數人之心態。第十章描述暫時性過度壓力之適應狀態。第十一章澄清危機反應下之適應狀態。第十二章詳述行為違常之適應狀態。各章均分別提出如何處理每一種狀態下之適應，其主要及次要特徵，並從個案實例及學理建議如何維護常態適應，如何因應暫時性之過度壓力負荷，如何減少危機導致之痛苦，以及如何從神經質障礙中復健。

　　第四篇以「常態適應對人生各週期之涵義」作者本書的結束，內容共分為兩章。第十三章敍述大學教育後之人生各週期。首先探討性別、家庭背景或種族之可能影響；其次討論如何維持自我尊嚴及個人生活效率。第十四章從古今聖賢博學者之智慧精選十一項守則，做為增進身心健康及提昇生活素質之道。

　　最後，除前述之特色外，本書為能協助修讀本科者有效學習，在每章之前提供綱要及思考之問題，結束時有綜合摘要及重要英文術語，既可預期每章之要點及作應有之思考，亦可便於溫習。同時，每章之末也建議相關性參考書目，使有興趣者，得藉以深入研究。

　　　　　　　　　　　　　　鮑爾識於波士頓　一九八三年

新版序

　　我非常榮幸能為中文版的《適應與心理衛生》寫序。在世界所有的語言中，中文似乎最適合翻譯這類書，不只是因為說中文的人口比說英語及其它語言的人數多得多，並就個人經驗而言，我深信本著作與中國文化中重視健康與修身養性的精神相符。再者，許多構成中國文化的因素均建立於我所定義之「常態」的基礎上：即在面對高層次的壓力反應時，也能從工作、愛與遊戲的平衡中獲得滿足，因而達致今日世人所風靡的EQ。

　　自從1983年本書初版發行以來，許多關於常態適應的新研究發現便陸續發表。對於精神異常的診斷亦有長足的進步，例如，第四版的精神異常之診斷與統計手冊即取代了DSM-III和DSM-III-R，過去十年中亦發表了行為與精神違常多型態治療之新發展及不同治療方式的成效報告。同時，許多引起學生興趣的新課題產生，包括免疫系統中壓力的影響、減輕身心症的選擇性藥物使用頻繁、性別差異、對老年人口興趣的增加，強制退休法令的修改以及各年齡層電腦使用率的普及。不少學人努力地發掘關於這些主題合適的新資料。另外，大部分出現在1983年版的重要圖表均已更新，例如青少年藥物濫用，男女薪資待遇的不平等、大學生輟學率、兒童與繼父母同住的人數等。並且，在參考書目中納入了可觀的新參考資料。

　　最後，我要致上謝意給我最敬重的中國文化大學教授俞筱

鈞女士，她首先鼓勵我進行修訂新版及發行中文版的學術工作。此外，亦感謝揚智出版社出版此書，若非他們的賞識及努力，則此出版計劃將無法達成。

Douglas H. Powell
Cambridge MA. USA.
August, 1996

· 目　　錄 ·

第2篇　人生週期中的工作、愛與遊樂

第3篇　不同情境下之適應

第4篇　常態適應對人生各週期之涵義

第1篇 壓力與常態適應之達成

　　本書共分為四大部分，第一篇介紹常態適應之基本條件，分四章討論：第一章解釋探討常態適應之原因，以及指出幾個對常態適應所下定義不足之處，然後根據近日以正常人為研究對象之發現，提出常態適應之界說。

　　由於常態適應很容易被壓力干擾，但也可以由有效之處理方法去恢復，因此第二章乃討論壓力之性質，特別強調其起因，並研討壓力對生理與心理上之影響，個體能處理壓力時之正向功能，以及五個有關壓力之學派。第三章探討適應之性質，以及三種處理壓力之方法：一、自我保護法，是減少壓力感受之無意識反應。二、直接控制法，是自己意願採用的控制壓力之方法。三、直接行動法，是以行為去減少壓力之來源。第四章以描述各種正常人格形態結束第一篇。首先從二十世紀的兩個主要理論開始，然後綜合近代研究，即體質與環境會影響人格形成之觀點，據此提出六種人格形態。

　　第二篇將探討人生各週期中，時常有不可預期之問題會引起心理不平衡。第三篇敘述個人在四種情境下之適應特質。最後一篇討論如何從人生寶貴經驗學習增加生活之快樂並減少不愉快，進而提昇實現理想之可能性，並歸納哲學家、心理學家等人之意見為十項增進良好適應心理健康生活守則。

第一章　何謂常態適應

綱要

一、為何研究常態適應

二、何謂常態行為

　　㈠心理衛生觀點

　　㈡統計觀點

　　㈢理想觀點

三、擬定常態行為界說之困難

四、人生週期研究對常態適應觀點之幫助

五、如何獲得常態適應

　　㈠工作、愛及遊樂

　　㈡滿意感之必要

　　㈢均衡

　　㈣有效處理壓力

　　㈤善用資源

終生以愛人為懷之梁就光女士（譯者先母）之童年玉影

思考問題

- ☐ 你認為自己是正常的嗎？
- ☐ 你根據什麼來評定的？
- ☐ 你是否有時會懷疑自己是異常？
- ☐ 常態與異常有何不同？

為何研究常態適應？

我們所以要研究什麼是常態適應其理由如下：

(一)可協助我們活得更滿意和愉快：為人父母者從事教育，或保育、兒童福利工作人員可對促進及維護正常適應之概念更為清楚，並獲致可循人生指引，使我們的生活更有目標，總之，可自助助人。

(二)了解壓力是什麼，以及如何有效地處理壓力。

(三)了解如何辨別正常適應和適應失調。

焦慮、抑鬱、心理衝突，以及感到人生沒有意義固然是情緒失調的特質，但是須知一般人都會有這種感覺。譬如您的弟弟和好朋友也許都鬧情緒、穿著怪誕、對上學不感興趣，以及與家人不和諧，或語無倫次……等，您又怎麼去分辨弟弟的情形過一陣子就會自然好轉，而您的朋友卻需要治療？的確，有時難以辨別。正如名心理學家威廉詹姆斯 (James, 1896,) 所言：「兩人之間差別雖很少，但有時候這微小的差距是非常重要的。」

何謂常態行為？

提到常態行為之觀點是有很多不同的意見，如幸福感、成

熟、安貧樂命、順從上帝旨意，及完整的感覺等解釋都有不同
的問題。譬如：幸福感的觀點，人生過程不免有悲傷不幸的事
情和時刻。所謂成熟，並沒有考慮到持續成長的事實。與世無
爭的純樸生活，並非就沒有問題，雖然很多人嚮往這種生活。
對順從上帝的旨意的解釋也因人而異。人多少都有瑕疵，因此
「常態行為」之完整解釋自然也不容易。

本書對「常態行為」採納三個觀點 (Offer and Sabshin,
1974)：

㈠**心理衛生觀點** (The Mental Health Perspective)：
這是一個醫學觀點，沒有心理疾病乃是常態心理。但根據西元
一九九四年美國精神醫學會出版之「精神病之診斷與統計手
冊」 (*Diagnostic and Statistical Manual, DSM*-IV)，有很
多心理困擾並非很明顯之情緒失調，諸如：個人怪癖、性向、
動機及處理壓力之差異，或是兩歲幼兒的容易發脾氣，學童學
業之低成就，成人依賴咖啡、香煙等，雖然上述的現象可能與
情緒失調有關，但這些現象也是很普通的行為，如果將它們視
為心理疾病的徵兆，等於是將青春痘或超過標準體重九公斤視
為身體上的疾病。此心理衛生觀點，混淆了正常行為、人格差
異與心理不健全三者之間的區別。

㈡**統計觀點** (The Statistical Perspective)：常態分布
理論 (Normal Curve Distribution) 認為心理健全是在常態
分布的中點，但是在兩極端的是否就不正常呢？如果以智商分
布而言，就不一定，因為和現實需要有關。譬如閱讀速度和領
悟能力很高的大學生，也許其機械能力很低，如果想唸建築工
程，並非有利條件。（請參閱圖一）

㈢**理想觀點** (The Ideal Perspective)：賈荷德 (Ja-

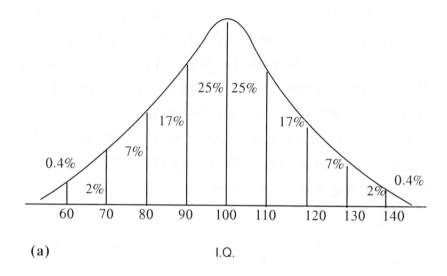

(a)　　　　　　　　　　　　　I.Q.

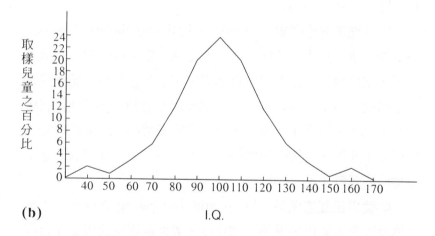

(b)　　　　　　　　　　　　　I.Q.

2904位取樣兒童之智商，從40至170，每隔10個單位兒童之百分比分布圖

圖一　智適常態分布之理論與實際結果

hoda, 1958）是一位積極心理衛生學派之拓荒者，她將心理健全者的特質列舉如下：1.根據現實了解及接納自己；2.對自己環境有正確之認識；3.不被內在矛盾或衝突所困擾，並能有效處理壓力；4.建立基本的身體上、智力及社會上之能力以因應環境；5.建立自助自強能力和人生目標；以及6.強調發展個人潛力以邁向自我實現之大道。與此觀點相同的是馬思盧之自我實現人格學說（Self-actualization Theory, 1962, 1970）；在此迄今為行為科學主幹之學說中，馬氏強調未得適當滿足之較低層次需要是非常強有力的，會阻止個人追求較高層次之需要。

馬思盧之心理需要階層系統，從最基本之生理需要，依次遞升為安全需要、愛與歸屬感需要、自尊需要及最高之自我實現需要。（請參閱圖二）

㈠**生理及安全需要**（Physiological and Safety Needs）：氧氣、水、食物、住所、活動和休息，當這些需要得到適當滿足，次階層之安全需要才為個體所尋求，也就是身體不受傷害之需要。孩子小的時候，父母親會當心他們，不讓他們有機會吞下釘子、有毒化學原料，如漂白粉或藥品，玩火或被關在冰箱裏；此後，也被教導如何小心過馬路，下雨穿雨衣，吃營養均衡的餐飲，晚上鎖門等。

㈡**愛與歸屬感需要**（Love and Belonging Needs）：當生理及安全需要已獲得適當滿足後，愛與歸屬感之需要才會顯著。它是希望得到別人關愛，如父母、親戚、朋友及特別喜愛的人，然後成為小團體的一分子，此包括家中成員，學校的社團，或球隊，教會的教友等。

㈢**自尊需要**（Esteem Needs）：當生理、安全及愛與歸

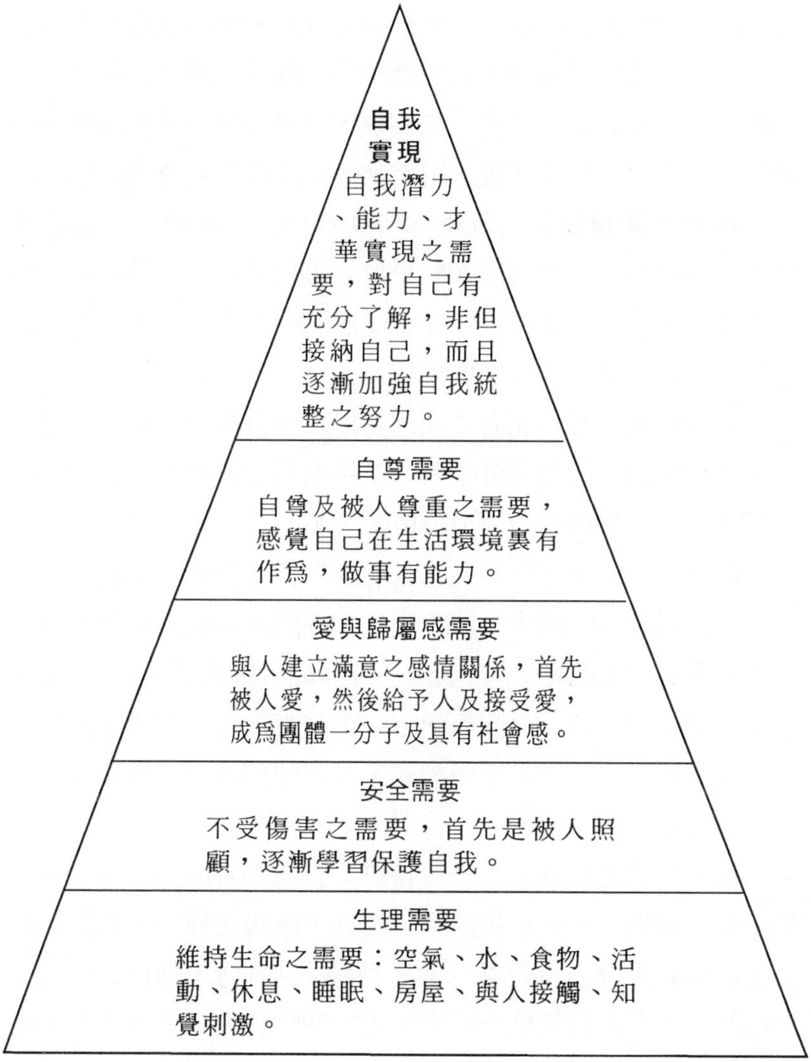

自我
實現
自我潛力
、能力、才
華實現之需
要，對自己有
充分了解，非但
接納自己，而且
逐漸加強自我統
整之努力。

自尊需要
自尊及被人尊重之需要，
感覺自己在生活環境裏有
作為，做事有能力。

愛與歸屬感需要
與人建立滿意之感情關係，首先
被人愛，然後給予人及接受愛，
成為團體一分子及具有社會感。

安全需要
不受傷害之需要，首先是被人照
顧，逐漸學習保護自我。

生理需要
維持生命之需要：空氣、水、食物、活
動、休息、睡眠、房屋、與人接觸、知
覺刺激。

圖二　馬思盧之人類心理需要層系圖

屬感得到適當滿足後，自尊需要就會變得很重要，就是覺得自己有用，以及多方面能表現勝任（Competence），也是做事使自己滿意及自傲之能力。這可能是學習閱讀，或爲自得其樂而閱讀，或學會計算平方根、立方根，也可能是在美勞課完成一盞可用之燈罩，投球準確，或首次收到工作的薪俸等。

㈣**自我實現需要**（Self-actualization Needs）：在心理需要階層體系中，最高層次的是自我實現需要，它要在以下四種需要都獲得適當滿足後，才會使個體聚精會神去力求滿足此需要，馬氏澄清此需要之內涵如下：

它是自我潛力、能力及才華得以持續實現之需要，如達成重要任務，對自己更充分了解，並接受自己的本質，不斷爲身心靈的統整協調而努力（Maslow, 1962,）。

自我實現需要之特質還包含能對現實有清晰之認識，不被慾念或成見左右。追求自我實現的人在解決問題時能針對事實之需，不受焦慮及疑惑所干擾，一方面從大處著想，另一方面，並不忽視手段與目的之關係。他們顯示創意，勇於接受新經驗，對生活充滿活力，對人感覺興趣，因此他們不會覺得單調，而經常感到無比的喜悅。

追求自我實現者另有一個特質：對人類有四海一家之親切感，使人能很自然的超越國家、種族、階級之界線，但他們對社會卻喜歡保持一段距離，尤其不喜歡被宣傳，他們的行爲受自己的宇宙觀及正義感所約束，由於個性獨立，安於獨處，所以也許只有一個小圈子的朋友。

根據懷特之看法，馬思盧對自我實現性格之擬定是極高的標準（White, 1972），因此他認爲就人口分布而言，僅有百分之五到三十的人生活重心是在自我實現（Maslow, 1970,）。

他曾經從歷史中尋求有自我實現性格的人，結果的名單包括：美國總統傑佛遜（Thomas Jefferson）、物理學家愛因斯坦（Albert Einstein）、羅斯福總統之夫人（Eleasnor Roosevelt）、樂聖貝多芬（Beethoven）、文學家梭羅（Henry David Thoreau）等人。

賈荷德及馬思盧兩氏對常態適應所提出之理想主義觀點可謂是代表樂觀派，是理想的人格，而非大多數的常態人格，從解釋三種觀點來看，心理衛生、統計學，及理想主義，各家雖指出常態適應有某些要點，但所得之啟示尚嫌不足。

擬定常態行為界說之困難

過去之學說與研究有兩種情形使解釋常態行為非常困難：㈠強調兒童青少年之發展；㈡不同文化、種族及社經地位觀點上差異之重視。譬如，敘述及分析人類發展之拓荒大師——佛洛伊德（Sigmund Freud）及其弟子的著作都是強調嬰幼兒及兒童期之關鍵性重要。耶魯大學之名兒童醫生及心理學家結賽爾（Gesell, 1970, 1946, 1956）在其連續之三部著作詳述一至五歲，五至十歲，十至十六歲之發展，此三部名著影響力頗鉅，直至最近十年才對成人發展興起強烈之興趣。

至於文化、社經及種族在觀念上之差異，即使在美國一個國家內就存在。因此在一次文化內認為正常，也許另一個次文化會成為異常。譬如對在成就動機、前途策畫、學業與事業上之成就，須勝於父母等領域均會有差異。

同時，父母對人生的看法亦會影響其子女之態度，譬如對大學教育和前途幸福之觀點，因此建立常態行為之界說顯然很困難。

人生週期研究對常態適應觀點之幫助

(一)**長期追蹤研究** (Longitudinal Studies)：可引錄以下之例：

1.二次大戰前十年，凡爾倫 (Vaillant) 開始一項長期追蹤研究，受試者為俄亥俄州 (Ohio State) 靠近安帖奧大學 (Antioch College) 的一些兒童，和住在加州奧克蘭及柏克萊市 (Oakland and Berkeley) 的青少年及哈佛大學學生，此研究一直追蹤受試者至成年。

2.另一項研究始於一九四○年堪薩斯市 (Kansas City) 之一心理衛生研究所，由梅寧格 (Karl Menninger) 所完成，受試著為嬰兒。

這兩項研究之重要發現歸納為：個體在三十、四十、五十歲之穩定性和他在六、十二、十八歲時，性質不同。此外，其他研究更有以下之發現：

(1)成年者如表現最高層次之適應能力，則在工作、愛，和休閒娛樂生活亦顯示適當安排。

(2)如何因應壓力比遭遇逆境更能有效評估個體在感情生活上之活力 (Elder, 1979, Vaillant, 1977; Murphy and Moriarty, 1976)。

(3)青年期並非人生唯一的危機及混淆期 (Offer, and Offer, 1975; King, 1973; Katz, 1968)。

(二)**橫斷面研究** (Gross-sectional Studies)：橫斷面研究將不同發展期的人作研究比較，譬如，剛從高中畢業、新婚、成長之子女離家、退休前等人，分析他們有效之因應壓力方法之共同因素。

以上所列舉之最近研究，無論是長期追蹤或橫斷面，不容
忽視是有其不同之困難，如特殊環境或時代，不同層次之社會
經濟發展、戰爭……等，但仍不失對常態適應之界說提供極有
價值之涵意。

如何獲得常態適應

從本章所探討與分析，常態適應可以歸納為在人生日常生
活以高層次方法處理壓力過程中，能從均衡之工作、愛及遊樂
獲致滿意之能力。

茲分別澄清「人生中之工作、愛、遊樂」，「滿意」，「均
衡」，「有效處理壓力」及「善用資源」之意義。

㈠工作、愛及遊樂 (Work, Love and Play)

古希臘時代的人認為美好的人生繫於工作、愛及遊樂三個
領域都發揮其功能。三位二十世紀的醫師從他們的臨床經驗均
支持此觀點，他們分別為佛洛伊德、卡勃特 (Richard
Cabot) ，及梅寧格。

有人曾問佛洛伊德，一個心態正常的人能做什麼，問者滿
懷期待一個複雜的答案。然而，佛洛伊德卻以極簡短的幾個字
答覆：「能愛，能工作。」 (Lieben und Arbeiten) (Erik-
son, 1950,)

卡勃特是美國波士頓市的一位醫師和教授，他和佛洛伊德
活在同一時代，他曾出版一本書，名為「人如何能維護常態適
應」(*What Men Live By, 1914*) ，卡氏書中的結論，除納
入佛洛伊德所說的氏之「能愛，能工作」之外，更加上「能遊
樂」，「能祈禱」。

梅寧格於佛、卡二氏發表對常態適應之觀點五十年後，亦

認爲能工作，能愛，能遊樂對心理疾病復健是具有關鍵之重要性 (Menninger et al., 1967)。

目前之臨床理論已充分支持此觀點：前述之美國精神醫學會一九九四年出版之精神病之診斷與統計手冊第四版申言：「每人之適應良好與否，可從其生活效應透視；易言之，從其工作、人際關係及休閒活動得到多少愉快。」 (DSM-IV)

凡爾倫之近著 (Vaillant, 1977) 《生活上之適應》 (*Adaptation to Life*) 加強上述對常態適應之立論，凡氏於第二次世界大戰後，曾以一組剛進入美國哈佛大學之青年爲研究對象，一直追蹤至彼等中年時期。此項長期研究之發現，證實工作、愛與遊樂之重要，（請參閱表一）此表顯示凡爾倫長期追蹤研究結果中，最佳適應與最不佳適應者在工作、愛與遊樂上之差異。其中有比較多適應最好的人是喜歡自己的工作的人，因爲符合自己理想，有穩定的發展，也得到高於一般水準之收入。在愛的領域內最佳適應與最壞適應者尤其顯示強烈之對照，例如前者有三分之二擁有範圍廣之朋友，而後者僅有百分之六的人有這種情形。此外，前者亦享有較長久及較愉快之婚姻，而適應不佳者之兒女顯示心理與社會適應失調者三倍於適應佳者。

凡氏長期追蹤研究結果中，最佳適應者也給自己較多的休閒遊樂機會。百分之七十二的人常充分利用休假時間，以及四分之三者在四十至五十歲之間仍參與競爭性之運動項目；而適應最不佳者超過半數以上在度假期中因故終止，未獲充分之休息或盡興，同時少於四分之一者參與比賽性運動。

(二)**滿意感之必要** (Satisfaction Essential)

所謂滿意感 (Satisfaction) 是指在生活環境裏享受人

表一　適應最佳及最不佳者在工作、愛及遊樂領域之比較

項　　　　　　　　　　　　　　　目	最佳適應 (%)	最不佳適應 (%)
工作符合自己的理想	92	58
穩定之事業發展	93	43
年度收入超過$20,000(美國1967年)	88	48
友誼範圍廣	64	6
超過二十年以上之美滿婚姻	77	23
兒女有心理或社會適應問題 (美國1975年之研究調查)	23	67
每年有充分之休息度假	72	39
參與運動比賽(40～50歲)	76	23

註：以上百分比之差值達P<0.1及多於此值之顯著性
錄自：*Adaptation to Life* by George E. Vaillant. Little, Brown and Co., 1977.

生，使自己獲得合理滿足之能力，或是不爲苦惱所困擾，而且滿意感並非是從生活中三個重要領域獲得十全十美的感覺，雖然我們也許會享有，但這並不是其必要條件。

　　滿意感可能是寧靜及滿足之心態。根據貝薩等人之研究，很多心滿意足的人不一定力求發展，勇於接受挑戰，他們安於自己的小天地及安樂窩 (Besser, 1971; Grinker et al., 1962)。

　　滿意感也是免除苦惱感之經驗，人生各週期的發展揭示一

個事實：當一個人年齡逐漸增長後，會採用不同方法使自己免受煩惱痛苦。近日已有理論對此現象提出解釋，此項理論被稱為「社會情緒選擇性」（*Socioemotional Selectivity*）（Carstensen, 1995）。基本上，此理論提出：當人們年齡逐漸增長，越會避免令人難受的情緒，這種具選擇性之社會情緒的例子之一，是迴避某些人際關係的接觸，這些被避免接觸到的人，雖然可能見聞廣博、具有啟發性或很有趣，但都會引發令人不愉快的情緒。因此，當我們年紀增進後，對剛從尼泊爾回來雖聰明卻惹人厭煩的鄰居或對雖精通股市投資秘訣卻自私自利的朋友會傾向於避免和他們見面，因為和他們共處所引發的不愉快情緒，遠超過他們所要告訴我們的趣聞或股市秘訣的價值。因此，如果我們真想要了解尼泊爾或股市走向，我們往往寧可在空閒時自行參閱相關資料。

史丹佛大學（Stanford University）的凱絲丹桑（Carstensen）教授和她的同事們推測，年紀越長的人越注重保持心情平穩的原因，在於他們覺得自己的生命正在縮短中，沒有必要為了獲得一些新知或有用的資訊，就參加可能會引起不愉快情緒的活動，或與使自己心情不好的人共處，生命實在太短暫了，何苦讓自己不愉快。

史丹佛大學的研究學者曾對年紀較長及較年輕的成人進行調查，問他們如果有三十分鐘的空閒時間，會選擇和下列三種人中的哪一位相處：一位家庭成員，一個最近認識且志趣相投的朋友，以及曾讀過的一本書之作者。年紀較大的人選擇了家庭成員或朋友，但年輕人的選擇則平均分配在這三者之間。稍後研究人員請他們想像自己將在數週之後搬家至遠地，在這種情況下，他們會想將這半小時與誰共度？此時年長及年輕的兩

代，毫無異議的一致決定選擇家庭成員及朋友。在其他幾項研究中，對想像自己是健康或罹患絕症的年輕人做比較，結果也證實此發現：當我們覺得自己的生命越接近盡頭時，就越傾向於選擇情緒上的慰藉，而非情緒上的刺激。

事實上，我們越年長就越趨於迴避負面情緒，這種行為本身具有潛在的危險性，因為這樣也無形中侷限我們喜悅或快樂的感覺。有關老年人的研究中，凱絲丹桑教授發現受訪者的負面情緒，如「沮喪」或「非常不快樂」較少，然而這些研究者也同時發現，年長的人所產生的正面情緒也不多，如感覺「愉悅」或「興高采烈」。（Lowenthal, et. al., 1976, Chapter 6），兩組受試者均被評定為適應良好者。

(三)均衡（Balance）

古典希臘哲學家之思想有一共同點，他們均重視均衡。他們認為一個理想的人應為身、心、靈（Body, Mind, and Spirit）力求最高、最完整之發展，也因此他們不認為運動競賽與音樂競賽同時同地舉行是不適宜的。事實上，他們所創之奧林匹克運動大會，原來涵蓋一項橫笛之測驗，是與雙輪戰車賽，投標鎗，穿著全套武士裝賽跑等項目同時舉行。古希臘人深信美好之人生繫於多方面之優異能力，如果僅精於一方面會使生活不平衡。

工作、愛與遊樂之均衡可提昇生活之滿意度及促進常態適應是基於二個理由：

第一、工作、愛及遊樂之關係是互相倚賴，相輔相成的。無論男或女，如果其愛情生活給予他工作的意義和動機，以及分享其成果之對象，必定在工作上感覺較愉快。前述之美國心理學家詹姆斯（James, 1873）建議每人一年應有四星期之休

假，他認為工作十一個月的效率會高於十二個月。一百年後，凡爾倫之長期追蹤研究證實了他的觀點（Vaillant, 1977），詹姆斯亦主張美國青年之教育應身心並重，他也注意到女子的健康美能提昇其自我概念。其實，工作效率固然會因滿意之愛和遊樂而增強，但是，有時工作也會予人更能愛人之能力。例如，蘇菲（Sophie）為了自己的生活僅環繞在管理家務及照顧三個孩子而深感自卑，為此頗鬱鬱不樂，在這種感受侵襲之下，她覺得很難去愛任何人。後來，等到孩子較大不需她親身照顧時，她去參加銀行管理訓練班，結業後，應聘在銀行服務。她很喜歡她的工作，更為同仁之尊敬而喜。至此，其自卑心已消失，代之為自尊心，抑鬱之心情亦消除，同時，她比以前任何時候更能表達對丈夫及兒女之愛。

第二、工作、愛及遊樂之均衡所以能促進常態適應，是因為在不同之人生週期，每一個領域會提供獨特之精神食糧。兒童期，遊樂無可否認的是最重要，此所謂「從遊戲中學習」之理論。青春期，愛的經驗占有優先地位。成年初期，工作成為滿意感之主要來源。成年中期或後期，遊樂或愛也許又成為滿意感之重要來源。不過，在任何人生週期，如果我們能從多於一個生活領域獲得滿足，人生當會較充實（Lowenthal, et. al., 1976, Chapter 12）。

當然，在現實生活裏，即使一個心態正常的人不見得能持續的從工作、愛及遊樂感到滿意，因為有時候工作不能順利進行，我們也許會與心愛的人爭吵，或是一場高爾夫球打得壞透了。不過，如果我們能從一個以上之生活領域獲得滿意，則可避免孤注一擲之危險。以瑪利亞（Maria）為例，她是一位青春少女，她滿臉的青春痘使她覺得自己非常難看，可是她努力將

功課唸好及木簫吹得傑出，以克服面貌不吸引人之挫折感。瑪利亞之實例給人的啓示是：如果生活中的一個領域不能獲得愉快時，我們可以將注意力轉移至其他領域，使良好適應之生命力仍得到滋養，我們尚須了解工作、愛及遊樂之所以能給人滿意，必須仰賴苦練。

事實上，每個人在此三領域所視爲之均衡的狀態，是不會相同的，非但如前述與年齡及特定之人生週期有關，同時亦受機會、機遇及個人所好之影響。總之，工作、愛及遊樂三個領域，每方面應予多少時間精力，或應得多少滿足並非關鍵性問題，最重要的還是在整個人生過程中要持續擁有從它們所獲得的愉快和滿足。

㈣有效處理壓力

我們也許以爲適應失調的人是因爲他們曾碰到心態正常的人所沒有辦法忍受的經驗，例如嚴重的心理創傷，少有的怪異觀念，恐懼或內心衝動。這眞是錯誤的想法，精神科醫師早已發現精神病患之人生經驗、思想、感受並無異於常人，後者之顯著特質在於懂得如何去處理所面臨之壓力 (Ferud, 1910,)。

凡爾倫之研究發現印證了此一觀點。他調查各種緩和情緒困擾之心理機轉後，將因應壓力之方法分爲成熟及不成熟或精神病患式兩種。表二列舉每種方法之分類及內容，在他研究中的最佳適應者，使用成熟的方法去處理壓力遠多於使用較低層次之自衞方法。

假設你現在面臨一個壓力情境，如本科之大考，成熟的因應焦慮的方法包括：1.預期大考引起之焦慮，然後決定好好準備以減少焦慮。2.在預備考試，溫習功課時，壓制任何意識或半意識境界的恐懼，如認爲「我一定會不及格！」3.試著以幽默

表二　成熟與不成熟或精神病患方式之壓力處理法

處　理　方　式	成　　　　　熟　　　　　範　　　　　例
預　　　期	根據現實去預測將來可能產生之內心失調而予以策畫因應之道
壓　　　制	在意識或半意識狀態下，決定延遲滿足內心之衝動
幽　　　默	以輕鬆之話語或表情，使自己或別人不感到或減輕壓力之困擾

處　理　方　式	不　成　熟　或　精　神　病　性
否　　　認	否定外在事實
曲　　　解	歪曲現實以適合內在需要
投　　　射	將自己不能接受之感受歸諸別人

錄自：George E. Vaillant. *Adaptation to Life.* Boston: Little, Brown and Co., 1977.

的想法及感受去化解焦慮。顯然，如果使用否認、曲解，或投射等方法，必不能有效地處理考試的焦慮。

　　極少因為一項遭遇導致適應不良，不論它是經濟不景氣，父母雙亡，或大病，即使連續或同時發生之問題，亦不致使人精神崩潰。我們如何因應或如何克服導致焦慮與憂鬱之困難的不同方法，才是真正達成常態適應與適應失調間之最大差別。

　　㈤善用資源

最近評估一個人的心理健康情形，是從他目前的困擾及過去歷史著手，諸如，幼年心理創傷、挫折、衝突及發展期之主要任務未能完成等。目前困擾也包括其焦慮、憂鬱、怪異思想及行為。可以說從來都沒有去問在他生活中是否有做對的事。

每個人不僅是他的錯誤的總和。我們做對的才是真正影響整個適應過程，包括在工作、愛，和遊樂所獲得之快樂，以及我們如何處理壓力。此外，做對的還包括如何善用我們的資源（Resources）。所謂資源乃是可以緩衝挫折、壞消息及損失所導致之衝擊。當我們被壓得喘不過氣的時候，這些資源賦予非常可貴的經驗，因此，有可用的資源對正常適應極為重要。

據研究結果顯示，和親朋維持友善關係之能力，與良好適應有極高之相關。羅文索（Lowenthal, 1976）以高中畢業生、新婚夫婦、子女長大離家之家庭及將退休者為對象之一項研究，發現以下七種資源對良好適應極有助益：

1.彼此滿意之人際關係：非但能緩衝對過去及目前壓力所導致困擾之專注，並可以使人對將來有積極之希望。這種人際關係包含彼此關懷及支援。

2.健康之身體：從觀察躍升至政治、商業，及專業性職業領導地位者，發現他們比沒有這種成就的人健康。凡爾倫所研究的男性，羅文索研究的女性均顯示適應最佳者有健康之身體及充沛之精力。一般而言，健康、精力，及復健能力對人生過程中因應壓力是極有積極影響力的。

3.智力：優異之知覺、記憶、分析、推理、創新及語言能力與心理輔導過程的成功有關。有時，這種能力使人能自己解決困擾，而不需要專業人員之協助。羅文索及其研究同僚發現能最有效因應壓力之研究對象，其智商為最高，例如一個名為費

麗斯（Phyllis）之七歲女孩，當其父母告訴她將要離婚時，她震驚得以為自己會死。她雖然感受極度痛苦，卻使用智力去了解別的孩子也許有同樣遭遇，果然發現班上有好幾位小朋友家中祇有一個父親或母親，因此她選三位做朋友，請她們週末到家裏玩。結果她們不但在她最痛苦的時候幫助了她，而且也因此結交了幾位新朋友。

4.休閒嗜好：無論是活動、技能，或興趣都能給予人慰藉。例如，一位名為路易士（Luis）的人忽然失業，而且另謀他職再再不成，乃以玩其薩克斯風樂器解愁，因而維持其正常適應（Horton, 1981）。聽音樂、運動、集郵、種花、釣魚、散步等均有相同功能。

5.宗教信仰：對很多處在逆境中的人宗教信仰有極大之支持力。此外，對任何偉大之信仰及理想之信心，均可助人面對日常生活之困擾。

6.金錢：我們不能忘記金錢是一個有用的資源。很多孩子祇因家庭環境富裕而受到較優異之教育，金錢可使孩子改正閱讀能力或矯治不整齊之牙齒，金錢也可使人遠行度假挽回破裂之婚姻。此外，即使天資平庸，也因為有錢，仍能享受舒適之生活及愉快之休閒遊樂活動。

7.美夢：這也是一個寶貴之資源，它不僅是幻想，且能給人一特定目標及持續之毅力。

本章摘要

一、研究常態適應有三個強有力之理由：㈠協助我們活得更滿意；㈡了解如何較有效去處理壓力；㈢能區辨正常適應和適應失調。

二、常態適應不容易下定義，它不是「快樂」，「成熟」，「安貧樂命」，「順從上帝之旨意或順應天意」，或「完整之感覺」。較傳統之界說分三種觀點：心理衛生、統計學及理想觀點，它們各提供間接之啟示。

三、過去之學理及研究有兩種情形阻礙常態行為之解釋：㈠強調兒童青少年期之發展；㈡重視不同文化、種族及社經地位之差異對常態行為之影響。

四、近日之長期追蹤研究及橫斷面研究發現，非但對常態適應提出前所未有之啟示，而且這些資料亦支持以往各學派及多項臨床觀察對常態適應應有之特質。

五、常態適應應係指在人生日常生活以高層次方法處理壓力過程中，從均衡之工作、愛及遊樂獲得滿足。此定義視能從工作、愛及遊樂中獲得滿意是必要的，而且三者是相輔相成，互相倚賴，同時每人之妥善安排是決定其最佳均衡的原則。懂得如何有效處理壓力以及善用資源能使我們在人生逆境中維持正常之心理平衡。

下章展望

常態適應並非一個靜止情境，它是一個過程，像動態電影而不是靜止的照片。各種壓力及緊張事件時常會使我們失去心理平衡，並且威脅我們從工作、愛及遊樂中獲取滿足的能力，惟有複雜的高層次適應方法能協助我們去克服困擾以及因應環境的種種問題。下章將檢驗壓力之性質，其不良影響及功能，我們也將探討壓力之起因，認清壓力所引發之情緒，以及解釋壓力感受之五個學說。

重要術語

- Normal Adaptation
- Mental Health Perspective of Normalcy DSM-IV
- Statistical Perspective (of Normalcy)
- Normal Distribution
- Normal Curve
- Ideal Perspective (of Normalcy)
- Self-actualization
- Physiological Needs
- Safety Needs
- Love and Belonging Needs
- Esteem Needs
- Longitudinal Studies
- Cross-sectional Studies
- Satisfaction (from Work, Love, and Play)
- Balance (in Work, Love, and Play)
- Resources
- A Dream

相關性參考書目

1. **Normalcy**

   Allport, G. *Patterns and growth in personality.* New York: Holt, Rinehart & Winston, 1961. Chapter 7.

   Powell, D. H. (1987) Teenagers: When to worry and what to do. Perspectives on Normal and Abnormal Adjustment in Adolescence. New York: Doubleday.

   Walsh, F. (Ed.), *Normal family process.* New York: Guilford，1982，Chapters 1 and 2.

The concept of normalcy from the perspectives of the individual and the family.

2. **Optimal Adjustment**

   Maslow, A. *Toward a psychology of being.* New York: Van Nostrand, 1968.

   A classic summary of Maslow's thinking on this subject.

3. **Life Cycle Reports**

   Vaillant, G. *Adaptation to life.* Boston: Little, Brown, 1977.

   Gould, R. *Transformations.* New York: Simon & Schuster, 1978.

   Heath, D. *Growing up in college.* San Francisco: Jossey-Bass, 1968.

   Levinson, D., with Darrow, C., Klein, E., Levinson, M., and McKee, B. *Seasons of a man's life.* New York: Knopf, 1978.

   Different views on human growth over time.

4. **Balance of Work, Love and Play**

   Thompson, J. *The Ethics of Aristotle.* (1953) New York: Penguin, 1975. Books I, IX, and X.

   Menninger, K., with Mayman, M., and P. Pruser. *The vital balance: The life processes in mental health and illness.* New York: Viking, 1967. Chapter 12.

   An ancient philosopher and a twentieth century clinician agree on the importance of balanced satisfaction from work, love and play.

第二章　壓力之本質

綱要

五、壓力之負影響

　　㈠身心健康之損害

　　㈡工作效率及人際關係之退步

　　㈢適應力漸降

　　㈣免疫系統之折衷詮釋

六、壓力之正功能

　　㈠滿足基本需要

　　㈡增強調適技巧

　　㈢增加壓力抵抗力

七、有關壓力情緒的五個學說

　　㈠體質人格心理學

　　㈡精神分析心理學

　　㈢行為心理學

　　㈣人本主義心理學

　　㈤認知心理學

思考問題

☐ 什麼事情會使你感覺到壓力？

☐ 你面臨壓力時的立即反應是什麼？

☐ 你曾否因克服了逆境而覺得受惠？

☐ 你能否想些較有效處理壓力的方法？

　　在第一章，我們一起探討常態適應之定義，第一個主要條件是：從均衡之工作、愛及遊樂獲得滿足。但是不可否認的是，日常生活總不免面臨各種壓力，有時會影響我們從工作、愛，及遊樂所體驗之樂趣，也因此常態適應之第二個條件是對壓力能使用高層次的適應方法。本章及下一章將分別討論「壓力之性質」及「壓力之處理」。

　　什麼是壓力？它的來源是什麼？它如何以不同的形態出現？我們可以衡量它嗎？本章將檢驗各種因壓力導致的情緒，以及介紹五個學理的觀點。

何謂壓力

　　壓力（Stress）是任何引起身體及情緒不愉快反應之事件。所謂不愉快反應可能是身體的不舒服，不僅是情緒上的不愉快。事情太繁重固然會煩躁；但太少事做也會抑鬱，悶悶不樂。有時候當我們需要應付太多人的時候會有偏頭痛。現代人日常生活中，誤了班車，交通阻塞，趕時間的時候汽車不能發動……等，都會使人焦急無比。

　　不過，想不到的是：並非所有引起壓力的事都是不好的，有些很得意的事情也會引起不舒適的壓力，譬如，一個人忽然

過度(Overstress)

快樂　　　　　　　　　　　　　　　　　　　痛苦
(Eustress)　　　　　　　　　　　　　　　　　(Distress)

過低(Understress)

圖三　壓力種類

完成極傑出的成就，或是夫婦破鏡重圓，甚至於度假……等，
您可以想像類似的經驗嗎？

　　壓力研究權威賽爾利（Hans Selye, 1974）終生致力於壓
力之研究，他將壓力分為四類：㈠過度壓力（Overstress）；
㈡過低壓力（Understress）；㈢好的，快樂的壓力（Eus-
tress）；㈣不好的，痛苦的壓力（Distress）。他建議我們對四
種壓力，應持均衡態度，即一方面避免長期之過度壓力，另一
方面勿畏懼不愉快之壓力，因為克服困難或挫折能使人成長和
快樂。（請參閱圖三）

　　由此可見，壓力之定義包含事件之情境及不愉快之反應，
但反應並非與事件連結，不同的人對相同的事之反應並不相
同。

壓力的來源

　　壓力之產生是由於一件事遭遇到阻礙，此阻礙可能是真
的，或僅是幻想，而障礙之形式可能是挫折、威脅或衝突，茲
分別加以闡明：

　　㈠挫折（Frustration）：挫折是指環境因素阻礙或拖延

個體達到目的所引起之不舒適。例如,您正想早點下班,因為大熱天可以到海灘玩玩,可是老闆卻叫您加班。又如,一年級小學生,別的孩子已能閱讀,而自己還不會;或者一個青少年很想加入足球隊,但體型太小;又如在墨西哥機場,不會講西班牙語,無法問到洗手間在那裏。

挫折也會由內心不容許的意念所引起。例如您很想把內心的話告訴主管,但又很需要這分差事;或對一個已婚的人有妄想。

挫折也能因特殊的社會因素所引發。威斯康辛大學教授麥肯尼克分析三種社會因素可導致挫折感:1.學校、大專及其他專業訓練未能提供充分之就業準備;2.某些職業無充分之吸引力,使人無法堅持工作動機;3.缺乏各種社會支援,如親朋(Mechanic, 1974)。

關於第二點,有一個很好的例子,美國一九六○年代曾設法在人力計畫中救助一些經常失業的少數分子,可惜所提供的訓練都是一些社會不重視之低層次工作,如接線生、電腦按鍵操作員、辦事員等,都不太有升遷機會,結果很多人半途而廢。

挫折也可能因缺乏良好人際關係之支援。例如一個在墨西哥長大的學生,雖然幸獲哈佛大學的獎學金,但他到了遠離家鄉的環境後,因缺乏家人之支援而感覺不適應,以及在校區的同鄉不能給他很多精神支援而徬徨。

(二)威脅(Threat):威脅是預期不能處理尚未發生情況之恐懼,所以是對未來之挫折或損害的一種想像。

例如,一個名為Bubba的青年,他雖是明星足球員,但他很怕在公開場所演講,而英文課就必須要每位同學在班上口頭報告,他除了口吃外,班上成績也不好,所以覺得恐懼。很多

人常常爲擔心一些事而緊張，如患失眠症的人，一上牀就先擔心睡不著。

㈢衝突（Conflict）：衝突或心理矛盾是指兩個或兩個以上相等力量或各有理由的行爲動機同時存在，使人不知所措。名社會心理學家路溫（Lewin, 1935）遠在一九三五年提出常見的三種衝突：

1.趨避衝突（Approach-avoidance Conflict）：是最常見的。譬如，很多人爲了安定，不得不選擇一個很單調的工作，但爲了自己興趣，又想冒險選擇另一個機會。或是明知吸煙沒有好處，但又不能想像不吸煙的日子。

2.雙趨衝突（Approach-approach Conflict）：魚與熊掌必須有所選擇，對兩件都很喜歡的事，必須放棄其中之一的快樂。一九七七年美國曾經有一部電影「轉捩點」敍述兩位婦女在二十餘歲時，必須對前途有所抉擇，即繼續爲芭蕾舞者或是放棄事業爲家庭婦女，此動人的故事描述兩人之成就及遺憾。

3.雙避衝突（Avoidance-avoidance Conflict）：指從兩件同樣不利的情況必須做一個選擇，雙避衝突所導致之壓力並非源於可能失去之滿意，而是可能較少之痛苦，譬如，一個懷孕的婦女，旣不想墮胎，又不想要孩子。

壓力下的情緒

當個人被挫折、威脅，或衝突所引發之壓力困擾，必然很快產生情緒反應，其中最普通的有三：攻擊、憂鬱和焦慮，茲分別解釋：

㈠攻擊（Aggression）：所謂攻擊是指攻擊導致挫折感之對象，譬如咒罵要我們加班的主管，或使忽視我們的人不好

受，或攻擊不錄取我們的機構。

很多人認為攻擊性是天生的，所有動物都有，不過，近年的研究發現顯示，並非所有的人遭受挫折後，就有攻擊行為。班都拉（Bandura, 1977）認為如果攻擊後果代價太大的時候，受挫折的人並不一定會有攻擊行為。譬如，當您很需要保持一位職位時，雖然老闆不講理，會忍住不攻擊他。

(二)憂鬱（Depression）：憂鬱包含多重感受：如無助感，缺乏自尊、自信心，內心甚至會感覺什麼不好的事情也祇有去承擔。這些感受可能是短暫的，但也可能持續很久。

艾勃蘭生等人（Abramson, Seligman, and Teasdale, 1978）之研究顯示，以下類型的人最易於受憂鬱所困擾：

1.將失敗歸於內在、普遍、一直存在的理由。

2.認為任何事情均非個人所能控制。

3.預期不會有好的結果，即凶多吉少的想法。

4.對事情之利弊趨於誇大的看法。

第一種類型的例子，可以一位考大專聯考考生為例，他將失敗原因歸於自己能力差，而非考試題目之不合理。他甚至認為再試一次也沒有用，因為一定會再失敗。因此，也不預備去補習以提高重考的成績，是反映內心有極深的無力感。第四種類型的人最大的問題是不能從不同角度，或各種的可能途徑去行事。

(三)焦慮（Anxiety）：焦慮是一種不安、恐懼，及緊張的感受。這種感受可能是身體內的，如想吐，戰戰兢兢，脈息加速，其來源可能是外在，或內在，可知道的或不明白的。其中後者稱為「恐慌發作」（Panic Attack），會突然而來。

焦慮的困擾是從身體感受到的，如呼吸急促，肌肉緊張，

出汗，臉紅，一直想去廁所等。嚴重的焦慮，如被人當頭一棒，頓覺神志不清，看書看不進去，記憶模糊，思考遲緩……等。

　　如果有人要您編製衡量焦慮的試題，您將如何擬定題目呢？您可以問：「您是否是一個經常緊張的人？」或者「您此刻或有時候會感覺到魂不附身嗎？」事實上，這兩個問題是從不同角度去探討「焦慮」。

表三　衡量面臨焦慮時的心態與一般性之特質

目前狀態：你目前感覺如何？每題只能選一個答案。

項　　目	絕對不可能	有時候	的確是
1. 我覺得很鬆弛	(3)	(2)	(1)
2. 我的身體在發抖	(1)	(2)	(3)
3. 我內心安寧	(3)	(2)	(1)
4. 我覺得很緊張	(1)	(2)	(3)
5. 沒有任何事能帶給我困擾	(3)	(2)	(1)

一般性特質：你經常的感覺？每題只能選一個答案。

項　　目	絕對沒有	有時候	的確有
1. 我睡得好	(3)	(2)	(1)
2. 我覺得心神不寧	(1)	(2)	(3)
3. 我很鎮靜	(3)	(2)	(1)
4. 我容易憂慮	(1)	(2)	(3)
5. 我能控制自己的神經	(3)	(2)	(1)

你可以用類似問題衡量自己面臨焦慮的狀態及平常一般特質，由得分可知道你在這兩方面的情形。

錄自：E. Spielberger. *Anxiety and behavior.* New York: Academic Press, 1966.

第一個問題是衡量一種人格特質，第二個問題是衡量一種暫時性的焦慮。根據斯比爾堡格多項研究顯示，焦慮特質得高分者較低分者在面臨壓力時更為緊張（Spielberger, 1966），見表三。

如何衡量壓力

什麼是恰當而不是過度壓力？好與壞的壓力之界線在那裏？如我們討論此問題，每人意見會不同。以大學畢業而言，您也許覺得是值得高興的事，是接受新挑戰之通道；但對我也許是人生最為焦慮的時刻，因為朋友們都將勞燕分飛，而我做什麼還沒有頭緒！雖然，個別差異可能是非常大，但有兩個因素可衡量壓力對一個人的衝擊情形：壓力之負荷量以及壓力持續之時間。

㈠**壓力之負荷量**（Amount of Stress）：很多人如果所承擔的壓力過重會出現重重問題：如較多疾病，或學業、事業上遭遇困難。過去二十年，很多心理學家嘗試統計導致壓力的人生問題與身心問題之關係。荷爾吾及同僚（Holmes and Rahe, 1967）首創「社會再調適量表」（Social Readjustment Rating Scale, SRRS，見表四），此量表共列四十三項人生事件，從其可能給予個體之壓力，假定其衝擊量以及所需之適應調整（Life Change Units），然後序列從配偶之死亡（適應調整度為一百）至輕微之犯法（適應調整度為十一）。

受試者須將六個月內所發生之事件，依量表統計其適應調整度。由於個別差異；尤其是對每件事的正負反應不一，顯然此量表有其缺點，僅能做為參考。。（參閱表五）

荷爾吾及其同僚所創之「社會再調適量表」（*Social Re-*

表四　社會再調適量表

生　活　事　件	遭遇衝擊後的生活改變單位	生　活　事　件	遭遇衝擊後的生活改變單位
喪偶	100	兒女離家出走	29
離婚	73	與姻親有爭執	29
分居	65	傑出的成就	28
坐牢	63	配偶開始或停止工作	26
親屬死亡	63	開學或學期結束	26
受傷或生病	53	改變生活狀況	25
結婚	50	修正個人習慣	24
被解雇	47	與老闆相處不好	23
婚姻調解	45	改變工作時間或狀況	20
退休	45	改變住所	20
家屬健康狀況變化	44	轉學	20
懷孕	40	改變休閒活動	19
性生活障礙	39	調整教會活動	19
家中有新成員	39	調整社交活動	18
職務調整	39	抵押或貸款少於十萬元	17
財務狀況改變	38	改變睡覺習慣	16
好友死亡	37	增（或減）家人團聚的人數	15
換工作	36		
與配偶爭執的次數改變	35	改變吃的習慣	15
抵押超過十萬元	31	度假	13
喪失抵押或貸款權利	31	聖誕節	12
改變工作的責任	29	輕微的犯規	11

錄自：T.H.Holmes and R.H.Rahe, The social readjustment rating scale, Journal of Psychosomatic Research, Vol. II, 1967, pp. 213～218.

*Impact in Life Cnange Units (LCUs) is the measure of rela tive readjustment required to manage the stress.

表五

人　　　生　　　事　　　件	生活衝擊所須之 適　應　調　整　度
結婚	50
經濟情形之改變	30
生活方式之改變	25
個人習慣之調整	24
住所改變	20
社交活動改變	18
家庭團敘次數之改變	15
飲食習慣之改變	15
總　　　　　　　　　計	197

adjustment Rating Scale）還有一個缺點，即此量表假設壓力的衝擊量為累加方式，如表四中「生活改變事件之衝擊」(Impact in Life Change Units-LCU's) 所示。然最近日漸增加之研究 (Birnbaum and Sotoodeh, 1991) 發現，當不同的壓力產生時，人們從中感受到的壓力大小，端視當事人同時得面對多少其他不愉快的事件，以及他如何比較這些不同事件的重要性而定。舉例來說，當人們一下子面臨好幾種壓力時，如果其中一項為結婚，對其他幾項在生活中的變化而言，衝擊力相對地就減小了。價值相等的壓力（也就是如表中「家庭聚會」及「飲食習慣改變」的LCU's分數皆為15分），和類似結婚能產生更多壓力 (50 LCU's) 的事件結合時，本身的衝擊力較單獨發生時之衝壓力小於一半以下。

㈡**壓力之持續時間** (Duration of Stress)：據壓力研究

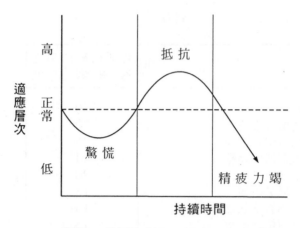

圖四　賽爾利對壓力反應之GAS理論

泰斗賽爾利博士（Selye, 1956）之發現，每個人對壓力之負荷量有限度，超過此限度會承擔不起。他提出一個理論分析個體處理壓力的三個階段，總稱爲「一般性之壓力適應歷程」（General Adaptation Syndrome, GAS）。

賽爾利對GAS之分析可以圖四說明。

賽氏之一般性適應歷程理論包含三個階段：

1.驚慌階段（Alarm）：當個體面臨一個突然或不習慣之壓力情況，適應力趨於減低。此爲焦慮、恐懼、抑鬱，或心智震驚之自然結果，健康情形亦會受不良影響。

2.抵抗階段（Resistance）：如果個體具備適應之能力與條件，便能進入抵抗期，適應能力遠超越平常之應付能力，第一階段之焦慮、恐懼和神志混亂情形會消失，健康亦改進。

3.力竭階段（Exhaustion）：不過，持續過久之壓力使個體進入此階段。此時，個人抵抗力下降，感覺絕望、消極、無

生機、健康衰退。

壓力之負影響

　　壓力所導致的不良影響包括身體疾病、心理失調、工作效率和人際關係之退步、一般性適應力之減低以及免殺系統之折衷詮釋，然而適應壓力之優點卻導致基本需要之滿足，建立處理壓力之能力及抵抗力。

　　根據荷爾吾及研究同僚（Holmes and Masuda, 1974）研究顯示：個人生活改變事件（Change Units）愈高，對身體健康之危害亦隨之增高；即兩者成正比，而且在一五〇至一九九度之間者，三分之一受試者會有生理或心理問題；三百度以上者，百分比就高達百分之八十。

　　㈠**身心健康之損害與自我引發壓力之A型行為**：根據加州兩位醫師菲利門及羅斯門（Friedman and Rosenman, 1974）的心臟病患研究結果，很多心臟病患者有共同之人格特質：對自己地位感覺不安全，時間迫切性及對人極度敵視，他們將這種性格統稱為A型行為（Type A Behavior），有這種行為的人對自我要求極高，而且一切必須有計畫的在排定時間內迫切完成，因此常帶給自己嚴重的困擾，並顯示很多內在緊張，如坐立不安，眼瞼抽動，不耐煩，最怕閒著沒事做，有強烈之競爭心，脾氣大，尤其想起過去使他憤怒的往事更是易於爆發。醫生因此須輔導他們減低這種自我引發之壓力，如探求不安全感之原因，對時間之看法，應如何鬆懈下來，並注意敵視他人之情形等，這些辦法似乎都生效（Friedman, 1980）。

　　㈡**工作效率及人際關係之退步**：壓力之負荷量過重所以會影響工作效率與人際關係，是因為焦慮會影響睡眠及飲食習

慣。以學生而言，如果是考試焦慮，則影響其考前之準備，考試時則影響注意力，而不能看清試題，組織思考，或記憶力受影響等。壓力過重者往往無時間或精神維繫良好之人際關係，尤其是需要溫柔體貼之感情關係。

㈢**適應力漸降**：以往很多學人一直認為個體適應壓力之能力與挫折經驗成正比，即愈忍愈堅強。賽爾利（Selye, 1974）則不以為然，根據其四十餘年之研究結果，他認為適應能量並非取之無窮，而且所補回之精力永不能與所消耗者相等。因此必須以明智去使用個體之精力，同時更須了解如何避免過多壓力或減低我們生活之壓力。

㈣**免疫系統之折衷詮釋**：其實壓力已被定為越來越多疾病成因的原因之一，這是由於高度令人不快的事件，導致對我們的免疫系統產生不良影響。免疫系統是身體對抗入侵疾病（細菌或病毒）及腫瘤的防禦線，它也是對受傷後修護生理組織時不可或缺的（Maier, Watkins and Fleshner, 1994）。免疫系統中有一部份的細胞被命名為「自然殺手」（NK: natural killer），能自動發現並消滅病毒、細菌或惡性腫瘤。除此之外，免疫系統製造T及B細胞來偵測並消滅身體中特定的外來物質。最後，它發展出獨特的抗體來對抗如麻疹及水痘等疾病。一旦個人身上出現了這些疾病，身體的免疫系統就會產生能終生抵抗這些疾病的抗體。

直到十年前，人們認為免疫系統獨立運作於心理或社會影響之外。然過去十年中，逐漸被發現免疫系統受到壓力極大的影響。高度令人不快的事件，如戰爭或失去親人，經發現與較低免疫系統功能相關連。免疫系統功能減低無疑是二次世界大戰中擔任危險任務的飛行員生病頻率增高的原因。即使得重病

的人，如果壓力減少，抵抗疾病的能力就顯示較強，例如癌症或愛滋病患。一篇研究以心理介入方式來降低壓力（即放鬆訓練、按摩、催眠及處理壓力之討論）之有效性的報告指出：「……對某些病患而言，心理介入療法對免疫系統和健康有正面的影響」（Ironson, Antoni and Lutgendorf, 1995）。各研究結果證明在癌症病患上較為有效；接受心理療法的癌症病患比只接受藥療法的病患，顯示出更高的存活率以及較低的復發率。愛滋病患的結果較不顯著，但對這些病患群長期的研究不多。

並非每一個人對這些降低壓力的技巧都具備有效的反應。從心理介入療法中獲益最少的人，大多屬於生活中壓力事件較多、朋友及親戚的支持較少的人。從心理的觀點而言，這些反應較差的人被形容為：(1)不會表達如生氣的負面情緒；(2)難過時外表仍保持滿足的態度；(3)能接受抱怨；(4)關心別人多於自己（Temoshok and Dreher, 1992）。反之，較有效的免疫系統反應及較長的生命有關聯的特質如下：須應付的壓力較少，社會支持網絡較多，能坦然表達憤怒及其他負面情緒，感覺能掌握自己的生命，較不願順應他人，以及擁有奮鬥的精神。

目前我們正開始了解壓力對免疫系統的影響，心理壓力如何影響這些負面事件帶來的衝擊，以及心理介入法對增進免疫系統的功能有何作用。這將是下一千年中，在研究及應用方面最令人興奮的領域。

壓力之正功能

人生過程中為達成工作目標，建立良好的人際關係及追求快樂是需要願意付出忍受挫折、衝突、焦慮，及失望之代價，

否則，生命就太沒有意義了。因此，個人如能有效的處理適度壓力，至少可獲得三種益處：

㈠**滿足基本需要**：賽爾利於一九七四年曾言：「惟有死亡是壓力終止的時候。」不過他強調為了實現人生理想，我們必須願意盡力容忍壓力。艾里斯於一九七三年則認為人類均具有尋求刺激，以避免枯燥生活之需要 (Ellis, 1973)。

以「剝奪知覺刺激」為變項所實施的心理實驗結果，索克門 (Zuckerman et al., 1978) 同意以上之觀點，並提出以下之理論：人類與生俱來即有尋求刺激之需要。他和研究同僚於一九七八年編製一個知覺刺激尋求量表 (Sensation-seeking Scale)，此量表之內容包含四類知覺上之需求；1.興奮與冒險；2.新經驗的喜好；3.無顧忌的經驗；4.厭煩單調乏味的經驗。（請參閱表六）

雖然年齡差別會影響各項知覺經驗之尋求程度，因為無可否認有些經驗會引起相當大的壓力，然而，人類終生不會因畏懼承擔一些壓力而停止使生活過得更充實和有意義的活動。

㈡**增強調適技巧**：麥爾菲與同僚於一九七六年的一項實驗顯示，兒童因順利克服各項發展上的問題而促進心理上之成長。例如，他們自信心亦隨之增強 (Murphy and Moriarty, 1976)，這是延續的技能 (Carry-over Skill)，一種因應能力的成長。

㈢**增加壓力抵抗力**：勇於面對壓力並有效處理之，能減少未來困難所帶來之心理衝擊，此為壓力抵抗力之增強，同時亦為壓力之第三個良好影響，此乃 inoculation 之功能，與身體接受接種預防疫苗後所生之抵抗力相同。

表六　尋求刺激的四種形態

興奮及冒險	無顧忌的經驗
我有時想做一些使人有點心驚膽跳的事。 我很想學滑水運動。 我很想嘗試衝浪滑板運動。 我很想嘗試跳降落傘。 我想我會很喜歡從高山坡滑雪下來。	我喜歡那些毫不拘謹的派對。 我很喜歡和一些新潮的人在一起。 我時常喜歡喝酒喝得痛快。 我欣賞黃色電影。
新經驗的喜好	厭煩單調乏味的經驗
我願意在一個陌生的城市或小鎮去逛逛，即使迷路也沒有關係。 我很想嘗試那些令人感覺迷幻的新藥物。 我願意嘗試從未吃過的食物。 我願去一次沒有事前策畫好行程與日程的旅遊。	我受不了以前看過的電影。 如果我看到的都是些熟悉的臉，我會厭煩。 我不喜歡能被預期結果的那些電影或戲劇。 如果我在家停留得太久，我會坐立不安。 我喜歡那些言辭尖銳富機智的人，雖然他們有時會侮辱別人。

錄自：M. Zuckerman, S. Eysenck, and H. Eysenck, Sensation seeking in England and America:Cross-cultural, age, and sex comparisons, *Journal of Consulting and Clinical Psychology*, 46(1978), PP. 139～149.

有關壓力情緒的五個學說

　　對挫折的反應為什麼有人感到焦慮，有的憂鬱，而另外的人會大發脾氣？不同的情緒是如何產生的？不同的反應又如何影響個體之適應？所有探討人生的學理都嘗試回答這些問題。

從歷史觀點可以將各學派序列為五：㈠體質，㈡精神分析，㈢行為，㈣人本，㈤認知等人格心理學。

㈠體質人格心理學 (Constitutional Personality Theory)

人類之體質是否會影響對壓力之反應形態？很久以前，醫生認為人體之化學元素如不平衡會引發異常行為，在希臘時代，希普克拉底 (Hippocrates) ──現代醫學之父申言，容易激動之個性是肝裏的黃膽素過多所致，憂鬱為胰腺中之黑膽素過多所致。十八世紀之美國醫生也相信不穩定之情緒是由於動靜脈充溢大量血液，因此以放血為治療方法，我國民間對脾氣暴躁者也有肝火旺之說。

雖然後來之研究否定上述之理論，但時至今日，體質與情緒失調之關係的理論有復甦現象，而且認為遺傳、大腦受損害或化學元素不平衡，以及人格形態等，均顯示與壓力反應有部分關係。

我們可以一項專門研究活動量特高 (Hyperactive) 的兒童來解釋，該研究結果顯示五分之一的活動量特高之兒童至少其父母中一人在兒童期也是非常好動，至於正常兒童，則僅有二十分之一之兒童的父母其中之一人有好動的歷史 (Gross and Wilson, 1974) 。

至於大腦受損方面的關係，赫爾 (Hare, 1970) 之研究顯示，狂怒之傾向似與某類型腦麻痺症以及腦部受損有關。

至於人格特質方面，梅寧格研究中心曾發表嬰兒期所顯示之活動量與外界刺激之敏感度，似對個體行為形態有持續之影響力 (Escalona and Heider, 1959) ，歐美極盛行此類屬於嬰兒期之氣質量表研究 (Temperament Scale) 。

㈡**精神分析心理學** (Psychoanalytic Psychology)

佛洛伊德是精神分析學之父，他的學理建立於十九世紀維也納治療心理困擾者的病歷。從他的臨床經驗，他認為心理失調之原因係隱藏於個體之過去歷史。起初，他對心理疾病之起因及治療最感興趣，後來才將他的觀點集合成一套人格心理學。

1.精神分析學之人格結構：佛洛伊德將人格結構分為三部分：本我 (Id)、自我 (Ego)，及超我 (Superego)。本我強調各種衝動之滿足，是情緒動力之主要來源，也是以滿足立即愉快為目的之人格層次 (Pleasure Principle)。如果個人因需要而感覺緊張或困擾，如饑餓，或性需求，本我之人格層次功能會不考慮法律、理智，或社會規範而去滿足這些需求。霍爾分析它為人格結構中之任性孩子，苛求、衝動、無理性、自私、自我中心及喜愛享樂 (Hall, 1954,)。

超我正好相反，它是人格的法官，它為個人的行為訂出標準、道德規範及獎懲，其目的是管理個人之慾望，使個人不致毫無約束而觸犯法律或遭到不能忍受之懲罰，所以它以道德原則為驅力。

自我居於本我與超我之間，它使個體有效的因應外在世界之需求。「自我」主管個體之心智功能，涉及清楚認知現實，為執行一個計畫，有效去思考、抉擇及做必要之修改。如果本我的驅力是快樂原則，超我的驅力為道德原則，那麼自我的驅力就是現實原則，即能協調內在的衝動和環境的限制，而且為了不須付出太高代價，或是日後可以得到較多的快樂，目前之需求是可以拖延到適當的時候。

2.精神分析學之意識層次：佛洛伊德之學理架構更將個體

之意識分爲三個層次，第一是「意識」（Conscious），所有能感覺到的行爲、意念、慾望、記憶屬於意識層次。第二是「前意識」（Preconscious），是意識層次晦暗衰微狀態，正如陽光在黃昏的時候，所以稱之爲黃昏地帶（Twilight Zone）。但當我們去注意的時候，又可回復到意識層次，例如根深蒂固之習慣或迷信觀念都是屬於前意識層次。干擾我們的事情或感受也常會被壓制到此一層次，好讓正常工作得以繼續進行，例如爲了要好好準備大考，故意不去想一個放棄參加的舞會。較「前意識」更深入的層次是「潛意識」（Unconscious），它是人格中本能直覺、攻擊性及性需求，也包含被壓抑到意識層次外的衝動、意念，及記憶。因爲想起它們時，會覺得不安與壓力。

佛洛伊德發現「壓抑」引起之病歷

在十九世紀末葉，有一位醫生將他的病人轉介給佛洛伊德，因為他無法診斷她使人困惑的徵候。這位露茜小姐（Lucy）在一個非常富裕的維也納家庭當保姆，主人的妻子去世了，露茜是他前妻的遠親，在她去世之前曾要求露茜答應替她照顧留下的兒女。當她去求醫時，她的困擾是一直嗅到燒焦布丁的味道，無論在何處，此一味道好像跟著她。此外，她經常感覺到疲倦，沒有胃口，情緒低落。

佛洛伊德和她晤談時，發現露茜想起第一次嗅到焦布丁的時候是兩個月前，在她生日前幾天，收到母親從蘇格蘭的來信。她照顧的孩子和她開玩笑，把信搶去，說是要到她生日那天才給她看。當她想搶回那封信時，忽然嗅到強烈的焦味，她才發覺在廚房烤的

布丁因為忘記熄火已經燒焦了。

　　隨著，佛洛伊德設法從談話中去探討那封信有什麼內容。那封信中，露茜母親囑她辭職回家，不要再面對她的雇主，那麼是否意味著兩人之間發生了什麼事？

　　的確是如此，經過一次熱情的接觸，露茜愛上她的雇主，她開始幻想不久就是他的太太，孩子的媽媽，財產的女主人。誰知道，有一天那位雇主板著臉責備她，怪她不該讓一位年長的朋友和孩子接吻，因為這是維也納貴族家庭所不容許的事。露茜大為傷心，雇主那副冷酷無情的態度粉碎了和他結婚的美夢。

　　佛洛伊德發覺露茜無法忘記雇主責罵她的一段記憶，因她不能接受他只是把她視為一名保姆，她無法接受那殘酷的現實：和他結婚幻想的破滅，因此她儘量將此痛苦思潮驅逐至意識之外。

　　為什麼露茜一直被破布丁的燒焦味所縈繞於心呢？因為使她聯想到母親寄給她的那封信，這封信使她想起不能實現的愛和粉粹的美夢，這些都是使她痛苦不堪的意念，她儘量迅速的把它們壓抑下來，驅逐至意識境界之外，但卻剩下布丁的燒焦味在她意識裏，也因此留下被壓抑情緒的一絲痕跡。

　　（錄自：Freud, S. and Breuer, J. Studies on hysteria ［1895］. *The standard edition of the complete psychological works of Sigmund Freud.* ［Edited and translated by James Strachey, in collaboration with Anna Freud.］ London:

Hogarth Press, 1974, vol. 2.)

　　佛洛伊德對焦慮及憂鬱之研究係其對人格心理學之重要貢獻（Freud, 1926）。佛氏認為焦慮之功能在於警告個體危險即將來臨。他辨別三種焦慮：真實（Reality）、神經質（Neurotic），及道德之焦慮（Moral Anxiety）。

　　真實焦慮係基於現實環境之具體威脅或引起困擾之對象，神經質焦慮係內心之恐懼，尤其是對不能控制之一些衝動性意念之恐懼，且其起因源於兒時之記憶。道德性焦慮與神經質焦慮相似。

　　至於為什麼有些人面臨壓力時會憂鬱，佛氏認為個體將挫折事件視為個人之缺點，即將自尊心及信心仰賴環境之支持，他並且提出一項深入之發現：憂鬱是個人將攻擊行為朝向自己之現象。

　　今天雖然很多學人及臨床心理學家對精神分析學派之理論與治療法已做重要之修正，但佛氏對意識層次及人類如何處理壓力之見解，使人了解正常適應之貢獻，仍有其重要價值。

　　㈢**行為心理學**（Behavioral Psychology）

　　行為心理學派之主要假設是個人對壓力之反應像其他行為同樣從學習而來。個人所以採取攻擊、憂鬱及焦慮反應去處理不愉快事件，是因為被教導如此做。此並非指教室中之學習，而是從別人對我們行為之反應，以及我們學習別人的行為而來。以下是三種主要學習方式：

　　1.**制約反應**（Conditioned Reflex）：行為心理學派之父為俄國之巴夫樂孚（Ivan Pavlov）及美國之華爾生（John Watson）。巴夫樂孚在一九二七年，實驗生涯達最高峯時，當

時正是佛洛依德最盛名之際，他提出制約反應理論，敍述如何將原為無意義之鈴聲使一隻狗聽到後會垂涎。

　　華爾生則採用巴夫樂孚之制約反應原理解釋恐懼心理之學習。總之，制約反應是指將引起某反應（如焦慮）之刺激與某事件配對（如鈴響與食物，電擊與撫摸小老鼠），此方法可使用於建立及消除情緒上之反應。

　　2.增強學習（Reinforcement）：此包含正與負增強方法。正增強（Positive Reinforcement）指當欲建立之良好行為出現時，即予以獎勵（具體或精神獎勵）；負增強（Negative Reinforcement）則恰相反，當欲建立之行為出現時，乃將恨惡之刺激除去（如懲罰、指責、父母之批評等），例如，當我們照父母意願用心寫功課時，他們停止叮嚀。

　　3.模仿學習（Modeling）：此觀點強調行為之學習包括處理壓力之各種情緒反應，是從觀察模仿而來。美國斯丹福大學教授班都拉（Bandura, 1961, 1969）在此方面之實驗頗有貢獻。社會工作員及警方也發現很多犯罪青年，或攻擊性強之青年，在童年時代常遭毒打或虐待。

　　㈣**人本主義心理學**（Humanistic Psychology）

　　根據人本主義心理學派，個人的自我概念（Self-concept or Self-perception）影響對壓力之處理。當精神分析學派及行為主義盛行時，「自我」概念之討論並不流行。自從第二次世界大戰後，認為個體對自己產生影響的心理學家逐漸增加，此乃人本主義心理學的基本哲理。主要學人包括詹姆斯、馬思盧，和羅傑斯（Carl Rogers）。人本主義學派強調人性的積極特質，男女均為維護、增強及實現自我而奮鬥，而且個體之內在傾向是健全發展與成長（Rogers , 1951），茲分別敍述自我概

圖五　此圖為世界名畫家畢卡索（Picasso）於一九三二年完成之油畫，題名「照鏡子之女郎」，是西蒙古根海恩夫人（Mrs. Simon Guggenheim）贈與美國紐約市現代美術博物館珍藏，據畢卡索云，此幅畫之原意為描述古代人對鏡子的神話，認為鏡子有透露個人隱私之魔力。

念、自尊心概念及壓力情緒之功能。

1.**自我概念** (The Self-concept)：很多年前，詹姆斯 (James, 1890) 將自我概念稱為「經驗的我」 (Empirical Me)，並分辨其涵蓋之三個因素：(1)我們所擁有的，除物質財產外，尚包括家人和名譽。(2)我們所做的，包括保護自我、生存、社會信譽，及個人發展之行為。(3)我們所感受到的，包括對自己的感受：快樂、滿意或不滿意。現代心理學家，如霍爾 (Hall and Lindsay, 1957) 採用其第二、第三點描述自我。

其實，我們大多數時候的表現是與自我概念配合，但是當所須付出的代價太大時（如雖然自認為非常有原則不願在考試作弊，但想到也許會因不及格而被退學時，就不得不放棄原則），就不一定了。

2.**自尊心** (Self-esteem)：自尊心是指我們如何看自己，是喜歡還是不喜歡所看到的自我。羅傑斯與工作同僚曾將受諮商者之自尊心分為「真實」與「理想」兩種觀點，當諮商過程結束時，如果兩者距離縮短則顯示其自尊心已有改進。

3.**壓力情緒之功能**：羅傑斯對心理壓力反應之觀點異於精神分析學及行為主義學派，他認為心理壓力所引發之憤怒、恐懼、焦慮等對持續成長是極需要的 (Rogers, 1951)。例如，一位老師給我們一個低成績固然會引起憤怒，但如果能化憤怒為力量，反而會激發我們努力改進。此外，對具體情況之合理恐懼，對生存是有所助益的。同樣，考慮前之焦慮，可加強準備工作，反之，也許會毫無責任感，不當做一回事。

羅傑斯強調人生目的不僅為自我滿足，而是應接受生命之挑戰而奮鬥。不僅是為生理、心理之安全，自尊、歸屬感，被人接納而努力，更須為逐漸增強之獨立性、責任感，及自我實

現而努力。

凡爾倫（Vaillant, 1977）認為尋求一個充實的人生應逐漸捨棄安全逸樂生活之觀念，而勇於接受新挑戰和新適應。一個充實，並富於冒險的生命必須付出創傷、憤怒、憂鬱及焦慮的代價。

在人本主義觀點下，情緒上之困擾被視為邁進新發展里程碑之過渡階段。雖然如此，我們不能否認憤怒、憂鬱及焦慮所導致之極度痛苦有時會阻礙成長，因此對它們必須有正確與清晰之了解和明智合理之處理。

㈤認知心理學（Cognitive Psychology）

認知心理學派強調個體思考之重要性，此學派認為壓力情緒之持續與否，完全端視個體面臨壓力時，對所感受之身體或心理上之不舒適做何解釋。以下是它對壓力反應之三個主要假設：1.感受與思考。2.壓力之評估、立即反應及處理效果之預期。3.情緒及行為之控制可以學習。

1.**感受與思考**（Emotion and Thoughts）：第一個假設是由賓州大學精神醫學教授愛爾倫貝克（Beck, 1976），及紐約心理學家艾里斯（Albert Ellis）所提出。貝克在一九七六年發表他對某些精神病患者之觀察，發現他們具有獨特之思考形式。譬如，焦慮病患必受到強烈之危險意念所控制。貝克亦發現傾向憂鬱之男女經常低估自我，對人生事件做最壞之判斷，對前途悲觀。

艾里斯（Ellis, 1973）認為思考決定個體之感受，他提出A、B、C之錯誤思考模式（A-B-C Model of Faulty Thinking）：

A、指生活所面臨之壓力（如某青年之女友要離開他）。

B、我們對那事如何想法（他對自己說：不能離開她）。

C、指我們的感受及行為（該青年相信自己的想法，認為生命不能缺少她）。

艾里斯更列出其他類似上述引發心理困擾之錯誤思考模式，他稱之為非理性假設（Irrational Assumptions）。（請參閱表七）

2.壓力之評估、立即反應及處理效果之預期：第二個假設是指壓力反應引起的感受是適應過程中必須經歷的。一般而言，個體之感受是由三個因素激發的：(1)導致這感受的外在原因究竟有多可怕。(2)評估身體的反應。(3)計算我們處理之能力（Murray and Jacobson, 1978）。譬如教室內同一位老師，當一個同學被他叫起來回答問題時，如果這位同學認為老師是友善及支持他的，他的感覺和另一個沒有在班上站起來回答的經驗，以及認為老師是不友善的感覺，會迥然不同。

3.情緒及行為之控制可以學習：貝克（Beck, 1976）和艾里斯（Ellis, 1970）提出可以輔導個人辨認不合理之思考形式如何影響情緒，並了解其害處，及如何以積極之想法與行為替代。

譬如一個要考汽車駕駛執照的人非常焦慮，她應找出那些是要考的項目而加以練習，同時請一位有經驗的朋友扮演考官。如此，一則可以減少焦慮，二則可以集中注意力去專心練習。

馬亨尼等心理學家認為，雖然認知學理對控制不良適應之方法尚屬新的理論，但是卻提出很多令人興奮的新觀點。誠然，它們未經長期追蹤的考驗和批判，不過它的優點在於結合內在經驗以及行為的環境因素，尤其重要的是，它承認兩者之相互

表七　導致心理困擾的非理性假設

一、	一個成人的所做所為非常需要每個人的讚許。
二、	某些行為實在可惡，冒犯者應受嚴厲處分。
三、	如果事情不能如願，該是多糟糕。
四、	人類痛苦為外在因素所產生，是環境裏的人及事所加諸於人。
五、	如果某件事確實、或也許是危險或可怕的，就應該覺得很不想去做。
六、	避免人生困境易於去面對它。
七、	每個人都需要倚靠大於自己的東西。
八、	人人都應該絕頂能幹、聰明，及在盡可能廣泛的領域內有成就。
九、	由於過去經驗曾有一件事予人極大衝擊，它的影響力是必然且長遠的。
十、	每個人對環境必須具備某些完善的控制力。
十一、	人類快樂可從無為獲得。
十二、	一個人是無以控制自己情緒的，因為有些事情實在不能不這樣去想。

錄自：Albert Ellis. Reason and emotion in psychotherapy.
　　　Secaucus, N. J.L Citadel Press, 1962.

關係（Mahoney and Arnkoff, 1978）。

本章摘要

一、壓力是任何使身體及情緒覺得不愉快之事件。

二、壓力是由挫折、威脅，或衝突所引起。挫折是指環境因素阻礙或拖延個體達到目的所引起之不舒適。威脅是預期不能處理尚未發生情況之恐懼心。衝突是指兩個或兩個以上相等力量或各有理由之行為動機同時存在，使人不知所措。

三、壓力常引發的三種情緒是攻擊、憂鬱及焦慮。攻擊是攻擊導致挫折感之對象。憂鬱包含很多種感受，如無助感、缺乏自尊心，及感覺任何不好的事也祇有去承擔。焦慮是一種不安、恐懼及緊張的感受，通常是對衝突或威脅之反應。

四、壓力是可以從兩方面衡量：求我們所面臨壓力事件之總和，或是我們因應壓力之持續時間。前者可以使用類似本章所引列之社會再調適量表，後者可使用壓力研究泰斗賽爾利博士所創之「壓力適應歷程」模式去分析驚慌期、抵抗期及力竭期之徵候羣。

五、壓力有正負二方面之影響。所謂負影響是導致疾病及心理失調，例如工作效率之減低，不良人際關係及適應能力減低。如果壓力是個體所能處理，它的正功能包括滿足基本需要，增強調適技巧及增加壓力之抵抗力。

六、有關壓力感受的五個學說分別是體質人格心理學、精神分析心理學、行為心理學、人本心理學，及認知心理學。

七、體質是否影響個人對壓力的容忍度雖僅有間接之證據，但不同領域之研究，仍顯示它與先天體質多少是有關的。

八、佛洛伊德對焦慮之理論被世人視為精神分析心理學之

主幹，他將焦慮分為三種：真實、神經質，及道德。

九、行為心理學派假設個體對壓力之感受是從制約反應、正負增強作用及模仿所學習而來。制約反應是指將引起某反應之刺激與某事件配對（如鈴聲與食物，電擊與撫摸小老鼠）。增強學習包括正與負增強，正增強指欲建立之行為出現時即予以獎勵；負增強則當欲建立之行為出現時，乃將嫌惡刺激去除（如兒子照父母之意願好好做人處事，即停止嘮叨、叮嚀、責罵）。模仿理論是指壓力反應所顯示之情緒是從模仿學習而來。

十、人本心理學強調人性善良與積極之觀點，此學理之重要概念為「自我」及「自尊」，認為壓力是人格成長之正常現象。

十一、認知心理學強調個人思考之重要，此學派認為壓力情緒之衝擊情形，端視個人面臨壓力時，如何解釋身體或心理上之不舒適，此學理對壓力反應有三個主要假設：㈠感受是基於自我對周圍環境之想法。㈡處理壓力之行為是基於個人對壓力情況之評估、立即反應，以及是否有能力去應付之預期。㈢個人可以學習能夠影響自己感受及行為之認知控制法。

下章展望

本章敘述一般人如何處理壓力時強調壓力之起因和各種不同之反應，下一章將討論在日常生活問題中，適應性反應之性質，以及從最低到最高之不同層次反應之效率。同時，亦將指出適應概念之要點，以及三種處理壓力方法之細節。

重要術語

- Stress
- Frustration
- Approach-avoidance Conflict
- Approach-approach Conflict
- Avoidance-avoidance Conflict
- Aggression
- Depression
- Anxiety
- Social Readjustment Rating Scale
- Life Change Unit
- General Adaptation Syndrome
- Immune System
- Type A Behavior
- Sensation-seeking Scale
- Carry-over Skill
- Stress Inoculation
- Id
- Threat
- Conflict
- Superego
- Ego
- Conscious
- Preconscious
- Unconscious
- Conditioned Reflex
- Reinforcement
- Positive Reinforcement
- Negative Reinforcement
- Modeling
- Self-concept
- Self-esteem
- A-B-C Model of Faulty Thinking

相關性參考書目

1. **Stress**

Selye, H. *The stress of life*. New York: McGraw-Hill, 1956.

——*Stress without distress*. New York: Signet, 1974.

The nature of stress and the genersl adaptation

sydrome.

2. **Stress Reactions**

Seligman, M. *Helplessness.* San Francisco: Freeman, 1975.

Spielberger, C. (Ed.), *Anxiety: Current trends in theory and research,* vols 1 and 2. New York: Academic Press, 1972.

Bandura, A. *Aggression: A social learning analysis.* Englewood Cliffs, N. J.: Prentice-Hall, 1973.

A full description of the nature of responses to stress.

3. **Effects of Stress**

Kutash, I., Schlesinger, L., and associates (Eds.), *Handbook on stress and anxiety: Contemporary knowledge, theory, and treatment.* San Francisco: Jossey-Bass, 1980, chaps 10, 11, 16, 17, and 19.

Monat, A., and Lazarus, R.(Eds.), *Stress and coping: An anthology.* New York: Columbia Press, 1977, chaps 2, 3, 9, 15, 19, 21, and 23.

These bring together the diverse negative effects of chronic and overpowering stress.

第三章　壓力之適應

綱要

一、適應之意義

　　(一)持續之過程

　　(二)維持內心平衡

　　(三)配合一般性及可預期性的環境

　　(四)毋須付太高代價

二、適應性反應之類型

　　(一)自我保護反應：隱藏不舒適之衝動及意念

　　(二)直接控制法：緩和或暫時消除壓力之困擾，或因應不尋

　　　　常之壓力

　　(三)直接行動法：調適、改善或改變環境之行動

三、自我保護不同層次之反應

　　(一)自我防衛：壓抑、否認、投射、反向作用

㈡因應措施：壓制、合理化、昇華、取消作用

㈢調適機轉：認同、幻想、同理心、預期

四、壓力直接控制法

㈠緩和或暫時消除身體困擾法

㈡緩和或暫時消除心理壓力法

㈢學習善用資源法

五、直接行動處理壓力法

㈠認識問題

㈡對自己之行為效率有信心

㈢行動之意願

六、日常生活的適應

思考問題

- [ ] 有時你處理壓力是否相當好，有時則不然？差別在那裏？

- [ ] 你認為自己適應問題的方法對生活有多大影響？

- [ ] 你是否曾認識一些青年進入大學之後，在衣著言行上有了改變？你想是什麼原因？

- [ ] 當我們面臨無以避免的生存問題而感覺困擾時，該如何去尋求解除或減輕之？

　　艾迪是生長在一個非常貧窮的家庭，父親個性暴戾，兄弟姊妹眾多。在這個家庭，每個成員經常遭遇很多挫折、混淆、無助感、焦慮和失望，他的兄弟姊妹都承擔不住這些壓力，而呈現各種層次適應失調的徵候，獨有艾迪卻保持平衡健康的心態。

　　也有很多青少年，家境與艾迪恰好相反，雖然生長在富裕之家，卻經不起任何壓力之衝擊。譬如，有一個十歲的男孩，父母富有，也非常愛他，有一天老師在班上拿他手工藝課做的作業開玩笑，他竟然難過得拒絕再上那個學校。此外，有些兒童很希望能加入學校球隊，但因條件不夠無法錄取；或是和朋友鬧翻了；考試成績不如意；沒有獲得夏令營的獎狀；或是和父母爭執；……竟會覺得一切完了。很多成人，因為挫折、焦慮引起的壓力，也會有上述一般強烈的反應。

　　為什麼有的人能很有效的應付壓力，有的人就會支撐不住呢？上章曾就不同學理觀點討論這問題，本章將從適應過程的闡明，進而討論各種層次適應方式的意義，並且介紹可以協助

個人有效處理壓力的技巧，一方面減少對生活素質之不良影響，另一方面可以促進身心健康。

適應之意義

懷特在西元一九七四年強調：所有敍述處理壓力的字彙中，以「適應」兩字爲最佳，其它各種字彙，如調適（Accommodation）、自我防衛（Ego Defenses）及因應（Coping）等，均屬整個適應過程的一部分反應，所以無其完整性。

哈特曼（Heinz Hartmann）終生致力於探求適應的要點，以下之定義是根據他的豐碩著作內之論點而設（1958, 1964）：

適應是個人終生維護心理平衡的持續過程，以毋須付出太高的代價，去因應一個具有一般性及可預期性之環境。

現在將分別闡述此一定義之細節：

㈠**持續之過程**：戴維路（Devereux）於一九五六年提及：適應並非一個靜止狀態，而是不斷調整之行爲，所以是每日，甚至於是時時刻刻的行爲。拉薩路斯及其同僚（Lazarus, Averill, & Opton, 1974）認爲常態適應之表徵應包括：1.隨時鑑定及重新鑑定壓力之來源，2.當時之反應方式，3.所採用之處理行爲。

譬如有一位大學女生非常害怕不能通過大考而想馬上休學，不過，她鎮靜下來，捫心自問這種惶恐是否合理。她慢慢的分析這種心理的來由，發現自己平常成績相當好，大可不必如此爲大考焦慮，同時她也想到一些可幫助自己準備考試的方法，因此就不再考慮休學了。

這種經常評估壓力來源的習慣，可與駕駛船和飛機的情況

相比。駕駛員會發現絕不能將船或飛機以直線導航，因為船或飛機的前部會左右擺動，駕駛員必須不時作小調整，才能依應有路線進行。就人類適應而言，愈早預期到壓力的來源，需要的調整愈會相對減少，也就是使日常生活中所遭遇的壓力比較容易適應。

(二)**維持內心平衡**：所謂內心平衡是足以使人很舒適的從事均衡協調工作，愛及遊樂，因而使生活獲得滿足。事實上，無人能生活在一個完全沒有壓力的封閉環境中，但每個人都能設法使自己維護內心的平衡，我們都能忍受突然而來的狂怒、無力感或恐懼，不致於變得激動或手足無措。我們也可以去了解壓力來源，不把恐懼的事情看得那麼嚴重。我們也可以控制不恰當之衝動，或是將不符合現實之幻想轉變為可行之目標。

譬如，艾迪雖然不能為了想要維持內心平衡，而偽裝不為父親酗酒而生氣，不為母親須入院而抑鬱，或不為自己的孤立而覺得焦慮。但是，他可轉移目標，以行動減輕這些困難所帶來的壓力。易言之，惟有洞察原因才能導致成功之適應，也就是真正內心平衡，最重要的是行動。如以艾迪為例，他也許可以出去做事，代替父親負起養家的責任，也許他可加強自己的身體抵抗力，多吃營養食品。

(三)**配合一般性及可預期性的環境**：這是什麼意思？我們可先以不尋常、殘酷的或是不易接受的環境來做對照，譬如在監獄、集中營、戰場、雙親患精神病、孤單、非常擁擠的住所、嚴重的身體殘障、經常失業的環境或遭遇等環境下，很明顯的，是需要極高的求生耐力。

因此，一個具有一般性及可預期性的環境是指：在社會層面上，一切情形對其成員是常聞易見的。對個人而言，是指正

常的身體，合乎自己原則又符合社會規範。此外，一個可預期的環境也包含給與受的層面。譬如個體應付出多少努力以達成工作上之準備與需求，以及他的工作將可得什麼酬勞及福利。

所謂配合一般性及可預期性的環境，並非被動的馴服態度，而是指有些壓力情況是短暫的，而且會有良好的結果，所以能忍受。但當一個困境已變成長期性問題，或變得難以忍受，或是要付出過高代價，則必須做選擇、調整或改變。

譬如，喜萊莉是一個大學醫學院預科班學生，也許她認為值得服用胃藥及學習瑜伽術來減輕焦慮，以應付同學間的劇烈競爭，她也可以減修一些學分，或是將難的學科和較容易的學科間隔選修。同時，也可請老師補習。最後，她也可以放棄做醫生的美夢，而不需要承擔過度的壓力。

㈣**毋須付太高代價**：每種藥物均有其副作用，同樣，適應壓力也有其代價。一個可能代價是生活享受上的影響，另一個可能代價是為了今天的問題我們以未來去抵押。在正常的適應過程中，減少壓力的反應應該不是過度犧牲大部分的生活，或日後行動上之自由選擇。

譬如，前述之醫學院預科生喜萊莉之實例，如果她認為醫科畢業前途很好，所以決定設法應付原先恐懼的學科。為了減輕心理上之焦慮，她一方面服用鎮靜劑，另一方面學習放鬆神經的技巧。不過，很多時候，她仍擔心如此下去會損害她的身心健康，因為她祇顧及心理困擾的徵候而非原因，但是，每次她休假之後，焦慮以及不舒適之感受都會消失，否則，她就計畫減修學分。

在這種嚴格的自律生活下，喜萊莉的人際關係是否受到影響呢？她有沒有時間和她心愛的人約會呢？她因為累積壓力而

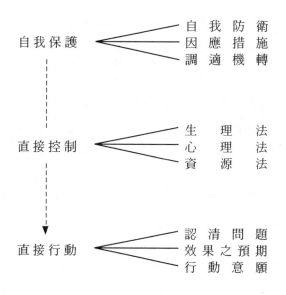

<table>
<tr><td>自我保護</td><td>自我防衛
因應措施
調適機轉</td></tr>
<tr><td>直接控制</td><td>生理法
心理法
資源法</td></tr>
<tr><td>直接行動</td><td>認清問題
效果之預期
行動意願</td></tr>
</table>

圖六　三個層次之適應方式

註：虛線顯示關聯之意

發的脾氣，或自憐而鬱鬱不樂，會不會使親近她的人疏遠呢？
對於要減低這些問題所付代價，她可以設法在時間管理上以及
與親人相聚的內容及方式上加以改善。

適應性反應之類型

　　適應性反應係維持個體心理平衡之行為，從其素質之高低
可大別為三類，即：㈠自我保護反應 (Self-protective
Responses　SPR)；㈡直接控制法 (Direct　Control
Responses,　DCR)；㈢直接行動法 (Direct　Action
Responses, DAR)。（見圖六）

表八　三個層次自我保護之特質

特質 ＼ 方式	適應層次 低 ------------------------------> 高		
	自我防衞	因應措施	調適機轉
引發	不能接受，自我不容許之衝動意念	大於平常的壓力感，但在能應付範圍	和環境發生輕微衝突
對壓力之感覺	不感覺	感覺	感覺
反應之鑑定與再鑑定	固定	按部就班	有變化
使用時期	過去及目前	目前及最近	將來及現在
行動上之自由	極少	有限	相當多
代價	很多	有些	很少

　　自我保護反應（SPR）是維護個體內心平衡的自動自發行為，所以是個人及心理上之習慣，是為了遮掩不能接受的內在衝動或現實環境，以減少痛苦或對其原因之意識。譬如，它能將一個很強烈的衝動壓抑到意識境界之外，並且它能在一個使人沮喪的情況中將最令人不悅的部分濾除，以減輕它的衝擊；或能夠將挫折的性需求化解為積極力量。易言之，SPR保衞內心穩定性之功能在於改變個體對壓力衝擊之主觀感受，因而比較能控制事情，同時心境也隨之變得寧靜，而不致於太生

氣，無助感，或挫折感。

在此有一點必須說明，心理學家如韓恩及柯樂勃 (Haan, 1977; Kroeber, 1963) 均強調正常人和心理異常者所使用之 SPR僅是層次上不同，而非類別上之差別，所有適應性反應是 從最高層次慢慢延續到最低層次，而並非突然明顯之分割。

SPR可分爲三類：1.自我防衛，2.因應措施，3.調適機轉。 各特質見表八。

自我保護不同層次之反應

茲分別解釋上述之三種自我保護反應：

㈠**自我防衛** (Ego Defenses)：是自發的心理機轉，可將 壓力引起困擾之原因排斥到感受之外 (Hinsie & Campbell, 1970) ，它遮掩內在衝動及外在壓力。譬如，對鄰居配偶起了 不良企圖之衝動，但並未付諸行動，乃是因爲此一意念受自我 防衛所排斥至意識境界以外。又如服務生在帳單多算了十元， 顧客雖然不滿意，但自我防衛使其壓抑怒氣，以維護自己的風 度。其實，自我防衛反應是由很少量之焦慮，而且不經過意識 所引發，它雖有維持內心平衡之功能，但代價極大。

前章佛洛伊德所引述之露茜個案是使用「壓抑」 (Repression) 自我防衛很好的實例。她使用了壓抑的自我防 衛，緩和了內心痛苦，可是付出之代價頗高，因她沒先洞察問 題之癥結再採取行動，也因此完全沒有針對問題之需要，而設 法改善和她所愛的人之間的關係。她決定離開他，至於爲什麼 離開，她並不清楚，她的決定是基於過去發生的問題，她也沒 有想到是否還有其他可選擇之辦法。最後，「壓抑」的自我防 衛反應必然還犧牲了其他層面的生活。除了「壓抑」之外，自

我防衛常包括否認（Denial）、投射（Projection），及反向作用（Reaction Formation）三種方式，茲順序闡明之。

1.壓抑：是強迫將一個引起焦慮的感受驅逐到意識之外（Hall, 1954）。壓抑是一個主要的自我防衛，所有自我防衛多少都會有它的成分，剛才以「露茜」個案爲例。在現代社會可以一位名爲路易之工程師爲例，雖然他極憎恨他的上司（因爲他的上司非常專制），但由於從小教養使他不隨意大發脾氣，所以他壓抑對上司的憤怒。「壓抑」並非一次就可解決壓力所導致痛苦。被壓抑之感受會時常以不同姿態出現，如旣幽默又諷刺的言語、夢及所謂的反諷。譬如，路易會經常惡意批評上司的舉止和服裝，或時常夢見他的上司被撞得血淋淋或四肢殘廢。

反諷也是發洩被壓抑之感受及意念的方式，有一位任教於哈佛大學之教會牧師敍述一些教友對他證道的反應：我很欣賞您的證道，眞像在淹水時獲得一杯清水，或是您每一篇證道都勝於下一篇。

2.否認：這有兩種意義，第一種是完全的否定，拒絕承認一個不可能錯的事實的存在，羅斯大夫（Kubler-Ross, 1969）於其名著「死亡與死亡邊緣」中，首創以臨床研究討論死亡之問題。她指出「否定」常出現於被醫生宣布罹患絕症的病人。一個很自然的人性的反應是：「哦！不可能，這不會是眞的。」

又譬如程桃（Chantal），一個患高血壓而身體肥胖的人，明知應該節食，但沒有這種抑制力，爲了減少自己不能爲身體疾病而節食所引起的焦慮，她告訴自己，不管別人怎麼說，她絕對不信身體過重會對她有害。

第二種否認是承認威脅性的事實，但不接受其結果。如上

述之程桃，她發現自己呼吸漸漸困難，也比較容易疲倦，常覺得頭疼頭暈，她承認這些是過度緊張的信號，但她仍堅持和確信自己一切都很好。

3.**投射**：是將自己不能接受，或不以為然之衝動歸諸他人投射之心理歷程是將個體內在衝動轉變為外在之威脅，來減輕焦慮之困擾。投射也有兩種形態：第一種是將自己無法面對的慾望歸諸他人。譬如，安古斯（Angus）一直想逃漏所得稅，但此一意念卻違背他的道德原則，為此他內心極不安。一個緩和這種道德焦慮的自我防衛反應就是懷疑他的一個同事沒有照實申報所得稅。

投射的另一種形式，是覺得別人在挑剔自己不能接受的意念。譬如安古斯自己想逃稅，當他的弟弟無意問他是否已經申報所得稅時，他竟認為他的弟弟是在暗暗的責怪他欺騙政府。

4.**反向作用**：是以相反的行為去減少引起壓力之情況。譬如布巴的例子，他是高中足球隊隊員，當教練指派他去守一個比他強大，反應很快的對方球員時，他非常害怕，深深覺得不能勝任，但是細想既然教練及其他球員對他有信心，不能使他們失望，於是就顯出一副神氣十足的樣子，並告訴自己及隊員：「有什麼可怕，我有辦法應付。」

反向作用是另一種形式是做自己最不喜歡做的事。譬如，一個六歲的小孩為了被他的同伴取笑什麼都要媽媽幫他做而感到困擾，同時也被取笑膽子非常小。他的反向作用包括：一早就獨自離家上學，比其他小朋友晚回家，生病也不願留在家休息，當老師想幫助他扣上扣子，他堅持要自己做。總之，變得極端的獨立。

㈡**因應措施**（Coping Devices）：在圖六，因應措施在自

我保護方式中屬於第二層次之適應，它們是用來因應超過平常的壓力，當然所謂「超過平常的壓力」是因人而異，但主要特點在於必須使用新的行為或修改舊行為。如果參照圖六，可知自我防衛反應是將「困擾的感受」排斥於感受之外，而因應措施則容許個人認識困難之情緒以及其來源，同時也使個人了解其初步的反應是全部措施之一環。譬如，需要寫一篇很長的期末報告，而這篇報告又是總成績的一部份。如果我們使用因應措施則可以應付壓力之來源，以及決定將這篇報告好好準備及完成。

因此，因應措施非但可以減低不舒適感以維持內心平衡，而且它是全部行動之一部分。如果我今天下午決定什麼都不去想，專心為寫期末報告閱讀一些有關資料，我會感覺到非常舒適。不過，因應措施之最大缺點在於不包括重新評估的歷程。譬如，我會將時間花在閱讀資料上，而沒有留下時間寫。如果什麼都不想，也許有些應該去思考的問題，因為問題被擱置在一邊而情況惡化。再者，因應措施旨在化解目前及最新的問題所引起的困擾，故可能會付出忽略將來之代價。此外，它們也會使我們沒去想我們的措施對朋友、家人或同僚的影響。

總之，因應措施可視為處理不尋常困擾之暫時措施，其性質有如慶典時訂製之制服，慶典過後，就得等待下次再用。有四種不同類型的因應措施可以分別介紹如下：1.壓制。2.合理化。3.昇華。4.取消或化解。

1.壓制（Suppression）：是指故意將一件困擾的事驅逐出意識之外。此與壓抑之區別在於：壓制是個人在完全知曉或在半意識狀態下之過程，而壓抑則是個人完全不感到所排斥之困擾。

凡爾倫（Vaillant, 1977）曾將「壓制」做進一步之解釋：壓制容許個體將焦點置於最迫切的問題上，但同時記住其他須解決之困難。

　　譬如華爾德是一個使用「壓制」的實例。他的建築師業務需要他在每星期的七十個工作小時內兼顧兩件工程：他必須監督一棟即將完工的大樓；他也須提出一項新工程的投標計畫，而他的上司從來不對他說一句體諒或欣賞的話。由於工作時間是如此的長，所以很少有機會和家人聚在一起，因此他的太太也開始顯得冷淡，對他不滿意，最後他自己覺得體力開始不能支持。如果華爾德同時憂慮一連串的問題，他可能煩躁到什麼都做不成，他可能是先將新工程投標的事放在一邊，不去想它，而將全部精神去監督將完工的大樓，他設法不去想上司一些不體諒他的作為，有時則去練習網球鬆懈緊張情緒。當他將工作目標轉移到設計新工程投標的時候，華爾德不讓婚姻、家庭的危機或自己身體健康問題所困擾。他對自己說，等這件投標的事做好之後，他決定和太太一起去風景怡人之巴比杜市度假，回家之後則去好好檢查身體。

　　2.合理化（Rationalization）：容許個體僅感覺到問題一部分的困擾，卻避免去面對最主要的事實，有些人不易放棄這種自我防禦的方式。合理化常以不同的形式出現。譬如唐恩是一位法律系應屆畢業生，當他在畢業大考時作弊被捉到，學校的處分是開除，他當然是極為恐懼和失望。在他不知所措時，很可能使用合理化之措施來因應焦慮，為此他想出好幾個理由為自己申辯，他也許用實際困難來解釋作弊行為：「班上很多事情都要我去辦，所以實在不夠時間去準備大考。」也許他以「人皆如此」為理由，「每個同學都作弊」，或是社會因素：

「社會帶給人們那麼多壓力，除非作弊無以往上爬。」

有兩種常被使用的「合理化」方式就是「酸葡萄」(Sour Grapes) 及「甜檸檬」(Sweet Lemon)。「酸葡萄」源自伊索 (Aesop) 所寫的一隻狐狸的故事，狐狸很想吃樹上的熟葡萄，當牠發現無法跳得那麼高去摘到那些葡萄時，牠安慰自己說：反正這些葡萄很酸。以唐恩之例而言，他可以對自己說：「反正不是一定要做律師才能發財。」如果他使用「甜檸檬」的理由，他會說：「這次被捉到作弊也許是一個很好的預兆，我不適合當律師，選擇別的行業恐怕對我較合適。」

3.昇華 (Sublimation)：是將不歡迎的感受或意念轉變為能接受的行為，例如林基是一個從鄉下來到大都市唸書的青年，他恨透他的同學，因為他們看不慣他的服裝、舉止及鄉音。但他又不敢向他們發脾氣，以免他們會不接受他，因此他就拚命在他的球藝上努力，使同學對他刮目相看，這是一種「昇華」的例子。

4.抵消作用 (Undoing)：是將原先一件不合適的行為設法化解之。譬如達琳心裏對老師存有敵意而說了些很不禮貌的話，然後她大笑，告訴老師她祇是和老師開玩笑。

以上所述之「壓力因應措施」都具有使個人感到避免困擾及其原因之價值，而且也具有彈性。但這種方式有個很大的弱點，其不僅將壓力放在一邊或掩蔽；而且一經使用，就不經常去考慮它們的使用的後果。如以華爾德之例子而言，如果他的婚姻不能等到他和妻子去度假就破裂又怎麼辦？

另外一個弱點，由於它們頗能使人忘掉痛苦，結果容易讓人將痛苦之原因忽略。正如一位婦人說：「我終生都下跪求神寬恕我的罪，而結果卻從來沒有自問我怎麼會陷入這個困境。」

因此，壓力之因應措施在短期可能有效，但是如果成為習慣，則危害到一個圓滿的適應，以及妨礙充實人生的達成。

㈢調適機轉（Adjustment Mechanisms）：表八顯示使用調適機轉是適應過程中之最高層次之方法，它們符合多數緩和或消除壓力困苦之多項最高標準（Loevinger, 1976）：1.它們容許使用意識到困擾之原因。2.它們使個體持續以應變之方式去考慮壓力之性質以及所採取之反應。3.必要時可修正，不但是顧慮當前的問題，也包括將來的問題。總之，自己可決定如何適應及改變環境，而且不須付出太高代價以減低內在緊張。韓恩認為調適機轉在輕微壓力情況下比較容易出現，也因此與個人之人格及做人處事之形態相似。調適機轉包括認同、幻想、同理心及預期等，茲分別闡明如下：

1.認同（Identification）：在輕微的壓力下，表現出所仰慕的人的特質，這種特質可能是價值觀、態度、目標或動作。有時候還會將它們吸收為自己人格之一部分，但在不再需要時，也許會將它們拋棄。

2.幻想（Fantasy）：又稱為白日夢，可使個人幻想很多有關性的需求、攻擊性或淘氣的活動，而不致於感覺羞恥、罪惡或焦慮（Schafer, 1968）。

3.同理心（Empathy）：指能意會到別人的感受和想法。譬如，有個小女孩從父親下班回家後走路的樣子，就可以知道他那天過得很累，她也會儘量不惹他煩躁，不讓自己被他的脾氣引起焦慮，而她的弟弟就不懂得如何應付他了。佛洛伊德稱此為自我保護性的同理心，其功能在於制止因別人之行為而引起之焦慮。

4.預期（Anticipation）：是指預期目前抉擇對將來影響

的能力，亦即能洞察目前行為與期望的未來所能產生結果之關係 (Vaillant, 1977) 。這種調適機轉並非不涉及內心的衝突，它往往需要從兩個或兩個以上之動機做抉擇。譬如葛瑞斯是一個獨身媽媽，生活很寂寞，很想再遇到合適的對象。她的好友勸她參加一個社交聯誼會，她一方面覺得這是一個遇到朋友的好機會，但她又害怕自己不夠吸引力，和別人嫌她已有兩個孩子。總而言之，她有很多憂慮，但當她使用預期的調適機轉時，她就將注意力的焦點放在參加適當的單身父母社交聯誼會的各種好處上。

以上所介紹的三種自我保護反應的確對處理壓力有其價值，但是很多時候有些情景非它們所能因應，所以需要進一步介紹第二大類之適應性反應，就是直接的控制反應。

壓力直接控制法

心理學談及因應壓力時通常以「對抗」 (Fight) 及「逃避」 (Flight) 兩種方式來說明，但是在現實生活情況中，有時這兩種方式並不適合。不過，有三種屬於直接控制的方法卻可以協助個人緩和壓力之衝擊，它們是：㈠緩和或暫時消除身體困擾法，㈡援和或暫時消除心理壓力法，㈢學習善用資源法。

㈠緩和或暫時消除身體困擾法：是指用藥物或刺激性飲料來消除、緩和壓力所導致之精神緊張，包括使用鎮定劑、安眠藥、興奮劑、多種維他命、草藥、胃藥、頭疼丸等，大量服用咖啡、紅茶、吸煙，以及喝酒和吸毒也屬於此種方法之範圍。據說美國人是全世界民族中最傾向於以藥物來處理心理困擾之民族。此外，飲食過度，尤其是吃零食也是一種緩和壓力之直接控制法。克拉道克之研究 (Craddock, 1973) 顯示，有三千

表九　四種打坐之方式

一、	心裡重複特定字語	如超覺靜坐所給予每人默想的字，或佛教的"阿彌陀佛"，或天主教的"聖母！憐憫我"。
二、	重複一個動作或維持一個姿勢	集中注意力做或維持一個動作，如瑜伽術中之蓮花坐姿。
三、	集中注意力在一個問題	將注意力集中在一個不可思議的問題，如想像一雙手鼓掌的聲音。
四、	視覺的轉注	將注意力集中在一個形象，如一片葉子、火焰，或在圓形中的一個四方形。

萬美國人因飲食過度而患肥胖症。最後，以運動來緩和壓力之衝擊，即是不需服用任何藥物之法。目前有很多研究顯示：一些常做的個人運動，如慢跑、韻律健身舞、舉重等，均可減輕焦慮和改善心性 (Greist et al., 1979)。

　　(二)緩和或暫時消除心理壓力法：係指當個人不能以對抗或逃避方法，而經常使用某些心理活動，以有助於心理壓力之減輕。打坐就是其中一種很好的方法。艾佛利等人將打坐分成四種，如表九 (Everly et al., 1981)。

　　1.放鬆肌肉訓練。這是目前很流行的壓力心理控制的一個方法，就是班生所倡導之放鬆肌肉訓練 (Relaxation Response)，班生是一位醫師，他從現代醫學病歷資料中發現心理壓力反應和高血壓、心臟病及中風之關係，乃引用東方宗

教之智慧，倡導「放鬆肌肉訓練」法，主要包括四點：(1)一個安靜的環境，愈少干擾愈好。(2)一個專注之目標，儘量不想外界的事，而集中注意力於一個字、一組字或一個字的聲音上。(3)一個平靜的態度，儘量不讓煩惱干擾思潮。(4)舒適的姿勢，儘量不讓任何地方的肌肉覺得緊張不舒適 (Benson, 1975) 。

更詳細的步驟可列如下：

(1)以很舒適的姿勢安靜的坐著。

(2)閉上雙眼。

(3)儘量放鬆所有肌肉，從脚趾開始漸漸到臉部，記住保持全部的鬆懈。

(4)用鼻子呼吸，要感覺到自己的呼吸，當您深深吸一口氣再呼出時靜靜的數「一」，如「吸氣……呼出」，數「一」……讓呼吸很自然和慢。

(5)持續十至二十分鐘，您可以張開眼睛看時間，但不要用鬧鐘。結束時，繼續靜坐幾分鐘，起初仍舊閉著眼睛，後來才張開，然後再過幾分鐘才站起來。

(6)不需擔心您是否已得到很深層次之鬆懈，祇須維持信心，自然產生鬆弛的感覺。當您被雜念干擾時，不去管它，設法繼續深呼吸及數「一」。練習多了以後，就容易做到。每天練習一至兩次，不過，不要在飯後兩小時內做，因爲消化食物過程會阻礙鬆弛的反應。

雖然有些臨床心理醫師發現，「肌肉鬆懈訓練」並非每人都有效 (Everly & Rosenfeld, 1981) ，但不容否認我們都具有以鬆懈自己來減低壓力之能力。

2.生物回饋 (Biofeedback) 是另外一種緩和壓力的重要方法，尤其是有助於高血壓、胃酸過多、脈搏不穩定之病患

(Turin & Johnson, 1976)。這種方法是使用一部能衡量個人生物功能的機器，使患者可以立刻看到自己生理功能的資料，如血壓的高低，或心跳的情形，其效果可使患者減低其血壓。這是一個很新的治療法，其效率如何尚須臨床實驗繼續驗證。

放鬆訓練和生物回饋只是為了減輕身體及精神症狀，所發展出之各種療法中的兩種。在美國及其他各地的醫學院，現在都開始增加醫學以外的治療法課程，包括按摩、針灸、按摩脊椎療病術、維生素及草藥食補法、催眠法、引導式想像法、心靈法 (spirituality) 及氣功 (Wilson, 1996)。根據報導，在過去一年中三分之一的美國成人曾經接受過一種或多種非傳統式治療法。完全針對非傳統治療法做報導的最新學術刊物，如「健康及藥物之選擇性療法」 (Alternative Therapies in Health and Medicine)，已出現在市面上。在世界各地的同業們也許會懷疑，為什麼美國人要花這麼長的時間才了解到這些治療法的好處？事實上，如以中國為例，傳統醫療法已有一千多年歷史。

(三)**學習善用資源法**：慕菲及其同僚 (Murphy and Moriarty, 1976) 發現人力的支援和個人本身之活動，對協助兒童處理壓力困擾極有效，尤其是當他們的親人在身邊的時候。此外，凡爾倫 (Vaillatn, 1977) 發現成年人比青年人更能因應壓力。主要原因可能有二：1.成年人有持續的親密關係支持。2.具有較多可結合之資源。

直接控制法雖有很多優點，但是因為在人生過程中常有很多問題並不能解決，如無法根治的慢性疾病，或無法拒絕與高齡母親同住，而致血壓上升。所以這種方法有其缺點，即無法

除去問題之主因，往往造成延長使用自我防衛或因應措施之需要。譬如前述之實例中，華爾德也許長期使用鎮靜劑來緩和壓力之衝擊，而不針對問題之癥結來減輕工作負荷。雖然如此，直接控制法往往是通到「直接行動」的一個環節。

直接行動處理壓力法

在適應過程中，曾提及最高層次適應方式應具有調適或改變環境之能力，而自我保護之方法以及直接控制法都能有效的去調適個人不願意或不能改變的環境，但是如果我們要改變使我們困擾的環境，亦即是問題之癥結所在，就必須採用直接行動法。如前述華爾德之案例中，他應放棄用「壓制」的自我防衛法，或服用「鎮靜劑」的直接控制法，而應該轉任一個壓力較少的職務，這就是針對治本而非治標的直接行動法。

直接行動法 (Direct Action Responses) 是指用以調適、改善或改變環境之行動。它們包括三個條件：㈠認識問題；㈡對自己之行為效率有信心；㈢行動之意願。

㈠**認識問題**：有效適應的最大阻力莫過於不知道壓力所引起之情緒及生理反應。直接行動法之關鍵在於認識自己的反應。當我們知道問題所在，才有可能去解決。譬如，因為星期五要考試，所以感到焦慮。有時候，我們不一定明白我們為什麼焦慮，但是可以根據一些跡象去探討問題之癥結。譬如，和好友的關係開始轉變，一時想不出所以然，但是可感覺到兩人在一起變得拘謹、不自然，不像往日那麼和諧自在，那麼就可以就此問題和朋友談一下究竟是為什麼。

由是之故，可知自我防衛往往剝奪個人真正了解自己感受的機會。而因應措施和直接控制法卻遮掩了壓力衝擊對個人的

不良影響，或是祇提供暫時或部分的功能，而使個人不會以正確的行爲去有效地解決問題。

　　㈡**對自己之行爲效率有信心**：直接行動法之第二個條件是對自己之行爲效率有信心。當我們相信我們的行動對自己會有益處，我們就會全力以赴，而且能持久不餒。易言之，直接行動法的中心思想是：個人可以影響環境，而非受環境所影響。芝加哥大學心理學家柯巴沙及其同僚瑪笛 (Kobasa, 1980 and Maddi, 1980) 指出，採用直接行動法處理壓力困擾的人格具有三種特質：1.責任感，非疏離感。2.控制環境之信心，而非無助感。3.接受挑戰，而非畏懼。所謂接受挑戰是強調壓力乃人生之必然現象，而且有助於成長。這兩位作者所研究之對象爲機構主管、律師及軍中將領，他們發現具有這三種特質的人比較少有身心疾病。

　　㈢**行動之意願**：問題之認識和對自己行爲效率有信心外，還須要加上行動意願，才能有直接之行爲。瑪荷尼 (Mahoney, 1977) 提出 SCIENCE 之認知學習辦法，以做爲實施直接行動之參考，茲分別說明明如下：

Specify the General Problem	認清問題
Collect Information	蒐集資料
Identify Causes or Patterns	發現原因或趨勢
Examine Options	檢驗各種可行途徑
Narrow Options and Experiment	縮小可行範圍去實踐
Compare Data	比較蒐集之資料
Extend, Revise or Replace	延伸、修改或變換

假設你不是足球隊員，亦沒有個人教練。又如果你是一位中年的單親媽媽，在銀行的工作時數極長，而體重正逐漸增加，春天就要到來，對你而言，卻事事都不對勁。目前有一種越來越受歡迎的直接行動法（DAR, Direct Action Responses），就是聘請一位私人訓練員。這些訓練員會私下個別指導你，鼓勵你攝取更健康的飲食裏別、定時運動，並找出更適合你的方式來處理壓力。受聘的私人教師也能引導人們在商業或專業生活方面更為成功。這些人身兼精神治療家、老師及心靈啓發者，已成為專業諮詢外的另一項選擇。然而，有一點需要注意，因為他們多半都沒有合法執照或證明文件，或不屬於此專業領域。當然其中有些人曾經接受可信賴之課程訓練，或具有豐富經驗，不過也有些人僅出於助人之善意，或具有自然之天賦，並沒有正式學習或接受專人訓練。因此，在聘請一位私人教師或訓練員之前，宜盡力查明其背景和經驗，並參考有執照之專業人員的意見。

日常生活的適應

以上所敍述的各種處理對心理或生活有影響之壓力的方法，每個人都會使用的。沒有人專門只使用任何其中一種方式，我們會遭遇不能面對現實之時刻而假裝它們不存在；有時我們不能不忍受一個我們不喜歡的職務，不和諧之婚姻，或無法改善的身體缺陷。為此我們喝酒解悶，服用鎮靜劑，明知這些祇能給我們一時之陶醉或緩和作用。為什麼呢？梅寧格說得好：「它們雖然祇給我們暫時的，並不很有效之援助，但至少在持續的痛苦中，我們可以因此活下去（Menninger, 1967）；也

許，過些日子，我們會有足夠的力量發現較有效的適應方法去解決這些人生問題。」

要知道能使用各種適應方式實為個人適應的基石，而且正確的知識是非常重要，本章至少提供讀者以下之重點：

一、了解低層次之自我保護反應之意義及其不良影響。

二、使用高層次自我保護法可導致良好適應。

三、使用直接控制法可緩和或暫時消除壓力之困擾。

四、以直接行動法有效處理面臨之問題。

五、了解整個適應過程及其反應方式為相連，即低、中層次之適應會導致最有效之方式。

本章摘要

一、適應可解釋為個體在合理的環境裏，不需付出太多的代價，持續維持內心的和諧和平衡。

二、適應壓力的反應可分為三大類：㈠自我保護。㈡直接控制方式。㈢直接行動。

三、自我保護（SPR）反應係自動的心理機構，用以減少壓力引起之痛苦或其原因。自我保護反應之性質從低到高層次亦可分為三，從低到高分別為：自我防衛、因應措施及適應機轉。

四、自我防衛可以壓抑、否認、投射，及反向作用為例，其作用為停止不舒適之意念及衝動。

五、因應措施是第二層次之自我保護方式，能調節或暫時消除壓力之困擾，或因應不尋常之壓力。可以壓制、合理化、昇華及抵消作用為例。

六、適應機轉是最高層次之自我保護反應，可以認同、幻想、同理心及預期為例。

七、壓力直接控制法可緩和壓力之衝擊，分身體生理法、心理法及善用資源法。此方法雖不能改變壓力來源，但可導致系列之直接行動。

八、直接行動（DAR）是改善適應和改變環境之方法，它需要認清問題、預期處理方法之效率，以及行動之意願。

九、每個人都會用以上三種方法去處理壓力，而且也混用不同層次之方法。良好心理適應是與所使用的適應方法、層次有相關。低層次之自我保護法會導致心理失調。

下章展望

下章將敘述各種正常人格形態，內容包括數千年前對人性特質有興趣者之觀察，並介紹較有影響力者，最後，綜合現代觀點將人格形態分為六大類。

重要術語

- Adaptation
- Self-protective Responses
- Direct Control Responses
- Direct Action Responses
- Ego Defenses
- Repression
- Denial
- Projection
- Adjustment Mechanisms
- Identification
- Fantasy

- Empathy
- Reaction Formation
- Coping Devices
- Suppression
- Rationalization
- Sour Grapes
- Sweet Lemon
- Sublimation
- Undoing
- Anticipation
- Relaxation Response

- Biofeedback   · SCIENCE

相關性參考書目

1. **Adaptation**

   White, R. Strategies of adaptation: An attempt at systematic description. In G. Coelho, D. Hamburg, and J. Adams (Eds.), *Coping and adaptation*. New York: Basic Books, 1974.

   A highly readable definition of the process of adaptation.

2. **Self-protective Responses**

   Freud, A. *The ego and the mechanisms of defense. (1937)* New York: International Universities Press, 1966.

   Vaillant, G. *Adaptation to life*. Boston: Little, Brown, 1977, Chapters 5, 6, 7, 8, and 9.

   Numerous Self-protective responses viewed from clinical and research standpoint.

3. **Direct Control Responses**

   Walker, C., Hedberg, A., Clement, P., and Wright, L. *Clinical procedures for behavior therapy*. Englewood Cliffs, N. J.: Prentice-Hall, 1981. Chapters 3, 4, 5, 10, 13, and 15.

   Schwartz, G., and Shapiro, D. (Eds.), *Consciousness and self-regulation: Advances in research*. Vols. I and II. New York: Plenum, 1976 and 1978.

Descriptions of a range of behavioral techniques for controlling stress emotions.

4. Direct Action Responses

Lazarus, R. *Patterns of adjustment*. Third edition. New York: McGraw-Hill, 1976. Chapter 4.

Mahoney, M.*Self-change strategies for solving personal problems*. New York: Norton, 1979.

Reasoned and systematic approaches to self-help.

第四章　常態人格形態

綱要

思考問題

☐ 您知道有多少種不同的人格形態嗎？

☐ 您認為您自己比較屬於那一類型呢？

☐ 有什麼可以改變您的人格特質呢？

☐ 是否有些人格形態較好？

　　如果您在飛機場的候機室或公車站的候車處坐了很久，難免會觀察四周的人。譬如，在那邊有三位男士坐在一起，一位穿著得非常俗氣，一位穿著筆挺的灰色系統的西裝，另外一位的西裝既很縐，色調也不相配；一對夫妻急急跑過，男的臉色發紅並大喊：「如果趕緊跑可以來得及！」女的臉色發青，很緊張，但帶著一副放棄的表情；在一個角落，有一位男士為身旁很安靜的小女孩變戲法，她乖乖的在吃冰淇淋，而她的弟弟就坐不住；在機場訂位臺處，一位男士正在抱怨，因為他的座位被排在吸煙區內，而另外一位吸煙的就沒有怨言；坐在我們左邊有一位女士在看書，但臉部卻是顯示願意與人交談的表情；在她旁邊的一位女士忙著繡花，且似乎很不友善；然後坐在我們對面的一位，正在注意我們在觀察周圍的人。

　　以上所描述的，顯示在正常人中有很多不同的性格，較情緒困擾者為多。本章將先討論人格形態之定義，然後，介紹二十世紀對體質的兩個重要觀點，以及最近對體質與環境的重視。根據這些資料，可以整合六種人格形態，最後，我們將探討人格形態與適應之相互關係，如何受體質與環境之影響。

不同之常態人格形態（係段凌教授之作品及提供）

何謂人格形態？

對專門以看相爲業的人而言，如何觀察人已成爲一個很高深的藝術。他們一下就可以辨別女侍應生、乞丐、推銷員、櫃檯服務員、警官或傳道人，因爲他們發現每個人的姿態、服裝的選擇、小動作、談吐等都能反映其身分，他們能從一些跡象去預期一個人大概會給多少小費，是否會購買所推銷的貨，是否不容易與人接觸，或者是否能被說服信敎……等。

很多對人性有興趣的人，即使不經過正規敎育的學習，也會發現人格形態的兩個基本成分，即一致性及穩定性。正如心理學家薩批盧（David Shapiro, 1965）二十年前所說：「人格形態乃是難以改變的一致性行爲。」人格形態包括特質、興趣、性向、怪癖及偏見。一般而言，人格形態顯示習慣性之情

緒、思考，對四周事物之看法以及反應。

　　我們一生中在很多方面有不斷的改變，如體型、價值觀，但人格形態會始終相當一致，在家人朋友中一定發現這種情形。假如您了解您妹妹的人格形態，您就能相當準確的預料她對古典音樂、別人的批評、宴會中遇見的陌生人、街上的乞丐、大考、政治候選人，以及您要向她借用網球拍等的反應。您大概知道她很喜歡古典音樂，對自己做事能力極有信心，不喜歡和陌生人在一起，無暇去關懷不受人重視者，很有計畫地準備大考，對某些候選人的政見特別支持，如果您向她借用網球拍時，除非您能答應用完放回原處，她是不會肯借的，這就是人格形態一致性之意義。

常態人格形態之歷史觀

　　㈠**古希臘時代**：在西方歷史中，首先記錄不同人格形態者當推古希臘之希普克拉底。他根據行醫的經驗，提出四類基本人格氣質：1.冷靜型（Phlegmatic Temperament），2.抑鬱型（Melancholic Temperament），3.激動型（Choleric Temperament），4.樂觀型（Sanguine Temperament）。在他逝世約一百年後，亞里斯多德（Aristotle）的弟子，西奧佛瑞特（Theophrastus）根據他在雅典街道上所看到的人，將希臘人分為三十種形態。後世學人，傑勃（Jebb, 1909）特別介紹其中四類：1.諂媚奉承型，2.老碰釘子型，3.好抱怨型，4.流氓型。

　　㈡**二十世紀兩位名學者之重要學說**：其實數千年歷史的演變並沒有使人類有太大的改變。如果前述之兩位希臘哲人再世，他們會發現許多二十世紀的人仍有他們所描述的種種性

表十　外向及內向人格之主要特質

外　　　向　　　人　　　格	內　　　向　　　人　　　格
客觀，重視外在經驗	主觀，對外界事物以個人感受及看法去反應
尋求生活守則與人生計畫	
積極，實事求是	不易發現理想之生活準則
使生活完美完實	消極，固執
接受傳統習俗	探索強烈的內心滿足
合群	不願接受傳統習俗
支配性	個人主義
對志趣相投者有極大鼓勵及領導作用	冷漠疏遠
	富同理心，一旦彼此關係投契，能建立深厚感情

錄自：The Collected works of C. G. Jung. trans.
R.F.C. Hull, Bollingen Series 20, vol 6:
Psychological Types. Princeton U. Press, 1971.

格。二十世紀的學人也曾多次嘗試描述各種人格形態，其中有兩位學者的理論值得特別提出：1.榮格（Carl Jung）的外向內向人格；2.斯賓蘭格（Eduard Spranger）的價值取向理論。此兩套理論對現代人格心理學影響至鉅。

　　1.外向內向人格（Extraverts-Introverts）：榮格之外向內向人格理論為一般人所熟悉及引用。此兩類人格形態最主要之區別在於個人對四周環境及人生經驗之客觀與主觀之感受與想法，以及其人際關係之不同。茲將兩者之特質詳列於表十：

所謂客觀取向，係指外向者之感受、思考及人際關係是根據具體事實來決定，視邏輯分析重於個人直覺，當一個計畫或原則已決定，不再猶豫不決。所定計畫必定是很積極，有遠見，認為對己對人皆有利，外向者非常實事求是，一旦發現計畫不能如願達成目標立即重新策畫。

所謂主觀取向，榮格係指個體對外在經驗之主觀感受。一切事實、數字、統計使我們如何感受是內向者所強調的，因為個人感受就是現實，任何理想或原則如果不符合其直覺即被放棄。對內向者而言，他們不問：「已有多少人接受這些理想？」而是問：「我感覺到它們是否對？」因此他們可能很消極，吹毛求疵，不易被說服。

外向者常常需要新經驗，對新的問題他們會全力以赴，等到快要完成時，他們的興趣即會下降。他們喜歡刺激性的新事物，希望生活能過得極度充實，也愛好熱門的活動。總之，對最新最流行的玩意兒他們都不會後人。

相反的，內向者所尋求之興趣祇需要得到強烈的內心滿足，而不理它們是否為目前所流行，他們的嗜好可以持續終生。有些內向者對知覺之敏感特別強，因此對同樣的音樂，他們可能搜購很多以不同的演奏法所錄的唱片，因為每張均會引起他們稍為不同的美感。

在人際關係上，外向者接受傳統習俗，合羣，為權勢所吸引。他們服裝模仿他們所敬佩的人，甚至連舉止、習慣、話題都不離常態。對同隊的隊員非常慷慨，但是和對手卻競爭心很強，他們好支配或喜當主管，以及接近有權勢者。外向者是極適合擔任指導員，因為他們有鼓舞力，但接受指導的人必須完全順從他們的意旨。由於外向者不斷尋求新挑戰，追隨者也許

會跟不上他們的步調而被拋棄。

內向者在人際關係開始的時候會顯得冷漠。根據榮格之觀察，內向者富於同理心，但是他們很少想到去照顧別人，不過，當發現與他有點默契的人，就能建立深厚的關係。

其實沒有人是純粹外向或內向的，外向性格會涵蓋內向性格。同理，內向者也涵蓋外向性格，所不同者為兩者之比例，當然也有剛好各半者，榮格稱之為內外性向人（Ambivert）。

我們的人格特質有多少是天生的？又有多少是受到環境影響的呢？三十多年來哈佛大學傑隆‧凱根（Jerome Kagan）教授及其同僚就「氣質」（temperament）所作的研究發現，在人初生四個月當中，極大多數嬰兒可被明確的區分為稱作「抑制型」（inhibited）與「無拘束型」（uninhibited）的兩大群體，和榮格（Jung）之「外向人格」及「內向人格」分類十分相似。這兩種分類是以個體對新環境的反應為標準。被歸類為「抑制型」的新生兒在面對不熟悉的人或情境時，會顯得害羞、膽小且怕新事物。相對地，「無拘束型」的嬰兒在類似情形中，就顯得極為有人緣、態度自然並極少恐懼。這些行為型態會一直延續到兒童時期（Kagan & Moss, 1962; Kagan, 1989; and Kagan & Sniderman, 1991），同時有證據顯示，這些心理特徵具有生物上的基礎。和「無拘束型」兒童相比，「抑制型」孩童在面臨壓力時，心跳、瞳孔擴張率以及心臟舒張壓都顯得上升較多（Kagan, Resnick & Sniderman, 1988）。「抑制型」兒童即使被鼓勵表現較外向，上述之生物性差異仍然存在。類似之實證研究為榮格（Jung）之人格形態分類理論提供可信度。

時至今日，榮格對氣質性格之割畫似乎顯得不夠精細，不

表十一　六種基本價值取向之特質

基本價值取向	基　　本　　價　　值　　取　　向
理　　論	重視理智、客觀及懷疑論。
經　　濟	重視促進自我生存，聚積財富、生活舒適之行業與理論。
審　　美	重視主觀反應以及能充實個人經驗之事物。
社　　會	重視關懷別人，無論是個人或團體。
政　　治	重視權力、支配力、影響力、控制及他人之尊敬。
宗　　教	重視尋求心靈之統整及上帝之恩賜。

錄自： Spranger, E, *Types of men:The psychology and ethics of personality.* Translation of the German Sth ed. by P.Pigors, New York:Hafner, 1928.

過在他推出理論後之半世紀中，已有心理學家根據其理論編製出十餘項外向內向人格之心理測驗，足以證明其影響力及重要性。

　　2.價值取向：二十世紀對人格形態理論亦極具影響力的另一位學人就是斯賓蘭格（Spranger, 1928），他是柏林大學的哲學教授。他的中心思想是每個人均具有六個基本價值取向：理論、經濟、審美、社會、政治及宗教，個體之人格形態是受較顯著之價值取向所形成，表十一列舉該六項價值取向之人格特質。

　　(1)理論價值取向高著，視理智、客觀思考及不盲從高於一切，他們追求眞理，而且強調以理智而非感情來發現眞理，也因此惟有能以記錄、理論原則證實者方能被接受爲眞理，對他

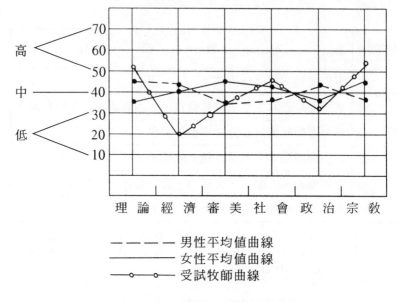

圖七　價值量表曲線圖

們事無善惡、美醜或真偽之分，除非獲得驗證。理論取向者在其日常生活中及宇宙事物中，常尋求可預期性及一致性。

(2)經濟取向顯著者視財富為生存之必需品，亦為快樂人生之本。男女有此強烈取向者，必定為生財致富之事業而努力，所有行為之價值必以是否能達成此目標而判斷，凡事之善惡、美醜或真偽亦以其經濟價值評估。

(3)審美取向顯著者重視充實主觀感受之經驗或物體、藝術、音樂，凡是至善至美者均受其欣賞，因為它們能引起內在之快樂。他們的審美標準純然是屬個人的，毫不受他人之影響。審美價值取向強者有強烈的自我發展之意願，他們喜歡將自己生命的每一個層面常與豐富的知覺經驗接觸。

(4)社會取向高的人以愛人為快樂之本。所謂「人」可能是個人、團體或全人類。此取向強烈者認為每個人都應該被關懷,不論他是醜惡、貪污或可惡。即使是動物與植物也在其關愛之範圍。

(5)政治取向高的人愛好權力。所謂權力是指影響,控制及支配別人的能力,他們主要目的是將別人的意志與命運和自己的野心結合,他們極需要所支配的人之敬仰。

(6)宗教取向高的人尋求與一位永生及無所不包涵之上帝統合為一;這是個人與神和諧相通之主觀經驗,也是被稱為得救、重生之巔峯經驗。

其實,我們不能認為人僅有一種比較突出的價值取向,一般人都會結合幾種取向和態度。奧爾頗等學人曾編製一項價值量表,可以衡量個人每項價值取向之強度 (Allport, and Lindzey, 1960) ,圖七顯示一個牧師在量表上呈現曲線分布之情形,譬如他的高宗教價值取向及低經濟價值取向;此曲線圖也顯示高理論及低於平均值之政治價值取向,至於中度之社會價值取向,比男性平均價值稍高但卻比女性者略低。對這曲線圖該如何分析呢?顯然,該牧師之高宗教價值取向及低經濟價值取向的確配合他的工作,至於有關政治價值及社會價值方面,顯示他較喜歡教育及教導任務多於牧區活動,同時訪視老者及病患者,並非其喜愛之活動。

單項特質人格之衡量

另外也有以單一的人格特質之強度去衡量人格形態,例如第二章所提及之「知覺刺激尋求度」。比較深入研究衡量單項人格特質強度更涉及人格形態中之「支配性」、「權威性」及

表十二　十六種人格因素測驗

冷淡	溫暖
具體思考	抽象思考
情緒趨激動	情緒穩定
馴服性	支配性
沈靜	烈熱
功利主義	重良知
膽小	勇敢
倔強硬心腸	軟心腸
信任心	懷疑心
實事求是	想像力大
直率、坦白	精明利害
自信心	無自信心
保守	好嘗試新經驗
團體取向	個人取向
無自控力	自控
鬆懈	緊張

錄自：From the *16PF Test Profile.* Copyright 1956,
1973, 1982 by the Institute for Personality and
Ability Testing, Inc., Cnampaign, Ill.
Adapted and reproduced by permission of the
copyright owner.

「成就慾」。

　　另外有些研究將數項單項人格特質合併為一個測驗，如十六項人格特質測驗（見表十二）。各類探討人格形態之方式各自有其優點及弱點。多項人格特質之測驗結果固然可提供不同個體之曲線圖，使個別差異之內涵更為豐富；然而，衡量較少人格特質之方法，則可使人較易了解在人生過程中何種特質較具有穩定性之影響。

榮格五十年後之兩派理論

　　自從榮格（Jung）及斯賓蘭格（Spranger）分別創立其人格形態理論後五十餘年之中，其他學者也相繼提出人格形態之分類，表十三之人格形態分類可歸納為兩大學派：第一個學派視體質為重要之決定因素，以結賽爾（Gesell and Ilg, 1946）及石爾頓（Sheldon and Steven, 1942）為代表學人。結賽爾以嬰兒活動發展素質決定不同之人格形態。石爾頓則依體型分類。第二個學派強調心理學觀點，例如精神分析學專家史艾佛（Schafer, 1970）認為個體對世界之觀點決定其人格形態；禮斯門以社會觀點（Reisman, 1950）提出人格形態為生長之社會所形成；人類學家克勒克韓（Kluckhohn, 1956）亦採取社會觀點而認為生長社會之價值取向頗影響個人之人格形態。從表十三敘述各人格形態之特質，可見各形態之特質有重疊或相似處。榮格之內外向人格學說，更為日後Elizabeth Briggs and Isabel Myers發展為十六種人格特質之量表。

當前六種人格形態之審視

　　本章曾介紹二十餘種人格形態，也許予讀者繁瑣之感，事

表十三　生理、心理及社會學之人格形態

研　究　者	分　類　依　據	人　格　形　態
結賽爾 (Gesell)	嬰兒活動發展論	慢及遲鈍 快及靈活 不規律及不均勻
石爾頓 (Sheldon)	體型結構人格心理學	柔軟及圓 Endomorphic 運動員肌肉骨骼 Mesomorphic 修長 Ectomorphic
史艾佛 (Schafer)	對現實之觀點	有趣 理想化 悲觀 諷刺
禮斯門 (Reisman)	個體生長之社會	傳統導向 內在導向 他人導向
克勒克韓 (Kluckhohn)	居住地文化所重視之 人格形態	存在取向 蛻變取向 力行取向

主　　要　　特　　質
成熟慢，在新情境謹慎學習，逐漸發展，靠自己。 成熟得快，在新情境不謹慎，容易適應，對別人要求知道得清楚。 成熟得不規律，在新情境過分或不夠謹慎，對事過度反應，對環境需求不均勻。
不緊張，喜歡舒適，反應慢，友善，容忍，滿足。 固執，好冒險，力充沛，競爭心強。 拘謹，反應快，喜歡獨處，自覺意識濃厚，強烈感受。
樂觀，不斷求進步，關懷社會，策畫困難問題，易變，不專心。 生命是不斷的追求及克服困難的勝利，個人不畏艱苦，並懷念過去美好的日子。 人生非但是對鉅大艱難困苦的英勇掙扎，也是一個敗中有勝，勝中有敗的過程，對人生持懷疑態度。 超然，主觀，好諷刺，對價值之差異不在乎。
為文化傳統所約束，行為被各種習俗儀式所控制，如犯規者被羞恥所困擾。 雖受文化傳統之影響，但並不受其綑縛，了解各種須遵守之價值，自己決定行動，如不遵循，感覺內疚。 跟隨同輩行為，在乎彼等之許可，易變，一旦無外在價值可參照，覺便焦慮。
受祖宗及傳統影響，對目前情形感覺舒適，宿命論，抑制自己。 受朋友及親戚影響，渴望自我實現，視天人合一，自我控制。 受將來目標影響，實現所重視之價值，人定勝天，個人主義，有活力。

表十四　六種常態人格形態之特質

人格特質	自律型	悲觀型	敏感型	戲劇化型	活動型	樂觀型
1.	生活導守一定原則	做事存失敗心理	常與人作對和爭執	好引人注意	好動	充滿希望
2.	有秩序、精確	注意人生悲哀與矛盾	好強善辯	做事無秩序	效率高	考慮工作之開始及改善
3.	細緻、顧及細節	多愁善感	好找事情或別人之弱點	多情、羅曼蒂克	不計較小差錯	無傷大雅之粗心
4.	吹毛求疵	喜歡找破綻、缺點	不喜歡別人太注意他	反應強烈	接受挑戰	直爽
5.	強調規律生活	喜歡維持現狀	理想主義	愛變化	很容易適應變化	選擇自己喜歡做的事
6.	有節制不衝動	喜歡檢驗自己本性	主觀、易生氣	受直覺管制	善用本能	合理之憤怒、恕人
7.	對新經驗採謹慎態度	對新經驗強調自己之感受	受直覺及靈感影響	好表露自己感受	有遠景	有理想
8.	除非有相當保證，不做冒險事	不逃避冒險，但先存失敗心理	好冒險	不可靠	不具懼冒險、堅強、實際	有感召別人之熱忱
9.	不喜歡將事情交給別人做	委託人做事時好挑剔	委託方式不規則	不懂得如何委託	善於委託	強調團體合作
10.	缺乏幽默感	幽默感趨使人心寒	以威脅性幽默發洩敵意	學習別人之幽默	喜歡開玩笑	相互愉快之幽默感

註：每個人不會僅屬於一種人格形態，不過此六種形態值得使您思考和參考。

實上，所有研究人類行爲者依據其心得而建立個人之理論，本著作者亦不能例外。表十四即代表其對現代人之人格形態之六項分類：㈠自律型（Controlled Personality），㈡悲觀型（Pessimistic Personality），㈢敏感型（Prickly Personality），㈣戲劇化型（Theatrical Personality），㈤活動型（Active Personality），及㈥樂觀型（Optimistic Personality）。綜觀此六項分類，可發現人格類型之差異在程度上多於嚴格之類別。如果以榮格之外向內向人格爲例，可見自律型與悲觀型人格接近內向形態，而活動型及樂觀型接近外向形態。至於敏感及戲劇化型則居兩者之間。

人格形態與適應

您覺得自己的人格形態是比較接近上述六種分類之一，抑是其他學者所提出之類型？事實上無人完全屬於任何類型，而僅能較接近某一分類而已。

人格形態中並無所謂最理想者。每類型均有適應正常者，無論在了解及處理其生活環境方面，必然呈現其個別有效之方法。每類型人亦各有其強弱點，如以一個班級中同學如何準備考試爲例。一部分會經常將指定作業盡力以赴，大考並不給予他們任何額外壓力；一部分對平時作業並不注意，但上課時非常認眞，因此能掌握考試之重點；最後一部分的同學則採臨時抱佛脚態度，以四十八小時強記一學期內之功課。

自榮格及斯賓蘭格發表其人格心理學說，在五十餘年後，各學人對人格形態之觀點有新轉變。以前，個人之性格被認爲是對壓力自我保護反應之結果（Reich, 1949）。第二次世界大戰後，個人所在的社會之文化力量逐漸被重視。而最近，生物

遺傳又被視爲一重要決定因素。

曾經在戰場服役者必然體會環境對人類行爲之影響，原來是膽小或鎮靜，或是反抗性及無規律的人，竟會因嚴格訓練變成勇猛或守紀律的戰士。同樣，每個家庭、學校、機構及職業皆有特定之價值取向及行爲規律。譬如某一家庭可能因獎勵規律與懲罰草率骯髒的習慣而控制子女；又一所學校的老師可能標榜樂觀人生觀；又如某機構之氣氛爲緊張、激動，一個新進員工在工作一段時期後，亦會變得暴躁。總之，很多行業之每日經驗皆能導致不同之態度及價值取向。

上述之環境因素是否會因環境之改變而終止其影響力呢？答案是「是」與「否」兩者皆有。所謂「是」是指原來之人格特質會重現，所謂「否」是指過去環境影響不可能完全失去。譬如雖退役幾十年之軍人仍會將床舖得方方整整，言詞與舉止也會保留當時所學之習慣。

環境之影響力雖不容否認，但最近之研究發現頗強調遺傳對人格基本特質之影響 (Lumsden and Wilson, 1981; Wilson, 1978)，此基本性格能影響長期之適應，譬如根據結賽爾曾以三類嬰兒活動發展層次，研究一百五十名醫學院學生，他們畢業後之十五年及三十年，做兩次追蹤調查，發現「不規律型」之人格形態者較其他兩類型之人格曾患較多之身體及心理疾病。（請見表十三）

當然，類如此項之研究並未涉及人格形態與環境配合之問題。如生活環境有利於個人之固有人格形態之形成，其適應自必較順利。譬如，一個天生好動之嬰兒，其父母對其好動加以種種限制，其適應則遜於人格特質寧靜之弟弟。又如一位老師對具有「戲劇化」人格形態之學生強求按照他的標準做事，結

果該學生比具有「悲觀型」之同學不幸。其實，良好適應之關鍵繫於一個能容許個人在工作、愛的生活及休閒活動上能獲致滿足之環境，如果在這三方面時常遭遇挫折，必然會產生不良適應。

由是觀之，兒童及青少年之適應可以由了解他們人格形態之父母及老師所協助。結賽爾發現知覺活動發展不規律及不均衡之嬰兒，顯示在學校有較多困難。他建議如果老師教導他們如何安排他們的時間，以及如何約束及善用他們的體力，則他們的適應會獲得改善 (Gesell and Ilg, 1946)。晚近，嬰幼兒氣質長期追蹤研究，已證實嬰幼兒氣質對日後良好適應之重要 (Thomas & Chess, 1977)。

高中及大學心理輔導員如果了解所修學科，或從事職業應配合人格形態主要特質之重要，必然輔導效果較好。不過，最重要還是自我了解。我們應徹底了解自己的人格形態，俾能預測在人生不同的時空內我們的行為反應。有此了解足以使人預測某種學校環境、職業，或人際關係是否導致富於挑戰性及促進成長之經驗，或是否會使人遭受痛苦之壓力。

總之，人格形態之完整認識，能使人對目前及未來之適應更為有效。

本章摘要

一、人格形態在很多行為上有一致性及穩定性，所以是很不容易改變的。它包括一個人的特點、興趣、想法、成見以及在情緒、思考上和面對環境事物的習慣性反應。

二、二十世紀曾興起無數人格形態之學說，其中以榮格 (Jung, 1923) 之外向內向人格以及斯賓蘭格 (Spranger,

1928) 之價值取向理論最為顯著。

三、另一學派則以序列某特定特質之強度做為評定人格形態之標準，與此人格特質學派 (Trait Theory) 相似者為綜合數項特質去評定。

四、目前對人格形態之分類有依據體質及環境影響力因素，亦有依據心理學觀點。

五、今日可見之人格形態分類可綜合為六類：自律型、悲觀型、敏感型、戲劇化型、活動型、樂觀型。它們可視為從內向性格起延伸至外向性格之分類 (Continuum Perspective)。

六、多數人之主要特質可歸屬一種人格形態，不過，無人純粹屬於單一形態，同時亦無最理想之人格形態。

七、影響人格形態之因素包含遺傳、文化、家庭、學校、機構及職業。

八、某些人格形態比較適合某些環境，故家長、學校及其他人可協助個體尋求較配合其人格形態之環境，而我們自己亦應認識個人特質是適合何種環境。

下章展望

本章已結束此書之第一篇內容，下一篇將討論人生各週期中之常態行為。其中一章將集中於終生之正常工作、愛及遊樂行為，尤其指出每個領域可獲得之滿足及危機，以及影響愉快之因素。此部分將開始敘述人生各週期之意義、影響其改變之因素。討論亦將涉及男女兩性終身經驗之差異，人生中之穩定與不穩定時期，以及幼年早期經驗對目前之可能影響。

重要術語

- Personality Style
- Phlegmatic Temperament
- Choleric Temperament
- Melancholic Temperament
- Sanguine Temperament
- Extravert
- Introvert
- Ambivert
- Theoretical Orientation
- Economic Orientation
- Aesthetic Orientation
- Social Orientation
- Political Orientation
- Religious Orientation
- Controlled Personality
- Pessimistic Personality
- Prickly Personality
- Theatrical Personality
- Active Personality
- Optimistic Personality

相關性參考書目

1. **Extraverts-introverts**

   Eysenck, H. *The biological basis of Personality.*Springfield, Ill.: Thomas, 1967.

   Discussion of these two Personality types, and an empirical definition.

2. **Personality Stress**

   White, R. *The enterprise of living: Growth and organization of Personality.* New York: Holt, Rinehart & Winston, 1972. Chapter 15.

   ——*Lives in progress.* Third edition. New York: Holt, Rinehart & Winston, 1975.

Clinical portrayals of how different Personality styles.

3. **Temperament-environment Interaction**

Thomas, A., and Chess, S. *Temperament and development.* New York: Brunner/Mazel, 1977.

Survey of the complex relationship among Personality style, environment, and adjustment.

第 2 篇　人生週期中的工作、愛與遊樂

第五章　人生各週期

綱要

四、男女兩性在人生週期之差異

　　㈠獨立性

　　㈡競爭性

　　㈢道德標準

五、生命線：人生週期之階段

思考問題

☐ 您現在屬於人生那一個週期？下一個週期是什麼？

☐ 以往有那些時期您感覺到一切都很順利，感覺滿意舒適？有沒有不知為什麼的明顯原因而開始覺得混淆及憂鬱？

☐ 您認為兩性之間有些什麼人生經驗是相異的？

☐ 早期經驗會如何影響我們的一生？

　　以上幾個問題從未受過如此的重視。對人生週期深感興趣之教授、臨床專業人員，甚至一般作家，與日俱增，其中一個原因是心理學專家已開始將研究焦點從兒童、青少年期漸漸轉移至青少年期後的五十年人生歲月。西喜（Gail Sheehy）於其暢銷名著「人生歷程」（*Passages,* 1976）及《新人生歷程》（*New Passages,* 1996）所敘述之成年期之預期危險，頗掀起大眾之普遍注意。此等著作和其他類似之作品及學術性期刊問世，實使人感覺人類已邁進「成年人之世紀」（Graubard, 1976）。

　　與成年期一樣引起興趣的是人生週期之問題。這非但是指人類在人生過程中如何轉變或維持固定之特質，而且更從新的模式去探討。昔日，心理發展被認為隨生理發展進行，每個人從嬰兒期至老年期必經過固定之系列順序之時期。目前之觀點已將此生理模式擴大，一切能改變發展順序之社會性、人生之事件和不能預測之關鍵情況都包括在內。

　　茲依本章綱要分別闡明各要點：

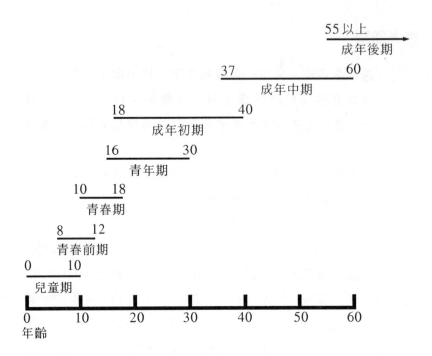

生命線：人生各週期

三個人生週期發展模式

　　根據西元一九七一年版牛津字典，第三百六十五頁，對人生週期之解釋是係指觀察人類終生之方法，即將人生可分為特定長短之時期。例如，十三至十九歲可定為青春期。在每一個時期中，會發生特殊事件，它們可能涉及生理性、社會性，或心理性等方面。例如青春期之生理事件包含第二性徵之出現；社會性事件包含高中畢業；而建立較明確之自我認同則為心理性事件。現將三個人生週期之模式分別討論如下：

㈠**生物模式**：此模式假設個人之心理發展與生理發展之進行相同，如嬰兒先翻身，再爬行，站起，走路，以後學會騎腳踏車。在心理發展方面每個特定時期之特質及須完成之發展也應在此特定時期出現。英國名文學家莎士比亞（Shakespeare）於其名作《*As You Like It*》第三幕，第六景中亦描述青春初期渴望異性，青年期為戀愛困擾及成年初期追求榮譽等發展順序過程。

採用此種模式之心理學家代表首指佛洛伊德。佛氏根據獲得愉快之身體器官而將發展分為四個時期，即口腔、肛門、性器官及生殖器官（Hall and Lindzey, 1957, Ch. 2）。佛氏將人生第一年定為口腔期（Oral Stage），因為嬰兒所得之愉快多半來自口腔，例如吸吮、飲食、咬和把不喜歡吃的食物吐出來。肛門期（Anal Stage）是在出生後之第二、第三年。其愉快得自父母在大小便訓練後能如意控制排泄行為，很多幼兒以此贏取母親之歡心。

三歲至五歲是性器官期（Phallic Stage）。在此時期幼兒發現從性器官獲得愉快，因而常有自慰行為。由於這種現象，男孩常生占有母親，而女孩則有占有父親之意念。前者佛氏稱之為伊迪柏斯情結（Oedipus Complex），後者則為伊勒特勒情結（Electra Complex）。前者源於一位以伊迪柏斯為名之埃及君王，將父王謀殺後與母后結婚（Freud, 1940）。佛氏並解釋隨著個人的發展，男孩終於希望像父親，而女孩希望像母親。

緊接性器官期之後是一個性潛伏期（Latency Stage），此期約有五至六年之長。青春發動期是生殖器官期（Genital Stage）之開始，佛洛伊德認為一般青少年能學習控制其性衝

動，如何建立愛情關係，並爲將來之職業及家庭做準備工作。

佛氏之發展學說曾受多方面之批評，最主要之批評可分爲以下兩點。第一，其學說並非描述人生週期之發展，而僅爲兒童發展學說。其次，佛氏之學說缺乏研究上之印證。奇怪的是，佛洛伊德從未直接觀察兒童，其學說乃仰賴成人病患回憶兒時經驗，但他所創立之多項基本概念卻成爲今日對人生週期研究之起點。

以生物模式解釋人類發展自身另有其缺點。因爲有幾個對心理發展具有關鍵性之問題，在整個人生過程中一再發生。職業問題是一個很好的實例。譬如，一位靑年在二十三歲時決定從事警員之職，到了三十歲，已有七年警員經驗，而且成家並已爲三個孩子的父親，但覺得沒有什麼前途，所以決定要改行，於是利用晚上時間修讀電腦程式設計。在現代社會，我們也許會同時要應付幾項重要任務，例如一位三十七歲的婦女，希望能夠繼續發展自己的事業而不忽視爲人妻、人母之應有職責。此外，也有很多人的人生過程不一定依照心理學發展學說所敍述之次序。譬如一位婦女也許在二十幾歲時願意先選擇結婚，生育兒女，到三十幾歲再開始工作。另外一位則先選擇從事工作，過一段歲月再談婚嫁。最後，一般人生週期之觀點均以男性及中等階級者爲對象，本章將提出一些研究證據，顯示女性在人生經驗上有多處與男性差異頗大。

㈡**艾力生之人生八大階段**：在二十世紀末期名心理學家中，當以艾力生之人生週期學說影響力至鉅。表十五詳解他所創立之人生八大階段學說，其基本概念爲每人從嬰兒期至老年期必經過八大階段。在每個階段中須解決其重要之衝突及完成其應有之成長任務。如果成功度過每個階段，特殊之適應力必

表十五　艾力生學說之人類八大發展週期

發　展　期	發展目標與危機	須完成之主要任務	導致之適應力
嬰　兒　期	信任與懷疑	信任性格	有希望
幼　兒　期	自主與羞愧	自助能力	意志
遊　戲　期	自動與內疚	自動性格	有目標
學　齡　期	勤奮與自卑	勤奮性格	勝任感
青　春　期	自我認同與認同混淆	自我認同	忠貞
成年初期	親密關係與孤立	能與人建立親密關係	愛與被愛
成　年　期	生產建設與自我中心	生產、建設性工作	關懷心
老　年　期	身心統整與失望	身心統整	智慧

錄自：Erikson, E. Reflections on Dr. Brog's Life Cycle. *Journal of the American Academy of Arts and Sciences*, Vol. 105, No. 2, Spring, 1976, Boston, P. 22.

定加強（Erikson, 1976）。

　　艾力生深信嬰兒期最重要之心理任務為信任心之建立，亦即如能發展信任他人之感受，可導致充滿希望的人生觀。此發展極有助於因應壓力之適應力，其相對之不良發展為「不信任心」。幼兒期之中心問題為建立獨立能力及預防羞恥和懷疑心的產生，獨立能力能導致個人之堅強意志，即能自由選擇及有自我控制之能力。第三個遊戲期中，所要建立之能力為自動自發精神，及預防罪惡感之產生。個人一旦有自動自發精神則會

有工作目標，並以全力追求所重視之目標。學齡期之主要任務為建立勤奮之工作習慣，否則其相對結果為自卑心之開始，有勤奮之工作習慣則必導致優異之能力及成就。

青春期的發展任務為自我認同：即對「我是誰？」「我能做什麼？」「我將選擇那一個人生方向？」「我該如何準備？」等問題有清晰之了解。有自我認同則必能堅守所信仰之價值體系，而不致於感覺徬徨及混淆。因此，其相對立之發展就是認同的混淆。成年初期主要任務為建立親密人際關係，並導致能維持此關係之愛情及相親相愛，否則，其相對立之發展為疏離及孤立感。成年期主要任務為建設與生產。艾力生在一九八一年的近作中將持續發展的建設與生產解釋為生育兒女、建立事業及創造，而最終目標為對人和對社會之關懷 (Erikson, 1981)，其相對立之不幸發展為自我陶醉。最後為老年期，此一階段的主要任務為人格統整，達成人格統整者其智慧必日高，即使至臨終前，乃保持積極及超然之人生態度，此期之相對發展為絕望與厭世。

艾力生人生發展期的學說係基於佛洛伊德之理論，但將其延伸至整個人生過程，然而，亦限定在充實佛氏學說中五歲（學前期）到成年初期之中，對三十歲以後之發展，艾氏僅加上兩個發展期。因此，自艾力生推出其人生八階段學說後，其他學者曾企圖加強成人期之發展內容。

(三)**人類發展多元論模式**：正如生物模式解釋人類發展有其不能磨滅之價值，艾力生之人生八大階段學說亦有其重要之貢獻，但是目前對終生成長與發展之新觀點皆認為艾氏之學理不夠完整，而且有不正確之處。

美國賓州州立大學包特斯‧保羅教授 (Paul Baltes,

表十六　三個人類發展因素之實例

年　　　　　　齡	重　大　事　故	意　外　事　件
開始走路與說話 上學唸書 發情期 領到駕駛執照 開始工作 結婚 第一個孩子出世 退休	傳染性疾病、時疫 戰爭 大屠殺 移民、遷居 政治波動、政變 經濟不景氣	嚴重傷害或疾病 學業失敗或成就 恩師良友 創業機會 離婚、分居 中獎券

錄自：Baltes, P. Life span Developmental Psychology. Some converging observations on history and theory. In Powell, 1983, P. 129.

1979) 及其同僚提出一個人類發展多元論的學說。在此學說中，除前述相關年齡之發展任務 (Developmental Tasks) 外，更補充三項具有影響力之因素，此三因素為年齡、重大事故及意外事件，表十六提供一個清楚說明。

1.年齡因素：是指每個人在差不多時間所發生的相同事件，例如六歲上學，在美國十六歲可考汽車駕駛執照，約在五十五至六十五歲退休等可預期的事。這些與年齡相關的事件往往對我們人生有相當大的影響。您記得剛上學時生活上的改變嗎？您能想像退休的時候，心態會受到什麼樣的衝擊嗎？

人類在青春期之後的發展與以前的時期進展的並不相同。在人生的頭二十年中，所發生的事與年齡有密切相關，而且對我們有很大的影響。譬如在美國，一個男孩子在可以考駕照的年齡是否能領到執照就是一個很好的例子。因為這件事的成敗

可能影響到他對自己的想法，他和朋友可一起做的事，和異性的交往，以及他工讀的機會。

過了青少年期，發展期任務較彈性和難預測，尤其是在態度、價值、行為形態等。如以一個高中畢業校友的三十週年聚會為例，坐在同席的一羣裏，有人三十八歲已做了祖父母的，也有人結婚還不到十年；有些夫婦還在討論是否要生小孩；而坐在酒吧那邊有人已經在GM汽車公司服務二十年，所以在考慮退休的日子；坐在他旁邊是一位在四年前受完精神外科醫生訓練，才剛開始他的新事業；坐在另一角落的人是以前高中足球名星，連續三年代表出席全美州際賽，十年前被淘汰後，一直無法發展；在他兩邊是兩位婦女，一位已離婚帶著三個兒女，正預備再去做事。另一位從未結婚，一直在保險公司任職；然後有一位非常窮困的作家，剛草率成婚，心裏為前途很焦慮。

從以上的描述，可見人生週期的畫分，到成年後就不能預測其能否依理論順序展開。例如上述提到的足球健將結束生涯時，其他同學還在準備就業，而他二十幾歲時即已面臨幾年後退休問題，因此，到了三十八歲，他和那位離婚的婦女似乎又回到青年期，嘗試尋找滿意的職業和可以愛慕的對象。

成年期每個階段的長短比以前的發展期有彈性，前例所述的年輕祖母以及在GM汽車公司的職員所經過的無憂無慮的青春期是非常短暫的。相對的是那位醫生和作家，他們的青春期就拖得很長，到了四十歲，他們所要解決的竟是青少年期的成長問題 (GM: General Motor)。

易言之，在成年期特殊事件不太針對人生週期的特定時期，譬如前述那位獨身婦女曾悄悄告訴她昔日的摯友（前述那位年輕祖母），目前她正熱烈愛上一位男士，並準備和他結婚，

年輕祖母無法意會這種感受，對她而言這是二十年前的經驗。
同樣的，已在GM汽車公司服務二十年的男同學也有同感。

因此，年齡並非決定成人如何感受、思想或做的主要因素，
芝加哥大學人類發展學專家紐加縢（Neugarten, 1979）曾經
說道：

今日美國的社會很習慣看到年僅二十八歲的青年市長，三
十歲的大學校長，三十五歲的祖母，五十歲的退休者，或六十
五歲而孩子尚在學前年齡的父親，及七十歲高齡學生，甚至八
十五歲的母親仍在照顧她六十五歲的兒子。

紐加縢懷疑我們是否已處在年齡不相干的社會，尤其是對
已經過了青年期而尚未到達老年期的人來說。

2.歷史影響：所謂重大事故是指在一特定社會中，對任何
人會發生重大改變的事情。表十六列舉時疫、戰爭、集體大屠
殺及移民遷居等實例。今天有的青年的雙親及祖父母還很清楚
記得戰爭中或大瘟疫時喪失親人的悲痛。二次大戰希特勒大屠
殺猶太人的生還者永遠不會忘記當時殘暴的情景。移民到一個
完全不同文化的地區內居住，或是有不同文化的移民遷入自己
的地區，都會使人感覺到壓力的衝擊而影響我們的人格形態。
例如古巴或越南難民移民到美國時對美國人敵視的反應。政變
也會改變我們的生活。伊朗的政變，美國一九六〇年代的政變
都改變了很多青年。

但是並非所有重大事故都導致不良影響，很多人在戰爭、
移居新國家，或政變，甚至經濟不景氣的刺激下而努力奮鬥。
社會學家艾爾德教授（Elder, 1974）曾經在美國一次嚴重的
經濟不景氣下，以加州奧克蘭和柏克萊兩個城市破產家庭的幼
年子女做研究。這項長期研究開始時間是一九三〇年代，為期

三十年，並將研究對象追蹤至成年，以觀察本世紀的歷史性之重大變故對人類的發展影響，藉此研究獲致極寶貴資料。

那一次經濟不景氣好像一陣大旋風，吹倒了一棟房子，但是旁邊好幾棟房子則屹立不動。在奧克蘭及柏克萊市研究中的取樣兒童，包括喪失很多錢財，及收入不受影響的家庭，上述兩種情形下，這些兒童在追蹤三十年或四十年研究結果中，有否顯示不同的發展？有一個結果會使您訝異。家庭破產的兒童在學業和職業上都有高於富裕兒童的成就，同時他們也較少精神困擾，同時，受損失的父親比較重視家庭生活，且將子女視為生活上之主要安慰。

研究主持人艾爾德對此結果做如下之解釋：第一，這些兒童或青少年被逼提前負起成人的責任，譬如他們出去打工或在家內幫忙家務，因而學會和成人相處得很和諧，結果善於處理一些成人的問題，並感覺對自己的生活有控制的能力。第二個原因是後來的重要經驗對他們的發展有積極的影響。據艾爾德之分析，服兵役、滿意之工作，及從婚姻家庭所獲得到之愉快和精神支持，具有非常顯著的重要性 (Elder and Rockwell, 1978)。不過，此項研究結果並非意味著嚴重經濟困難對所有人都有益處，例如有無機會唸大學，或父親因喪失財產而影響兒子對他的形象等情形產生，則其結果就不像前述之理想，同時，女孩子較男孩子顯得更穩定及能力更強 (Elder, 1979)。

3.意外或關鍵性事件：此包括天災中之旋風、水災、火災、地震等以及意外、人為之種種災禍。意外事件是不能預測，意想不到的事件降臨到每個人身上，與年齡無關。但一旦發生時，對發展、生活素質與方向將遠較年齡或重大事故之衝擊為大。

意外事件予人衝擊之一個主要特質為使人改變人生觀。例

如，一個大學預科四年級學生申請入學十六個醫學院均被拒絕。他在極度失望之餘，和他的朋友坐下討論該如何走下一步，他下學年是否可一面在實驗所工作，一面再重新申請幾個學校？當他在和朋友商量的時候，發現自己並不想做醫生，他回想過去一直很樂於為青少年服務。他曾經連續四年在夏令營服務，當過教會主日學教師，星期六在一個社區活動中心擔任義工，他頓然發現自己對教育極感興趣，因為以前所做的事實屬於此方向，因此，決定放棄學醫而將一學年的時間花在所需要之教育學分上。

有時意外事件是有關於別人對我們一些評語的深刻影響，在此情形下就成為關鍵性事件。例如一個男孩在教區的籃球隊當候補員時，而教練告訴他很有潛能；或是一個女孩子和她的表哥爭辯得很強烈時，在旁的姑母表示這外甥女的口才很適合當律師。諸如此類的評語或意見，常會影響自我形象的建立，並決定終止很多的行為，所謂別人的評語包括老師、教會教師、童子軍隊長、教練、鄰居及摯友。由於他們的身教或指導而消除干擾我們成長的阻力，或是在我們絕望時給予愛與關懷，使我們的生活得到改變。利文生（Levinson, 1978）曾經很生動的描述導師對人格及職業輔導之重要。

關鍵性事件也可以是我們的行為經驗，在兒童或青少年期所能做的事常對我們日後追求目標有很大的關係，曾經有很多送報童因而培養了寫作的興趣，也有很多曾一度在餐廳打工而進入餐飲事業。關鍵性事件亦不限於兒童及青少年期。譬如有一位婦女在三十幾歲結婚生子後才開始學醫。她原來就想學醫，但是當時選擇婚姻生活，一直到後來有機會到醫院去做義工後，又恢復當醫生的興趣。

一般而言，兒童期、青年期及老年期最受年齡相關事件的影響。歷史性及意外事件則對成年期影響較大，而且什麼時候發生也有不同影響。在艾爾德研究發現中，年輕父親受事業失敗的衝擊大於較年長的，也許前者在事業上剛起步，而後者已有基礎。但是歸根究底，主要原因還是在於個人如何反應重大事故或意外事件，以及運用資源或方法去緩和其衝擊。

穩定與不穩定時期

人生過程有穩定與不穩定時期。我們有很長的安靜及平穩時期，做我們覺得舒適的事情，和我們能信任的人相處，朝著認為有價值的目標和理想邁進，環境的要求和變遷也能順利應付。從開始入學，月經來潮，發生愛情，完成學業，找到職位，因應雙親死亡，看著孩子長大離家，一切接連進行。但有時混淆的情緒會毫無警告的突然發生。譬如我們也許會對自己的能力或是人生目標起懷疑，或許莫名其妙的和相愛的人有隔閡，那些時候，我們會被焦慮、憂鬱及憤怒所深深困擾，而感覺無以因應日常生活的壓力，甚至懷疑自己是否正常。

我們都會有這種穩定及不穩定的時期，它們是具有普遍性，不一定與任何特定發展期或經驗相連，有時候反而能助我們成長。關於人生過程中之穩定與不穩定時期，尚須進一步從相關年齡及重大事件討論，然後再分析不穩定時期之功能。

㈠與年齡之關係：前節雖指出人生穩定與不穩定期並不與特定年齡有關，但有學者認為若干年齡組較為不穩定，例如很多學人強調青春期的不穩定是很普遍的情形，艾力生 (Erikson, 1968) ，假設青春期為「自我認同」危機期，佛洛伊德的女兒安娜是一位兒童心理醫師，她卻提出相反意見，她申言青

春期之情緒不穩定係正常發展（Freud, 1956）。

　　本書原旨是為青年讀者所作。讀者可回想，在此期時是否面臨極顯著之適應問題，如果毫不感覺到任何危機，是否曾意味在心理發展上遲緩？不，事實上，多數人都會很順利度過青春期。

　　芝加哥區有兩位精神學醫師（Grinker and Timberlake, 1962; Offer, 1969）曾經與很多高中及大學生做詳細的晤談，他們並沒有發現所預期的情緒上之不穩定。另外一項研究係以在柏克萊及史丹福大學肄業的數千名一年級生做調查對象。該項研究中一個假設是三分之一受試者在大學四年中曾經歷認同危機。可是研究結果顯示四年的大學生活卻使他們對自我較肯定，時間管理決策及處理生活費用能力也增強，在表達自己的感受上也較原來開放（Katz et al., 1968）。

　　臨床心理學研究學人金氏（King, 1971），則以哈佛大學一年級學生為對象做連續四年的觀察，其結論可綜合於下：

　　1.自我認同危機並非普遍現象，即使有內心衝突或困擾也是有限。

　　2.青年和父母關係一般良好，代溝問題不多，在很多方面青年能依循父母之價值觀及生活方式。青年初期也許有反抗現象，但很少涉及犯罪或外顯行為。

　　3.與同儕關係良好，心理健康之青年有很多可以交談之朋友。

　　4.成就感及自尊心高，他們有時候雖然會懷疑自己的能力，不過以自己有機會在大學肄業為慰，即使在憂鬱的時候，亦能設法處理。

　　5.因應困難之能力高，他們會從運動，處理問題的事前準

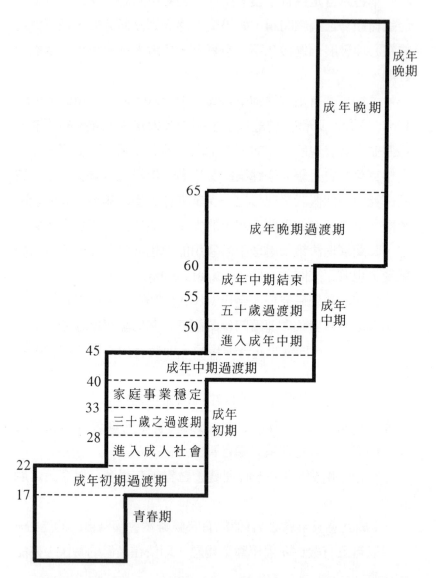

成年晚期

成年晚期

65

成年晚期過渡期

60

成年中期結束
55
五十歲過渡期   成年
50   中期
進入成年中期

45

成年中期過渡期

40

家庭事業穩定
33
三十歲之過渡期   成年
初期
28
進入成人社會

22

成年初期過渡期

17

青春期

錄自：Levinson, D. et al., Seasons of a Man's Life. New York:Alfred Knosf, 1978.

備，對不熟悉情況之尋求了解，以及幽默感等方法來因應困難。

　　基於上述之觀察，金氏也發現大學青年之危機及情緒困擾情形並不多。他們多數顯示「漸近成熟」之發展 (Progressive Maturation) 。在大學四年中，他們和父母同輩維持愉快關係，覺得自己不錯，了解自己的衝動性意念，表現穩定及深入之興趣，並能朝向目標努力。

　　至於目前對成年期的觀點，則認為此期不僅有一個不穩定階段，而且在幾個較長的安靜階段之間參揷幾個不穩定的短程。利文生 (Levinson et al., 1978) 等人認為在成年期間，每七年至十年面臨強烈的不穩定過渡期，利氏以圖八描述成年期之發展階段，並將此期分為三個分期：早、中及晚期。根據其觀點，每人在五個特定年齡（二十、三十、四十、五十及六十），易面臨危機及不穩定之心態，他稱它們為過渡期之情形。

　　譬如利氏所觀察之三十歲組，很多人為過去及未來之生活而焦慮，他們自問：我究竟有何成就？我想達成什麼？有什麼缺失？如何不再浪費光陰？我應該如何排解一些無以克服的問題？諸如此類的疑問在很多利氏的「過渡期」都會一再出現，它們導致情緒上不穩定，但同時也能促進繼續成長。

　　凡爾倫 (Vaillant, 1977) 及與其觀點相同之學人則不同意不穩定階段與特定年齡相關，從凡氏長期追蹤之研究，他發現混淆、失望、挫折感，對事業、婚姻及本身之不滿意，從三十歲開始至六十歲隨時會發生及存在。

　　㈡與特定事故之關係 (Associations with Events) ：正如人生過程中之不穩定時期並非與年齡相關，特定事故亦不為其重要因素。您個人曾否經歷一場大危機而能順利過關，而另外一次壓力衝擊少得多的事件反而使您倒垮？這是什麼原因

呢？有兩種經驗特別容易引起強烈之困擾，第一是個人生活蒙受很大改變，其次是「不合時」發生事件也會使您倒垮。有一位英國精神醫師派克斯（Pakes, 1971）指出導致個人強烈困擾的四個因素：1.重大改變之感覺，2.短時期中突發事件，3.導致不良及持久之影響，4.使個人生活蒙受多方面之影響。例如名為班基（Beniy）的一個男孩，在維基尼亞州一鄉鎮和家中成員生活得安適，有一天父親突然告訴他們將遷居華府近郊，班基大為震驚，當他想到要住在一個新的地方，不再看見最好的朋友，他所喜愛的山川田野，學業成績唸得很好的學校……，頓時深感幸福的生活將大受影響，並覺得在另外一個城鎮他不會覺得快樂，也許永遠不會快樂，這就是突然發生的重大改變的例子。

紐加滕及其同僚（Neugarten and Hagestod, 1976）解釋「不合時」事情之意義，它是指在我們沒有預期到的時候發生的事，例如九歲時就開始月經，或到十七歲才有月經的女孩子都同樣經歷「不合時」事件之衝擊。同樣的，一個孩子在十二歲和另一個人在五十歲喪母相比較，則前者屬於「不合時」。「不合時」事件常有不同的衝擊，尤其是涉及與同輩比較時影響到自信心和人際關係。

㈢**不穩定之益處**（Benefits of Instability）：生命中不如意、痛苦的事件雖然使我們付出很多，但往往有利於發展，茲從三方面討論：

首先，充滿困擾及疑問的時期常與持續成長及生活之滿意感有關。例如，一位住在美國科羅拉多州的獨身滑雪女健將，她在二十三歲時，對自己的生活及成就頗引以自傲。可是過了五年之後，她想到滑雪職業平均年齡是二十三歲，她開始感到

圖九　人生發展過渡期卡通圖

註：此卡通畫以架梯象徵兩個發展期之間的過渡
　　階段的不穩定性。

焦慮。她了解須放棄此一職業和成年初期過渡期，進入另一個
人生階段——成年初期之成家立業。

　　其次，當我們願意檢討自己的成就，並且不被外界的意見
所約束時，我們就不會終生受挫折、絕望或悲觀之折磨。美國
名文豪蕭伯納（George Bernard Shaw）曾和艾力生談及一
個過去經驗，當他在二十歲時，曾經深感被自己的職業所綑縛，
以下是蕭氏口述之經過：

我雖然在商業上做得相當好，但是我覺得很沒有意義，而我又毫無辦法擺脫這個行業。終於在我二十歲那年，決心放棄商業上之專業準備，以及在這方面全部成就，因此，在一八七六年三月，我終於讓自己得到釋放（Erikson, 1968, p. 143）。

蕭伯納對於原來職業不滿，實經過一段醞釀階段，在此階段中，他非但決心要放棄此行業，而且也不願顧及家庭、朋友之意見，甚至於文化的傳統觀念，而去追尋作家之生涯。

最後，不穩定期的過渡時期，會迫使我們運用我們的價值體系、特長、能力及人際關係去順利的因應各種重大變化。從一個發展期、過渡到另一個發展期，可以搬家比擬。在整理的時候，我們須計畫要將什麼搬到新屋，什麼不要。同樣，在人生情緒不安的時候，也是重新檢討自己及一切生活的良機。有些行為方式也許要放棄，不可行之計畫要修正，人際關係要改變。但是也有很多東西我們要繼續擁有：如使我們生活有意義心愛的人、事業、嗜好、指導人生方向的價值和目標。

雖然克服了不穩定期的過渡階段能使我們成長，但並不是這麼簡單，當我們展開人生嶄新的一頁時，正如剛遷入新居時，尚須做新的適應。

早期經驗與日後發展

以您自己的人生經驗來說，有多少幼年時期的經驗影響您成人期的適應？母親養育之品質，家庭生活平靜與否，文化刺激貧乏或豐富等因素會不會影響您成長過程？如果我出生後的頭五年是一切順利而建立信任、希望、意志、自發及目標導向的基礎；而您的經驗是使您形成懷疑、羞恥、不信任、罪惡感

的心態，則前者是否會導致日後幸福生活，而後者導致痛苦的生活呢？究竟人生是否有幾個時期的經驗，尤其是出生後頭幾年，對終生有極大影響，以下是幾個有關理論。

㈠**早期需要被剝奪之學說**：過去的學人對前述問題的答案是肯定的。佛洛伊德就是主要代表，他強調：「兒童頭幾年的經驗決定他終生的幸福。」（Freud, 1940, p.141）哈佛教育研究學院懷特教授甚至於強調三歲前適當養育之重要（Wohite, 1975, p.257）。與此觀念平行的是「關鍵性階段」概念，如美國於一九六〇年之學前教育計畫（Head Start Program）、兒童育樂營，近日大量供給親職教育書籍，鼓勵母親哺乳，加強文化教育刺激的環境等。

㈡**早期經驗與日後適應**：目前研究發現及臨床觀察，對前述之學說提出一個不同的意見，至少認為此觀點並不如此簡單。美國心理學家克拉克夫婦為此說之代表（Clark & Clark, 1976），在其著作「早期經驗之學理及驗證」中，提出與「早期經驗重要性」不同之理論。彼等之研究對象為幼年時曾經遭遇嚴重之心理或生理上創傷之青年，如極端痛苦，雙親突然死亡，與父母親人分開等，他們之發展並不受此等創傷之衝擊。凱根等學人（Kagan Kearsley and Zalaso, 1978）亦認為兒童期經驗並沒有前人所提出之嚴重，人類對壓力實有極強之堅忍力。克拉克夫婦，（Clark and Clark, 1976）發現溫暖、關懷的生長環境可以緩衝早年之心理及身體創傷，尤其是對兒童。易言之，溫暖與關懷之接受隨年齡增加而減少，克拉克稱此觀點為楔形原則（Wedge Theory），請參閱圖十。

即使佛洛伊德認為早年關鍵性經驗重要，亦曾發表以下之觀察：成人神經質困擾的確常源於童年之心理困擾，但並非所

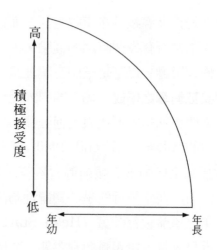

高

積極接受度

低

年幼 ←→ 年長

圖十　對治療性環境接受之楔形原則

有患情緒困擾之兒童到成年期必患精神官能症。由此可見，在成長過程中，有些會導致日後產生困擾事件的焦慮因素，必然隨成長而減少其衝擊力。凡爾倫 (Vaillant, 1977) 之研究亦支持此觀點。總之，早年經驗之最新觀點並不否認其重要性，但隨後之環境支援可以彌補其衝擊。

　　㈢關鍵期：目前對關鍵性時期 (Critical Period) 的概念已經改變，認為在人類發展過程中並無任何一階段對理想養育方式，適當的食飲，智力刺激，或鄉間新鮮空氣獲得特別益處，而且也沒有一個特定時期。即使將所有理想的經驗集中在某個體，也不可能設計其成長之曲線。耶魯大學之名發展心理學家錫革勒 (Ziegler, 1975) 曾言：

　　老實說，我就是極厭倦過去十年過分重視如何加強學前教育的人。我認為不必再拚命尋求這種魔術性的時期，而應代以「發展是持續不斷」的觀念。在此觀念下，人生週期中每個小

圖十一　人與蜘蛛網圖

註：成人行為有多少是受過去經驗織成之網所影響？近日
　　研究證據顯示早年經驗在影響成人行為上所扮演的角
　　色並不如以前所認為的那麼重要。

階段，從胎兒期至成年，都具有關鍵性以及環境的重要。

　　因此，所有為促進兒童良好發展之企圖，如學前教育
（Head Start）、學童營養午餐、夏令教育營、大哥哥計畫、
童軍、兒童青少年自強活動，以及特殊教育雖有其個別價值，
但是他們並不都是對成年良好適應有決定性之重要。

　　而且，大量的研究發現，已開始證明年長者能從改善他們
生活的經驗中獲益。例如親職教育、成人教育、增強職業能力
及家庭諮商等，他們從中所得到的協助遠較以前所想像為多。

由於此發現，關鍵期之重要及協助成人成長是浪費的等觀念已受到影響（Brim and Kagan, 1980）。一般人逐漸瞭解到不應再低估及忽視，成人及年長者所能提供之人力資源，如果能為他們設計特別機會幫助其持續成長，其適應力及對社會之貢獻亦必提高。

男女兩性在人生週期之差異

女性在人生各時期之經驗是否與男性相同？根據父母、兄弟姊妹、朋友及其他親屬之觀察，男女之間並不相同，在各發展期須因應不同之問題，事實上，女性的生活經驗是與男性不同的。

以往數十年，很多名學者之發展理論都是根據男性人生週期所做的研究，女作家基利根（Gilligan, 1982）於其名著——《一個不同的意見》（*In a Different Voice*）搜集所有人生週期學說僅以男性為主之證據。她發現人格發展之特質研究，過分強調獨立性、競爭性、成就動機，以及影響其他行為原則之男性特質，而忽視較屬女性特質之同理心、親和性及關懷心。由於女性的發展與男性的發展方向不同，很多學者常視女性之發展異於常態。譬如，基氏指出瑞士名心理學家，皮亞協（Piaget, 1896～1980）之認知發展學說係根據觀察男孩結果。艾力生之人生八大時期理論（Erikson, 1976）也是以男性發展為主。受皮亞協影響之柯爾堡道德發展學說（Kohlberg, 1981）也是根據對八十四個男孩做研究，因此，基氏認為雖然上述之各項觀察研究對男性發展之學理極有貢獻，但不能視為解釋女性有同樣之發展。

一般而言，學者對女性之獨特問題並未予以充分之注意，

如以艾力生人生八大時期之表十五爲例，惟有第一個時期之發展期可應用於兩性，此後則適合於男性之發展。艾氏本人亦指出女性對親密關係之建立早於自我認同。此外，青春期之少女並無男孩對獨立需求之迫切感，他並認爲女性終生之自我認同是基於和她所愛的人建立之親密關係。很多學者將女性扮演的脚色定爲輔助男性之成長。利文生（Levinson, 1978）極支持此觀點，他申言一位青年人的事業發展是要仰賴和他有親密關係的婦女。此實與一般人所常言的以下這句話不謀而合：「每個成功的男人背後必有一位賢內助。」

目前婦女研究認爲在三方面女性是異於男性的：㈠在感情上和父母保持比較接近關係；㈡對競爭比較恐懼；㈢在道德發展上強調愛與關懷多於道德原則。茲分別討論之：

㈠**獨立性**：有一位作者曾經引錄知名女詩人克瑞（Dinah Craik）的兩行絕句來描述男女兩性在感情上獨立於父母之差別（Bartlett, 1980）。

> 我兒是我兒子，直到他有嬌妻
> 我女是我女兒，終生永遠不變
> Oh, my son's my son till he gets him a wife,
> But my daughter's my daughter all her life.

艾力生的人生八大時期發展學說，曾指出男孩子到青春期在感情上與母親脫離依戀關係是發展過程中之重要里程碑，但他的研究對象是以男性爲主。根據以兩性爲對象之研究，則顯示女性比較願意保持與父母接近，以及需要他們的支援（Whiting and Pope, 1973）。

㈡**競爭性**：賀爾納在其名著 (Horner, 1970; 1972; 1978) 中，列舉多項以女性之競爭性動機的研究，她的結論是女性對競爭動機 (Competition Motive) ，亦即成就動機 (Achievement Motive) 之恐懼心是由於預期對己不利之後果所產生，此論點頗受其他作者批評，例如羅勃格 (Rohrbaugh, 1979, Ch. 10) 認為對成就之畏懼心理並非女性的獨有特徵。特瑞斯瑪 (Tresemer, 1977) 之研究顯示兩性均有此種心理，且所占人數之百分比相當接近，如女性之幅度為百分之十一至百分之八十八，男性則為百分之二十二至百分之八十六。近年來，心理學人巴素之研究則揭示此特質並無固定性，實與男性或女性所處之情境有關 (Basow, 1980, Ch. 9) 。沙森等人則解釋女性所以顯示較有成就恐懼心理，也許彼等較關懷他人之權益與感受，以及比較不願因自己之成就而損及別人 (Sassen, 1980, Saad et al., 1978) 。

㈢**道德標準** (Morality) ：研究道德判斷發展多年之心理學家柯爾堡 (Kohlberg, 1981) 最近所修訂一項道德推理量表，以衡量個人判斷行為是非所採取之標準，並將發展期分為六：

第一分期：避免懲罰。

第二分期：互惠主義。

第三分期：遵守「己所不欲，勿施於人」之原則。

第四分期：維護社會秩序。

第五分期：顧及社會最大之福利。

第六分期：遵循普世之道德倫理。

根據柯爾堡之研究發現，道德推理隨年齡增長是自然發展，與社會化無關 (Kohlberg and Gilligan, 1971) 。柯氏之

立論尚待驗證，也因此持續引發許多的研究。

　　柯爾堡之終生致力研究於人類之道德發展，他對個人如何決定一件事的是與非最感興趣，例如，某男子的太太很需要一種藥去救急，但不幸他沒有這筆費用，在不得已之下，溜入藥房把藥偷出來。是否他可以這樣做？他的行動是對或錯？

　　柯爾堡設計了一個測驗，內容有很多類似道德兩難的問題（Dilemma），從受試者之答題——即他們所給之理由，柯氏將道德發展分爲六個逐漸更成熟之階段如下：

　　第一分期：行爲是由權威人物所定之獎懲約束，在此實例，該案主不應該偷竊此藥，因爲他觸犯法律，一旦被捉到就須入獄。

　　第二分期：行爲是由互惠關係所決定，該案主所以去偷藥，是因爲他將來也許需要太太回報他。

　　第三分期：行爲係基於設身處地於較不幸遭遇者之原則，因此，合理行爲應顧及他人之感受。該案主所偷竊藥物是爲了救他太太及減除其痛苦。

　　第四分期：行爲是由維持社會秩序之法律所約束，該案主考慮之下決定不偷竊藥物，因爲這是犯法行爲，如果人人不守法，社會將成爲人人爲自己利益的散沙。

　　第五分期：行爲是非係基於社會裏大多數人之最大利益，案主所以偷竊此藥物，因爲救活一條命對社會而言是勝於喪失它。

　　第六分期：行爲是爲宇宙普遍性道德原則所指引。案主雖然明知是犯法，但他仍偷竊此藥，因爲他深信人的生命是神聖的，應受維護。

　　（錄自：Kohlberg, L. *Essays on moral Development,*

vol. 1. The Philosophy of Moral Development. San Frarcisco: Harper & Row, 1981)

以女性爲對象之研究，則結果多顯示婦女之道德判斷推理屬於第三發展分期，合理之行爲應顧及維繫人際關係，而男性隨年齡之增加，漸將行爲之是非，以維護社會秩序，社會最大福利及普遍之正義感爲判斷標準。

基利根之最新研究（Gilligan, 1982）指出，女性之道德判斷發展並非停留在柯氏理論之中程，而是其學說根本不能應用於女性，因爲婦女基本天性富於了解及關懷他人之感受與需要，因此，她們遠較男子會判斷損害別人之行爲屬不道德。不論其原因是爲了維護社會秩序或普遍之道德倫理，此立論支持較早之兩項研究結果（Wilson, 1978; Whiting and Whiting, 1975）。前述之巴素（Basow, 1980）則指出社會化過程與此現象亦有關係，例如父母一般比較容許男孩之攻擊性行爲，而鼓勵女孩較靜態之洋娃娃。

總之，以上兩性人格特質上之比較，可反映以往之人生週期研究，完全以男性之研究應用於女性之不合理，因此，有需要以相同之精神致力於女性發展過程之研究，例如，同理心（Empathy）、感情親密性（Attachment）及關懷（Caretaking）等特質，對兩性之人格發展研究，均有重要性，但應分別發展探索。此類研究實極有價值，對兩性之良好適應尺度均能有貢獻。基利根對此問題曾提出極佳之建議（Gilligan, 1982, p.23），茲引述如下：

研究人生週期之學者，今後如將精力平均分配於兩性，其結果方能涵蓋兩性之實際情形；同時，惟有如此，其發展理論始能逐漸增強。

生命線：人生週期之階段

當我們欲將人生週期劃分為各發展性階段時，過程有些類似用刀切開一條烤牛肉。年輕、中年、老年之間有不同的差異，正如同烤牛肉有生、半熟及全熟等不同，但是下刀處卻不須固定，各肉片之厚薄也不須相同。因此，我們可選擇將人生週期劃分為三、八、十或二十個部分。

在以下的三章中，我們將從人生週期中觀察一般的工作、愛與遊樂等行為。為了能易於系統化的研究人生週期，我們將其劃分成如〝生命線：人生各週期〞圖所示的七個階段。大多數人會預期某些特殊的事件發生在人生不同的階段（Neugarten, 1979）。一般人大致可規劃何時該結婚，絕對該安頓下來，何時因年紀太大而不適合再生小孩，何時必須放棄做激烈的運動，或何時該退休。以下數章擬探討與人生各週期有關的特殊工作、愛與遊樂。

如〝生命線：人生各週期〞圖所示，年齡之區隔極有彈性，只有在人生開端及結束時重覆的部份最少，而在青少年期之後的三個階段重覆部份最多。須注意此模式的第一個階段是兒童期，年齡的範圍為二至十歲，而不是從嬰兒期開始（人生中的前兩年），因為正常的工作、愛與遊樂行為是在嬰兒期之後才建立的。第二個階段是青少年前期，年齡範圍為八歲至十二歲，連接兒童期及青少年期之間幾年中，最顯著的事件為知心朋友的出現。

青少年期涵蓋十幾歲時期的大部分，從發情期的開端到高中畢業為止。在此階段期間，打工或參與同儕團體非常普遍。第四個階段是青年期，對某些人而言，早自十六歲即開始

(Coleman,1974)，對其他人而言，可能要到三十歲才開始
(Kenniston, 1971)。這段時期對新經驗的開放性最大，最寬
廣的探究工作也在這時候產生。在青年時期，從家庭出發的旅
程，包括情感上及實際上之距離，通常是最大的。

　　剩下之階段——成年早期、中期及晚期——和李文森
(Levinson) 在圖八所示之模式相同。從其觀點而言，每個階
段時間的長短都有些微不同，但與其他學人之觀點保持一致，
也因而顯示成年時期開始及結束的時間有相當大的變化
(Baltes, 1979; Vaillant, 1996)。

　　成年早期對某些人而言，早自十八歲即已開始，而對其他
人來說，一直要遲至三十歲才開始，延續至三十歲至四十歲間。
和青年期顯著不同的是，成年早期的重要特徵已穩定下來，如
建立早期關係，並且開始在工作中有起步。

　　成年中期（從三十七至四十歲到五十五至六十歲）引進了
不同的觀點 (Neugarten, 1979)。時間的計算方式改為生命
剩下幾年，而非已活了幾歲。這種改變時間的看法，如同一把
雙刃的劍，一方面使人感到焦慮，另一方面使人警覺到在剩下
的日子中，還有多少歡樂時光可享受，以及可開始著手幾項新
的計畫。這些顯著特色表示，在我們照顧子女和父母之同時，
仍能出人頭地，並對自己的職業和家庭關係作一番嚴格的重新
評估。

　　成年後期的階段大約從五十五歲算起，直到身心都還算健
全，且還有機會從工作、愛與遊樂中獲得滿足為止。此階段的
一般重要特徵包括更大的業餘興趣、關心在身後要遺留些什麼
給下一代，以及計畫退休。成年後期可進一步細分為「老年前
期」（young-old）及「老年後期」（old-old）兩階段（Neugarten,

1979）。老年前期之範圍為57～72歲，此階段的人在身體及精神上，均比72～75歲之成年後期或更年長者有活力。然而，我們需了解，超過55歲以上的人期間之差異遠大於40歲及50歲年齡層的成人（Powell, 1994）。因年事較長者彼此之間的變異性在60歲之後急速增大，極難使人預測某人在75歲或之後其身體及精神狀態如何。某些80幾歲或90幾歲的老人，在工作或遊樂方面尚能與其中年同僚比美，但很顯然此並非指其他老人均如此。在未來之歲月中，對特定老年群探究其為何能繼續擁有健全的身體或心智，而其他同年齡層者卻急遽老化之因素，實將為令人興奮之挑戰。

本章摘要

一、人生週期係指對人類終生之一種看法，它將一生分為包括不同年數之階段，而每一階段中含有某些發展任務與事件。

二、本章介紹三個人生週期模式：生物、艾力生及多元性。較早期之學說趨向生物模式。此模式視發展可分為不同時期，而具有以下特點：㈠依相同次序而呈現。㈡在特定時間開始和停止。㈢所發生之行為與活動必符合該時期。㈣次序不能逆轉。㈤每人相同。

三、二十世紀中葉之後，艾力生之人生八大時期學說影響最大，他指出每一個發展期可建立之堅強適應力以及相對之危機。

四、多元性之人生週期模式包括與年齡相關、歷史性，及關鍵性事件。與年齡相關之生理、社會發展，每人幾乎相同。歷史性事件對同一文化之個人之衝擊相似。如經濟不景氣。關

鍵性事件屬於不能預期者，常有重大影響。

五、人生周期中三個大問題包括：穩定與不穩定期之交替，其中有一種經驗雖祇呈現於短期內，但導致重大影響，而且對日後有長期之後遺症；另一種經驗可能是「不合時」的事件或經驗。

六、第二個重要問題是幼年早期經驗對日後之有限影響；我們並非過去之囚犯，同時也沒有任何特別有效之「神奇時期」能提供特殊協助。

七、最後一個問題是比較男女兩性之終生經驗。女性顯示三項差異：㈠不太著重脫離父母獨立。㈡較擔心競爭。㈢強調關懷人多於遵守原則。

八、本章將人生週期分為七個，雖然在年齡上並非明顯畫分而有重疊情形，但仍分為兒童、青春前期、青春期、青年期、成年初期、成年中期、成年晚期。依此架構，下三章將正常之工作、愛與遊樂分別認清及討論。

下章展望

下三章將清楚介紹人生每週期之正常工作、愛與遊樂。下章先討論工作：其種類、所滿足之人類心理需要及檢驗工作上之愉快與適應之關係。該章亦涉及人性對工作態度是懶惰或自動自發等問題。然後詳述各週期，從兒童至終生之工作活動內涵。

重要術語

- Life Cycle
- Biological Model
- Oral Stage
- Anal Stage

- Phallic Stage
- Oedipus Complex
- Electra Complex
- Genital Stage
- Pluralistic Model
- Wedge Theory

相關性參考書目

1. **Life Cycle Theory**

   Baltes, P., and Brim, O., Jr. (Eds.), *Life-span development and behavior.* Vols. I. and II. New York: Academic Press, 1979 and 1980.

   A compendium of thinking about life through time.

2. **Instability**

   Erickson, E. *Identity: Youth and crisis.* New York: Norton, 1968.

   Sheehy, G. *Passages: Predictable crises of adult life.* New York: Dutton, 1976.

   Crises in adolescence and the adult years.

3. **Positive Factors in Later Adjustment**

   Vaillant, G. *Adaptation to life.* Boston: Little, Brown, 1977.

   Bronfenbrenner, U. *The ecology of human development: Experiments by nature and design.* Cambridge, Mass.: Harvard University Press, 1979.

   Exploration of the complex factors that positively influence adaptation in the adult years.

4. **Sex Differences**

Maccoby, E., and Jacklin, C. *The psychology of sex differences*. Stanford, Calif.: Stanford University Press, 1974.

A comprehensive review of research on sex differences and similarities.

第六章　人生各週期之工作

綱要

思考問題

☐ 我們為什麼要工作？

☐ 兒童正常之工作是什麼？青少年呢？退休的人呢？

☐ 職責、行業，和事業有何分別？

☐ 您如何知道自己是否已經克服困難，獲得成就？而它帶給您什麼感覺？

本章首先將對「工作」（Work）下定義，及區分其種類。隨後分析個人工作之原因，進而探討人類天性是否被動、懶惰，抑或是富於精力、責任感及自動自發精神。工作之滿足與適應之關係亦將被討論。

從人生週期之人類工作行為，可發現幼兒亦有其可為之工作、在晚年及退休期男女之工作，以及各週期中兩性工作經驗之差別亦為本章之討論內容。

工作之意義

當一項活動包括了以下四個要素，就可說是工作：㈠責任感，㈡精力之消耗，㈢成事的效果，㈣社會認同。

㈠**責任感**：工作是任何個人不得不做的事。責任感可來自必須維持家計，亦可來自不願意使成果令人失望，亦可來自理想或抽象意念。

㈡**精力之消耗**：為克服目標物（Object）所帶來之阻力。所謂目標物是指任何我們必須付出努力完成或改變之事物，它可能是學習書本之內容，或照顧兒童，將食品雜貨裝箱，放進紙袋，或執行一個計畫。所謂阻力（Obstacle）乃指精疲力竭、

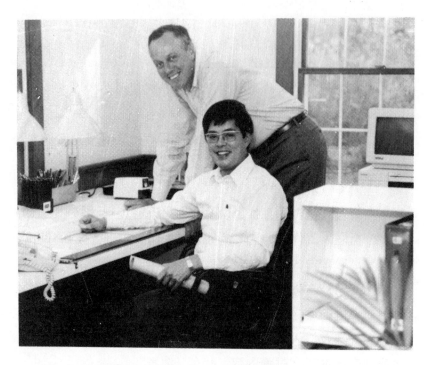

適合志趣，並與夥伴相處融洽之工作

挫折，他人的意見，或作者使人不易理解之字句。

(三)**成事的效果**：工作之第三個要素必須包括對生存的社會有所貢獻，即責任感之發揮，精力之消耗有其意義，至於貢獻可大可小。

(四)**社會認同**：因工作產生有價值之事物而獲得社會之許可。大多數的工作如對他人有利，或是被視為社會一分子該做之工作均屬於社會認同範圍，如致力學業，養育兒童，就業等，但推銷毒品、賭博、撬開保險庫則不然。

工作之種類

根據工作內涵之差別可區分為職責（Job）、行業（Occupation）、職業（Vocation）及事業（Career），茲分別闡明之：

㈠**職責**：在一個團體或機構中個人必須履行之義務及責任，但並不一定領薪。有些人在公司裏雖有職責但不領薪，學生有職責上學和做功課，即使一個學前幼兒也會被要求幫助飼養小狗或者倒垃圾。

㈡**行業**：所謂行業係將工作依照經濟或心理觀點來區分其職責。經濟觀點是以收入來畫分，如醫生、律師及行政主管屬高收入之職業；公敎人員、記者及軍人屬中收入；公司服務員、機構辦事員等屬於低收入。至於心理觀點係指具有相同人格形態、興趣及價值觀者趨於選擇相同之行業，例如公務員之相同特質為求安定。心理學家賀蘭德（Holland, 1973）將所有行業分為六種類型：（參見表十七）

1.**實際型**（Realistic）：有關行業包括林務官、獸醫、高速公路巡邏警員、農人、體育老師等。他們精力充沛，體力強健，實際，喜愛戶外工作，及獨自工作，一般而言，他們與人溝通能力較差。

2.**研究型**（Investigative）：工程師、營養學家、氣象學者、電腦程式員屬於此類型之行業。他們是工作取向，喜愛科學性活動，但不為團體合作性之工作所吸引。

3.**藝術型**（Artistic）：從事藝術性行業之男女是唯美主義者，喜愛能表達自己敏銳感之工作。其個性獨立，不受傳統約束，例如藝術家、漫畫家、室內設計家及文學老師。

行　業　群	行　業　種　類　舉　例
實　際　型	林務官、獸醫、軍官、體育老師、高速公路巡邏警員、農夫。
研　究　型	工程師、醫事技術員、營養學家、牙醫、氣象學者、電腦程式設計員、學術論著者。
社　會　型	諮商員、人事主任、語言治療師、帶遊戲活動者、牧師、社工員。
藝　術　型	藝術家、演員、漫畫家、攝影師、室內設計家、藝人、文學老師。
企　業　型	經理、買主、房地產經紀人、電視製作人、保險推銷員、運動競技主辦人、殯儀業者。
傳　統　型	祕書、銀行家、銀行出納員、會計師、交通管理員、書商、管家。

錄自：From Holland, J. *Making Vocational Choices.* A Theory of Careers. Englewood Cl. ffs, N. J: Prentice Hall, 1973.

4.社會型 (Social)：各類諮商、語言矯治專家、康樂輔導員、老師、牧師屬於此類行業。彼等爲人道主義者，關懷他人之福利，工作對象爲人而非物。

5.企業型 (Enterprising)：此類行業包括經理、電視製作人、經營商業、推銷員等。喜愛冒險，說服別人，以及重視權勢、地位與財富的人，其性格趨向此行業。

6.傳統型 (Conventional)：祕書、銀行家、銀行出納員、會計師、交通管理員等屬於此類行業。從事者喜有條不紊，工

作內容是特定及清晰明確的，他們樂於接受上級指示，遵照工作目標行事。

㈢**職業**：對一行業有向心力謂之職業，因此，能積極、熱衷及有目的去追求。譬如，有人感覺所喜歡選擇的職業是教會牧師，另外一個人則為航海員。經分析後，行業與職業有時是相符的。譬如，一位婦女之職業性向是公共行政，她可能任職於大學公共行政系，也可以在政府機構服務，或在提供政府機構諮詢服務之基金會工作。

㈣**事業**：係指綜合一個人終生工作中所有職業、行業，及職業之總稱（Super et al., 1957, p.131），是縱貫連續之過程。有時，職業與事業是相同的，如前述之例。當然，有些人之事業並非固定之形態，亦即其終生沒有職業並沒有顯示明確之性向，如一位婦女，可以曾經從事侍應生、秘書、護士、空中小姐、家庭主婦、老師等工作。

工作所滿足之需要

四個人類基本需要是從工作獲得滿足或挫折，它們為㈠自我生存之維護（Self-preservation），㈡社會歸屬感（Social Bonding），㈢被賞識（Appreciation），㈣勝任感（Competence）。此四項心理需要不限於任何特定人生週期，但與馬思盧（Maslow, 1962）之心理需要層次有相當關連（請參閱圖二）。其實，除工作外，愛及遊樂亦能使這些需要獲得滿足。

㈠**自我生存之維護**：每人都需要維護自我之生存，一般成人以工作所賺的收入去支付住所及飲食費用。心理衛生工作人員曾做多項研究，發現不需要工作，或欲工作而無就業機會者，其生活需要雖受福利金或其他救助所支援，但有顯著情緒困擾

之跡象（Powell and Driscoll, 1973; Lantos, 1943）。當工作能賺得足夠本錢，無須擔心生計朝不保夕時，才會想到尋求其他之滿足。

㈡**社會歸屬感**：你還記得中學時代每逢暑假結束後回到學校的感受嗎？你能否回憶以前請病假或任何假期使你離校超過一星期之久的經驗嗎？當時你有沒有急於回到班上呢？對很多人而言，回到學校，和同班同學在一起給人歸屬感，即團體的一分子。所謂歸屬感乃是感覺聯結於一個大而完整的羣體，如學校、社團、團隊或朋友。

佛洛伊德曾言（Freud, 1930），工作較任何活動更令人接近社會，它讓人有被團體接納之感覺，使人負起自己文化中之一項功能，因而成為自我介紹之基本資料。馬思盧也強調每人均有被人接納之基本需要。在學校，主要之接納來自同班生及老師，日後則得自工作同僚及上司。無工作之機會，無異與人斷絕關係。因此，有很多學生雖厭惡課業，但為滿足被接納之需要仍繼續上課；同理，很多患病者繼續在崗位上工作，或傷兵尚未痊癒又趕回戰場作戰。

工作予人必須負起某責任之使命感，對某一位婦女也許是做人母；另一位則為律師，再另一位也許兼顧兩項功能，總之，每人之職業增強他在社會所扮演角色之重要感。

自我介紹常取決於工作性質，假如你年三十四歲，在某宴會想對一位不相識者做自我介紹時，你的敍述會因不同的情形而異，譬如你可能是一個大學生，或是電子工廠工人，或是海軍官兵，或是不做事，是位準媽媽等。此外，我們的職責極能影響我們的服裝、談吐、閱讀及電視節目興趣等。

㈢**被賞識**：你在上一個月曾有多少次感覺自己的工作未被

賞識？事實上，每人常有此感受。所有行業者，不論是醫生、警員、主婦、老師、學生都會異口同聲說，我們的努力並未受到應得之賞識。在第一章，馬思盧曾指出，自己的努力被正面的賞識是每個人的需要，而工作是滿足這種需要之主要領域。在讚賞中，我們的努力被承認，工作職位得以升遷，被賦予更重大之責任及酬報，這是學校或工商業用以鼓勵學生或工作人員有更高效率之推動力。

　　㈣**勝任感**：你還記得初次能成功的騎兩輪腳踏車而沒有跌下來的喜悅嗎？此乃勝任感之經驗；獨自能夠讓某事成功的內心喜悅，即使父母親不讚賞，也覺滿懷自得。納勃勒斯克大學心理學教授懷特（White, 1972）以創立人類擁有「勝任動機」（Competence Motivation）之學說為名，他認為所有人都有力求某件事成就之本能驅力，每個人都具有使自己快樂的能力。在人生各週期可以觀察到這種現象，小學時期，一個小女孩發現自己已完全了解乘法表，或是在青少年期懂得如何求平方根，在大學所設計的電腦程式順利運行。在上述情形下，老師是否以分數評估，不影響各人之愉快心情。此外，一位男子，欣賞自己剛油漆好的房子，或是親自動手的烤肉，因為這是他的精心作品。

　　勝任感來自個人知道自己能做什麼事，且確實的去完成它，這種意識是自尊及自我認同的一部分。

人性與工作

　　你個性是否很懶，最好什麼工作都不須做？或者，你是否喜歡找事情做？而且沒有人給你任何報酬或讚賞也樂於去做？這些人性的基本問題曾引起很多心理學家之探討。

麥克格瑞格研究機構對雇員之管理方式後，將不同人事政策歸納為兩種理論：理論X及理論Y（McGregor, 1960）。

理論X假設人類的本性乃天性懶惰，好逸惡勞，不喜歡工作，並逃避工作的機會，他們的唯一驅力是「安全保證」。在此理論下，工作者必須被鞭策督導，管理採取獎懲制度。利文生認為理論X觸犯「公驢謬論」（Jackass Fallacy）之錯誤，不應視人如公驢，笨拙、倔強，除非以開除威脅來戳刺，或以加薪來引誘否則不願動（Levinson, 1973）。

理論Y假設消耗精力在工作上與休息一般自然，個人是有雄心，具有天生接受挑戰的慾望，並尋求責任。如果被鼓勵，男女皆會自我引導，發揮潛力及創造力去解決工作上的問題。可是，雖然有些公司採用理論Y得到很好的效果，有的則否。根據馬思盧之觀察，理論Y的人事管理政策對雇員自動自發之要求，及賦予之責任與期待，對很多人是難以達到的。名企管學家德勒克亦有相同觀察，有些員工若是祇做指定他須完成的工作會更有效率和快樂。

工作與適應

第一章曾提及一些研究結果，證實在工作上愉快及成功的人，有比較良好的適應，表一顯示適應最佳者，他們的事業很順利的發展，收入較高，而且其職責符合個人理想。

其他以廣泛的對象所做之研究，顯示大多數的男女都感覺有工作之需要，不論他們是否成功。摩斯等人在西元一九五○年代時曾訪問四百位二十一歲至六十五歲之男子，其職業包括無特別技術的工人到專業及企管人員，他們被問到這一個問題：「如果你忽然繼承了一筆遺產，使你不須工作也可活得很

舒適，你會繼續工作嗎？」結果百分之八十的人回答要繼續工作 (Morse and Weiss, 1955) 。此證明工作可予精力一條管道，若無工作，人可能覺得迷失、無聊，不知如何打發時間，甚至於對置身於麻煩之外感覺有困難，還可能發瘋。

人生各週期之工作特質

　　正常的工作活動乃人生週期中，各特定階段之自然現象，通常在某一時期開始，並持續好幾個階段，例如，對某些人而言，自兒童期開始的學校工作，可能到了四十歲依然是中心工作。每一人生週期雖有其典型工作形態，但各人因為環境、機會及心理特質不同，它們的開始出現會有差異。

　　㈠**兒童及青春前期**：從幼年期我們就開始須做某些事，二十世紀前，即使在美國，尤其在開發時期，兒童從小即進入生產行列，隨後社會生活雖已趨向相當穩定及安全，清教徒 (Puritans) 仍規定每個兒童應給予一特定職責，一直到西元一九〇〇年和二十世紀初葉，仍有百分之十二的十至十三歲兒童為勞工。

　　現代人對兒童青少年期的工作已完全改觀，此期之主要工作被視為：1.養成良好習慣，2.學習照顧自己，3.家庭雜務，4.勤奮上學，5.模仿成人工作。此外，吾人認為兒童有接受義務教育之需要，才能學習適應社會之基本技能，而且應保護兒童，避免過早加入生產線危害健康。

　　1.**養成良好習慣**：這是兒童學習的第一項工作。所謂習慣是機械性重複的行為模式，它不需要重新學習或意志的行動，僅需有效運用精力。養成一些良好習慣，生活會變得輕鬆不吃力，例如我們養成早起習慣，靜坐唸書，做事有始有終，則遠

較每天須掙扎很久才能起床，勉強自己坐定預備功課，以及費很大勁維持工作的興趣才完成一件事來得容易。

良好習慣是實現美夢之基礎，沒有人天生即有好習慣，而好習慣也不會像樹上綠葉，自然在春天發芽生長。馬思盧 (Maslow, 1968) 曾申言，有天賦性向之醫生也須以極大之努力及決心，去建立強迫自己去完成困難工作的能力，或暫時放棄一些愉快的活動，磨練自己能適應一項艱苦的行業。

好習慣予人行動上之自由，例如我們平日沒有習慣好好準備功課，則我們的週末永遠不會給我們時間做休閒活動。美國大文豪蕭伯納 (George Bernard Shaw, 1903) 認為：「習慣是能使個人獲得最大的益處，及避免最少阻力之路線。」其意為好習慣使人不因貪圖一時之方便，而喪失更寶貴之收獲。

每人從模仿及增強來養成習慣。小孩從模仿較年長兒童或父母的行為，而不知覺的養成習慣。小女孩模仿姐姐在飯桌上的飲食儀態，或是學她母親整理抽屜。兒童亦從父母及老師的責備或指點學習，例如用叉而不用刀吃菜；嚼食物將嘴閉合不張開。到青春期，很多青少年養成自律自制之優良習慣，使得很多成人覺得不如他們。

但是，有些青年一直不易守時，衣服亂放找不到，只能坐定很短的時間去集中注意力做事，這種壞習慣之困擾會帶給青少年很多壓力，因為不守時、凌亂不整齊、健忘，好動散漫，使父母及老師非常煩躁。而且他們似乎很難改進，因為似乎隨時日漸退步，不過，有時也會忽然成為新人。

2.學習照顧自己：照顧自己的能力成長於兒童期，此期之自我照顧包括使自己免於傷害，如何過馬路，以及不會把漂白粉當做白糖吃；也包括一些健康小習慣，如刷牙，飯前洗手，

以及懂得如何防止傷口發炎等。

根據兒童心理學家結賽爾及同僚的看法，到青春期的時候，自我照顧顯著進步 (Gesell, Ilg, and Ames, 1974)，女孩多半比男孩整潔些。到十五歲，男女均對流行之服飾感覺興趣，他們有些人能將臥室整理得一塵不染，但有些人則不在乎房間髒亂不整齊。事實上，如果在兒童期沒有養成良好習慣，到青春期後，要自我照顧會比較困難。個人儀表也是需要持續的適應。不能妥善的照顧自己，一方面使長輩非常不滿，另一方面，也會影響一般人際關係。譬如，口腔不衛生或身體不清潔所導致之口臭或狐臭，常無形影響新友誼之建立及舊友誼之維繫。最不幸的是，除非是交情深的人，否則絕對不會將這些令人難以忍受的缺點告訴您。

3.**家庭雜務**：所謂雜務是成人指定給兒童的責任。它可能很簡單，如鋪床、倒垃圾，或推車，但有時可能繁重。如一個單親媽媽的十歲女兒，她每天的雜務包括從學校回家後照顧二歲及四歲的弟弟，煮晚飯、洗碗，到周末去買菜，協助母親打掃住所。這種雜務是相當繁重不合理的。

根據結賽爾等人之研究，在青春初期做家事的意願及能力漸漸改進。譬如，十歲的兒童對做家務很少不埋怨，到十三歲則比較不會推辭或生氣。到青春中期，因功課或課外活動忙碌，所做家事會減少，而父母亦能接受此情況 (Gesell,Ilg,and Ames, 1974)。

4.**勤奮上學**：從幼稚園到高中，對有些人一直到高中以上，是學校工作，包括去上課，做作業，參加考試等。補償酬勞來自成績及老師之評語。在兒童後期，學習經驗可從閱讀，了解小數點的計算法，或是觀察水如何化為水蒸汽，或是如何完成

一張地圖而獲得。

　　當我們的成績能符合班上的要求，上學是很愉快的。可是對有些人，學校經驗如惡夢一般痛苦。根據賈梅西的調查，美國約有五百萬兒童有不同性質之學習困擾（Garmezy, 1978）。這些孩子對學習閱讀、拼生字、標點或算術等，需要有系統或規律去處理之知識，會覺得非常困難，如此自然導致惡劣學業成績以及使孩子自卑，認為自己愚笨。

　　其實學業成績與愉快感受之相關是有限的。譬如，一個女生的甲等成績對她而言，也許祇是安然度過一個難關，所以每次拿回考卷時，她僅默禱成績不致在乙等，因此，得到甲等的成績並不會帶給她愉快，最多是鬆了一口氣。

　　有很多普通成績的學生對自己很滿意，所面臨的問題是老師和父母認為他們並沒有盡全力，其實如果一個學生的分數符合自己的期望，不常受成人的指責，且不影響將來可選擇之就業途徑，則分數不致影響其適應。

　　5.模仿成人工作：金斯堡格等人指出模仿成人工作自很早就開始。起初兒童扮演成人之角色，學做電視節目中的人物，如母親、父親、救火員、護士、醫生、老師、偵探、太空人，或專業運動家。漸漸地，青少年由於接觸或自身才華，會想自己喜歡從事的行業及領域。至青春後期，青少年往往因同儕團體的影響或態度放棄一些舊有的嗜好活動。例如一個七歲男孩原來極有興趣搜集錢幣，到十一歲時，他的朋友都玩搭建飛彈，他也就放棄搜集錢幣；另外一個男孩極有吹笛子的才華，可是到十四歲時，同學都認為這是女孩子的樂器，所以他也不繼續吹了（Ginzberg et al., 1951）。

　　一般而言，年輕人放棄舊嗜好之後，會再培養和同輩朋友

表十八　青少年學生工讀之百分比（1978）

年　　　齡	在　學　學　生　百　分　比		工　讀　學　生　百　分　比	
	男　　　生	女　　　生	男　　　生	女　　　生
14～15	98	98	19	18
16～17	89	88	47	43
18～19	48	43	48	46
20～24	24	19	55	58

錄自：U.S.Department of Labor. *Handbook of Labor Statistics.* Washington, D.C.: U.S.Government Printing Office, 1980.

一起玩的新嗜好。由於青少年期的活動常成為日後職業興趣或永久之嗜好，父母親及老師宜注意不要使他們一旦放棄舊興趣後，就不再培養新興趣，雖然有時候事情並非是這麼簡單。

㈡青春期：此期之特色為實際重於幻想。主要工作乃延續自童年及青春前期開始之工作。雖然有些青少年仍須加強建立良好習慣，照顧自己的能力及擔任雜務之責任心，但此期幾乎所有的人都將精力投注在學業和開始考慮將來的職業。有些青少年開始找尋工讀機會，學習處理個人事務之技巧，考慮究竟繼續升學或就業。到青春末期，有很多青少年已發展出自己的職業興趣之方向。

1.工讀：美國勞工部在西元一九八〇年曾做一項調查，得到在學青少年與工讀情形隨年齡改變之百分比分布（請參閱表十八）。表十八中的數據在一九八〇到一九九〇年間呈現少許改變。例如，一九八七年高中生中有41%的人工讀（U.S. Department of Labor, 1987, p.15）。工讀有其正向效果，除金錢收入外，可增強習慣之發展，顯示教育之價值，以及提供

對特定事業之較清晰認識。例如，路易每週六及有三個下午在加油站工讀，起初他祇負責加油，漸漸地開始協助簡單的汽車修理工作，後來則是較複雜的工作。由於此工讀經驗，他發現自己對機械極有興趣，也因此決定以攻讀機械系爲他就業做準備。

每逢我們看到一些原來對學業沒有興趣，毫無向學動機的青少年，一旦有機會擔任工讀的職責，會訝異他們忽然變得充滿精力、創意、毅力及責任感，可見這些青少年在工作上感受到在學校所不能得到的勝任感。士丹堡格等人認爲青少年如果放棄原有嗜好而沒有建立新興趣取代時，往往因無聊而變得淡漠，甚至於傾向反社會行爲。工作可刺激興趣，以及將精力導向較有效率管道的一種方法，工讀機會對青年的整體效果是有利的。上述各學者之研究顯示其具體效果包括：較能獨立自信、對人際關係了解增加，在心理、生理上較少症狀 (Steinberg et al., 1981a; Steinberg et al., 1981b; Greenberger, Steinberg and Vaux, 1981) 。凡爾倫更下結論，認爲青年人工作能力和日後成功有正向關係 (Vaillant and Vaillant, 1981) 。

2.學習技巧：許多生活中必備的知識，在學校教育的十二年中，已全部涵蓋，如溝通技巧、數學、科學、外國語文及歷史。目前美國高中畢業生人數居已開發國家之冠，一九九二年，美國成人中有80%已取得高中文憑 (Kominski & Adams, 1994, p.vii) 。由於學習如何照顧自己個人事務，有效求學和職業準備都是每個青少年期的工作，而有很多人曾表示自己缺乏這些能力，因此目前在美國有很多州立法，規定學校必須教授這些技能，例如奧立岡州規定高中之畢業學生應懂得如何收支

平衡，如何設計平日均衡的飲食，如何使用電子計算機等。有些大學為閱讀、數學能力差的大一學生開補習班，也有開一些課加強他們的學習動機。

由於高等教育機構的容量增加，能協助有獨特職業性向或有身心障礙之學生，美國高中畢業生進入大專就讀的比率極高。1985年的高中畢業生中，有59%的男性及57%的女性於次年秋天註冊進入中等後教育（postsecondary education）學校就讀（Taeuber, 1991, p.275）。

過去二十年中，大學一年級女性的職業性向有極大變化。十年前，一份報告顯示大學女生對於從商的興趣遠大於早她們十年的女性，此報告亦顯示一九七九年進入大學的女學生，對於教書這項傳統女性職業不甚熱中（Magarrel, 1980）。一九九○年以大一新生為對象的研究中顯示，此傾向大多數依然存在。計劃成為醫生的女性，比例從3.5上升到4.3百分點；計劃成為律師者，比例從一九七九年之百分之3.4上升至一九九○年之百分之5.5。另外計劃成為工程師或從商者，亦有小幅度的增長。然而一九九○年的大學新生中，計劃成為老師的人數卻上升，有13.2%的女性指出教書是她們的職業選擇之一，比一九七九年10%略為上升（Dey, Astin, & Korn, 1991, p.89）。

對於十六歲至十九歲的失業青年（見表十九），目前教育政策是加強中學的實際工作經驗，使學生從參觀各行業的實際操作，以至於實習、職業訓練而獲得就業準備，這種辦法，實施以來的確生效，減少青年之失業率。從一九七九年的人口調查可知，頗多青少年很難找到工作，尤其是男性黑人。在各年齡層中，黑人的失業率平均高於白人兩倍，黑人女性較少失業，但其比例亦高於白人女性。

表十九　勞動人口中因性別、年齡及種族因素所造成之失業比率表
Unemloyment by sex, age, and race in the labor force (1996)

年齡	男　　性		女　　性	
	白人％	黑人％	白人％	黑人％
16-19	18.7	37.3	15.3	27.1
20-24	10.4	19.3	8.6	22.0
25-34	5.9	11.7	5.2	10.0

錄自：Peterson, G. & Becker, E. 1996 (Eds) Employment and earnings: February 1996. u.s. Department of Labor, Bureau of Labor Statistics. Washington, D.C.: U.S. Governmet Printing Office. p.23.

　　此外，設立社區學院將學術性課程與實用的職業訓練合併，以下所介紹之四所社區大學代表美國現在遍布全國數百餘所之社區大學（Community College）。此教育制度之優點在於有效的結合學術及就業準備，使很多青年能力可及並感到實用。

職業準備與學術結合之四所社區大學──

　　1、派塞甸納市立學院（加州）（Pasadena City College）提供六十四種職業課程，包括民用飛機駕駛訓練及金屬處理技術等。共有一萬四千名學生，鼓勵與有關機構建教合作，其中一項固定計畫是建造一棟示範房舍出售。

　　2、紐約市立學院（New York City College）設有

四種職業教育，學生人數爲一萬五千名。其課程包括三個
要素：通才教育、職業介紹及實際訓練。後者之必修課由
特定工商業或政府所定之就業考試標準而定，修讀機械技
術、資訊處理、會計等建教合作課程之學生，畢業後，百
分之八十以上獲得永久職位。

3、中部皮德蒙社區學院 (Central Piedmont Com-
munity College in Charlotte, Carolina)；爲其八千學
生日夜開班，所設立三十四種職業課程，每日二十四小時
均有開班，包括汽車機械班，從半夜到早上七點。如此非
但能充分使用昂貴之設施及排滿班級，更可使日間做事者
進修該校最近增加之人類服務學位課程 (Human Ser-
vices Degree Program)，包括托兒所、養護院、孤兒院
及福利相關業務之專業準備。

4、雷恩社區學院 (Lane Community College,
Eugene Oregon)，共有兩萬名專修及選修學生，所開之
職業課程有四十二種，而且每種配合該職業所需之學識與
技能，同時，亦因應就業市場之趨向而增減其內容，且非
常注意個人之潛能和需要。該校曾由教授以及各行業專家
之合作完成八百五十種職業指導說明書，學生可隨時註冊
入學，當他們完成必修課程及就業訓練，可以承認其資格。

(錄自：Marland, S. Career Education: A Pro-
posal for Reform. New York: McGraw-Hill, 1974,
pp. 224~227)

㈢青年期：這是一過渡時期，對職業或學校甚至人際關係
尚在不穩定的階段，譬如，有時從學校休學去就業，或是常變
換職責。這種不穩定情況有些青年祇是暫時性的，但有的人會

延續十年或十年以上，艾力生（Erikson, 1968）稱這種不穩定行為（Psychosocial Moratorium）——是心理社會成熟之延宕，其意指將原來所做的事停下一年到四年，轉為完全不相同的事，好使自己能細想究竟從事何種職業。例如很多美國青年加入海外和平服務工作隊（Peace Corps）；或是如果考不上聯考，決定先去服兵役。這種決定往往能使青年重新整理對自己的想法以及對人生目標有較清晰的認識。

到青年末期，工作與愛的領域逐漸密切相關，一方面之滿意會影響另一方面。例如一位三十歲的警員不了解為什麼覺得工作和人生沒有意義，後來他領悟也許因為沒有彼此可以分享人生和愛的終生伴侶。在此期也有很多已婚職業婦女為考慮要否生育兒女而困擾，美國近日很多著作涉及這種內心矛盾的問題（如 *The Timing of Parenthood in Adult Lives,* By Daniels and Weingarten, 1982）。

㈣**成年初期**：此期以「職業準備」結束為表徵。工作實習及正規教育已告一段落，青年期之不穩定也停止，且個人能找到一個覺得合意的工作，其工作活動特質包括：1.成家立業，2.建立職業認同，3.出人頭地，4.夫妻就業的家庭。

1.**成家立業**：在此期成人對人生大事做抉擇，從事那種職業，在何處定居，採取什麼生活方式，獨身抑成婚，和誰結婚，是否要生男育女。此時，對儲蓄兒女教育費、健康平安保險等都須考慮。據利文生之觀察，在成人期對這些問題不能解答或做抉擇，非但會激起悵惘之感，同時會影響成年期工作及愛之滿意之感。一九九三年時，男性平均結婚年齡為26.7歲，女性為24.5歲。25歲以下的人口中，約三分之一已婚，並且頗多人至少有一個孩子。

2.建立職業認同：在此人生時期之男女如果能對職業有充分勝任感及興趣，是謂職業認同。一位青年在印刷廠當學徒時發現自己很能勝任其職責，隨後計畫從事印刷事業。有一位女子在二十歲時嘗試過幾次不合興趣之就業經驗後，考入法律系專攻稅法，而終於成為一位專門處理稅捐之律師。第一章曾引述利文生對美夢之觀點（Levinson, 1978），美夢不是幻想，它具有推動個人盡全力去實現可行的目標，以達成理想之職業。美夢可支持個人承擔奮鬥過程中遭受之挫折、厭倦與辛勞，如無美夢做遠景，則工作成為無意義、無止境之掙扎。上述之學徒與女子必有美夢所支持。

3.出人頭地：欲在工作崗位上獲取成功的雄心是成人期生活的重要焦點。為達到此目的，個人不惜全力以赴，而大部分之滿意是來自在這方面的進展，一位年輕女子被一家極享盛譽之律師事務所聘用，並給予高於一般水準之薪水而深感榮幸，過數月後，事務所一位高級合夥人請她協助一項重大的案件，這又是向前進展之表徵。當身邊的朋友都在高談自己的成功經驗，而自己卻不受重視是非常痛苦的。利文生強調個人能獲得恩師益友（Mentor）可增強出人頭地之功能。他說：

這位恩師益友，他通常是一位長者，如老師、父母或長輩，但亦可能為同儕益友；他能增強年輕人之工作技巧及智能發展，他可能運用影響力來促成個人之順利開始或進展，並指導應了解之價值體系，及習慣、資源、環境中組成人員之性格。他也可能以自己之成就、品德、生活方式做為模模，並提供必要之諮商及輔導（Levinson, 1978, p.98）。

4.夫妻就業的家庭：此期的人多半都已成婚，而且常常夫妻兩人都就業。剛開始不成問題，兩個人都有收入，家務也會

表二十　夫妻雙方就業影響家庭和諧之程度

家　　庭　　情　　形	工 作 引 起 家 庭 衝 突 之 百 分 比			
	男		女	
	不 太 多 或　　無	有 些 或 很　　多	不 太 多 或　　無	有 些 或 很　　多
配偶做事，無兒女	72	28	71	29
配偶做事，有兒女	66	34	56	44
配偶不做事，無兒女	74	26	無　　　資　　　料	
配偶不做事，有兒女	60	40	無　　　資　　　料	

註：大約一千位工作人員曾被問此問題：「你的職業曾否阻礙到家
　　庭和諧？很多、有些，不太多或是毫無？」
錄自：Pleck, J., et al., Conflicts between work and family life.
　　Monthly Labor Review, 1980, 103 (3)，29～31。

分工，出外上班很順利，沒有一位需要做任何犧牲。等到有孩
子以後，情形就不同了，本書作者將夫妻兩人均就業的生活分
成五個階段：(1)沒有孩子，(2)有了第一個孩子，(3)有一個以上
的孩子，(4)最小的孩子已上學，(5)最小的兒女離家。從第二個
階段開始，很顯著的需要適應，生第一個孩子產假後，如繼續
上班，須請褓姆或將嬰兒送到褓姆家照顧，等到有兩個及兩個
以上的孩子，事情會較多，如帶她們去健康檢查、看病，應付
緊張意外事件，送往托兒所、學校等事。雖然夫妻可分工，但
通常母親做得多，夫妻間之衝突會比較多，（表二十顯示一項
研究調查之有關結果）。到了第四個階段，最小的孩子已上學，
理該輕鬆了，但一般而言，妻子的體力和精力還是付出很多，

常有疲乏之感覺。到第五個階段，最小的兒女已長大離家，由照顧兒女引起之衝突減少，夫妻都可專心做各人的工作，不需擔心兒女。沒有因為生兒育女而暫停工作的婦女有其好處，她們在職位或事業上發展順利，同時也不致因為工作停頓太久而失去自信心。事實上，已婚婦女繼續工作十分普遍，在美國，有六歲以下子女的母親中，百分之六十有工作，子女年齡在6～17歲的母親中，百分之七十五有工作（Schmittroth, 1994）。

過去十年中有多少改變呢？答案是：不多。真要有改變之處，就是有子女的夫婦比從前更勤奮於工作。1979年時，典型職業婦女每週花30.6小時於家事，1988年時則增加為每周32小時。就男性而言，每週花費於家事上的時間從1979年的13小時增加到1988年的19.7小時（Chadwick & Heaton, 1992, p. 225）。男性做家事時間雖增加，但仍遠不及他們的配偶，長時間辛勤工作及做家事所造成的精疲力竭，會威脅到對愛及遊樂方面的滿足。

㈤**成年中期**（Middle Adulthood）：此期中，很多男女在整個人生中的工作有最高效率的潛力。養兒育女的操勞已減輕，工作經驗豐富，加上精力仍然充沛，所以可以有很大的成就。他們也開始思考離退休時間還有多長，因此不免再評估是否繼續原有工作，或趁年歲來得及而改行。此期之工作活動特質有二：1.成就，2.再評價。同時亦須注意附帶之危險及矛盾之處。

1.**成就**：成年中期最大之愉快與滿意來自對自己工作之成就感，一切在自己控制中，既有內心之滿足，也有外在之酬報，有的人已尋求到能發揮自己潛力之事業。摩提墨所做的研究指出，從第二次世界大戰後到一九七〇年代之間，百分之九十以

上之三十幾歲之男女對他們的工作相當滿意，但最近之調查卻顯示他們在各種職業上都有不滿之現象。其中一個解釋是一般人們教育程度提高，對自己的職業抱較高之期望（Mortimer, 1979）。雖然待遇及職位保障都相當好，但由於自己無權，或工作單調，或得不到機構或上司之賞識而失望。這方面的觀察為另一系列之研究所支持，即「職責複雜性」之研究。職責複雜性是指需要獨立思考、判斷、及自我導向之工作。康恩調查三千位從事不同行業之男士，發現從事複雜性工作者較尊重自己之能力，能接受新經驗，覺得能控制自己生活，另也會安排有趣之嗜好，他們雖敢於冒險，但不疏於細心考慮。此外，他們感覺到持續之個人及智力成長（Kohn, 1980）。

不過很可惜的是，工作複雜性會產生工作狂和工作過勞，而這是中年期影響工作滿意感之兩種主要危險因素。

(1)工作狂（Workaholism）：是指從一項職業中獲得滿足的狂熱，但會導致長期過度工作及生活其他方面的不滿足。工作狂之徵候及診斷法可見下面之測驗。

工作狂測驗

□　你是否晚上不論什麼時候睡覺，早上還是會一早起床？

□　當你獨自吃午飯的時候，是否同時看書或工作？

□　你是否每天都排好須做的事？

□　你是否覺得沒有事做很無聊？

□　你是否做事很起勁，競爭性強？

□　你是否在週末及假期也工作？

□　你是否隨時隨地都可以工作？

□　你是否很難讓自己去渡假？

☐ 你是否對退休感到很恐懼？

☐ 你是否真正喜歡你的工作？

如果答案有八個或八個以上是「是」，你可能是位「工作狂者」。（錄自：*Workaholics: Living with them, working with them,* by Marilyn Machlowitz, Ph. D., 1980 Addison Wesley Publishing Co.,）

(2)工作過勞（Burn-out）：指個人工作過度而心力交瘁，它是工作狂，為達成高成就的滿意感，尤其是個人或社會不現實的期望，所付出的高代價。心理學家佛洛登保格編制了一項可評估「工作過勞」的測驗如下（Freudenberger and Richelson, 1980）：

你是否工作過勞

過去六個月中，你覺得自己或四周環境有否任何改變？從你的工作、家庭、人際關係等方面去想，對以下各問題用半分鐘去考慮，然後以1至5去評估你感覺到的改變，即1：代表無改變，2：很少改變，3：有些改變，4：相當多改變，及5：極大改變。

☐ 你是否比以前容易感到疲倦？覺得提不起勁？

☐ 當別人告訴你，「你最近臉色不太好」，你是否覺得不高興？

☐ 你是否事情愈做愈多，而效果愈來愈低？

☐ 你是否愈來愈會懷疑別人的誠意？

☐ 你是否常覺得莫名其妙的傷感？

☐ 你是否會健忘（約會、工作截止期、個人財務等）？

☐ 你是否愈來愈容易生氣？對周遭的人較不滿意？

□ 你是否比較少和親友見面？

□ 你是否忙得連一些例行的事也沒有辦法去做，如打電話、看報或寄賀年卡？

□ 你是否會覺得身體有許多地方都不舒適（肌肉、關節酸痛、頭疼、持久的感冒）？

□ 如果當天例行的工作忽然停止，你是否有不知所措之感？

□ 你是否曾有意離開工作，去尋求愉快的經驗？

□ 別人是否不能和你開玩笑？

□ 你是否對性沒有興趣？

□ 你是否和人沒有什麼好談的？

記分法：0～25　你沒有什麼問題

26～35　有些地方你須注意

36～50　你可能已面臨工作過勞的情況

51～60　你已經工作過勞

65以上　你的身心健康已蒙受威脅

（錄自：Freudenberger, H., With Richelson, G.*Burn-out: The High Cost of High Achievement.* New York: Anchor Doubleday, 1980, pp.17～18.）

由此測驗可見工作過勞是由極端之工作狂所導致，其不良影響包括：做事雖更加努力，愉快卻成反比；犧牲人際關係，有身心不健康之跡象，如焦慮、憤怒、沮喪、身體不舒適。如果不予以修正，後果不堪設想。

不過，佛洛登保格等人解釋「工作過勞」是可以克服的，細察自己工作態度是一個起點，問自己究竟工作控制你，抑或是你控制工作。然後，逼自己放下工作，去休息以及將一些事

務委託給別人做，任何職位絕非無你不可。試想當你生病或渡假時事情不是照樣進行？你應決定改善與人的接觸，尤其是你所愛的人，你有沒有好好聽他們所說的話？最後，讓自己享受人生的愉快，休閒活動，嘗試新的興趣，對有些人而言，這也許並不簡單，但試著做，一定會進步。

在工作狂及工作過勞的另一個極端是失業，對有些中年期的人這是一個須面臨的現實，有的人為了不容易找到配合自己興趣或理想的工作而失業，寧可留在一個不滿意的機構繼續做下去。有的人，雖然已實現其人生目標，但苦於沒有新挑戰去激勵自己。

總之，人到中年期，應開始在工作以外的領域，或是建立與原有工作不相同之範圍新興趣。

2.再評估 (Reappraisal)：所謂再評估即指對自己的職業以及生活其他層面做再評估。據心理學家西喜之意見，當這種再評估導致心理危機的程度，可視為中年危機 (Mid-life Crisis) (Sheehy, 1976)。利文生稱之為「中年過渡期」(Midlife Transition) (Levinson, 1978)。利氏對此概念之內涵包括：檢查事業所取的方向，思考年輕時的夢有多少是妄想，有多少尚可進行，以及考慮未來生活得更好或更壞的可能性。面臨中年期危機時，最忌懊悔沒有實現自己的理想，例如一位生物學老師一直在想：假如自己成為醫師該會怎麼樣？或是一位棒球隊員放棄了職業棒球去經營洗衣店，卻一直在想如果留下從事職業棒球是否會登峰造極？這些想法都是大可不必如此去設想的。

奧舒生所著《堅守抑放手》(*Holding on or Letting Go*) 一書中指出，工作、個人成長、愛與遊樂的相輔相成關係

往往是中年期「再評估」之主題。雖然使人覺得痛苦，但在成年初期被忽視的個人認同，親友之關係和休閒活動，可藉再思考而補救與提昇 (Osherson, 1980)。

㈥**成年後期** (Later Adulthood) ：對年齡較大之工作人員重視是前所未見的。其原因如下：

1.世界人口正向高齡化發展，在美國，超過55歲的公民比十幾歲的青少年還多。估計公元兩千年時，七位美國人中就會有一位65歲或更年長者，因此，二十五年之後，65歲以上的人口比例將爲一比五。此類人口成長率並僅出現於美國，例如至二〇二五年時，日本65歲以上的人口將是現在的兩倍；而預估中國大陸、韓國及馬來西亞65歲以上的人口將呈近三倍的成長 (Powell, 1994) 。

2.年齡結構中年老者數字以及一般人平均壽命均漸增高。

3.年老者身體較以前健康及能力強。

4.因出生率之下降，年輕之工作人員減少，所以將需要較年長的工作人員從事維持社會運作之必要工作。

5.美國政府立法規定，大多數職業不得因年齡因素強制退休。此舉意即大多數超過65歲者可依其意願繼續工作。 (Rosow and Zager, 1980)

其實在成年後期，很多人仍有很強之基本工作動機，如經濟收入、維持人際關係、勝任感，以及有事可做。此外，在此人生週期尚有三項較獨特之工作動機：1.繼續覺得自己有用；2.對下一代有貢獻；3.預期退休而做應有之策畫。茲分別闡明之：

1.**繼續覺得自己有用**：在人生各週期覺得自己有用的感覺是從工作中獲得之滿足，到成年後期，這種感受更爲重要。也

許是因爲已近退休之年，也許是自己或親友曾經失業過，也許是恐懼隨時被解僱。因此，年齡大的工作人員不太請假，對工作較滿意，也較少壓力感，甚至較年輕者少意外 (Rosow and Zager, 1980) 。

近日研究發現，65至74歲年齡層中，大多數人之智力功能仍正常，工作能力也未受損。一份對70到74歲醫生所做之研究顯示，超過半數受試者之認知能力和他們壯年時期相同 (Powell,1994) (U.S. Department of Health, Education and Welfare, 1978) 。

2.對下一代有貢獻：艾力生曾以Generativity一詞釋解對下一代之建立與輔導。在家庭中，是指養育兒女使成長。在工作機構，是指對年輕工作人員之督導。這種關係有時會令人痛苦，但也有愉快的層面，因爲畢竟是將自己人生及工作經驗嘉惠下一代。在大學研究所的教授，所指導學生完成的碩士、博士論文，總是珍藏在書櫃裏。他們非但因此與其指導學生發生關連，更覺對學術研究有承先啓後之欣慰。

有時對下一代之貢獻不一定以人爲對象。例如，一位退休的秘書由於她所設計能準時寄出帳單的方法將繼續被使用而欣慰；或是一位退休的教授將珍藏的書籍捐贈學校圖書館，而感覺有所留下作爲紀念。

但是，一定也有不少人因爲在此期自己的觀念或學識技能不被重視而難受，也一定有很多人感到被後起之秀所威脅，這種感受均會導致退縮及傷感。不過，在此期之男女，務須對自己之人生經驗與見識有了解及自信，因爲一定較年輕人成熟與沈著。

3.預期退休而做應有之策畫：在成年晚期的工作步調有些

人逐漸減速，有些人則突然改變。如果是前者之方式，則以減少加班、晚班、週末等工作，不縮短假期或換新工作等辦法，有些人直到自己體力不濟時，才減緩工作步調。以下是關於世界名心臟病醫師懷特的故事（Dr. Paul Dudley White），當他自己患病已無藥可救住在醫院的時候，聽到他的一位病人也住在該院，他即起床去探望他。當時他已年高八十七歲。

我們到成年晚期，雖然身體不覺得衰退，但也應該為退休預做準備。現代的醫學報導，認為從五十歲漸漸進入老年期，準備工作首先應考慮退休時所需之生活費或可能得到之收入。其次應了解自己的健康情形，以及醫藥保健費是否有醫療保險？最後，應考慮到退休定居之區域或住所，如果是易地而居，須建立在該地之人際關係。

不事前做退休的準備，可以克拉勒（Clara）的故事為例。當她被強迫退休時曾患嚴重之精神崩潰。克拉勒是某州立大學的一位資深教授，直到六十九歲她從不為退休做任何策畫。當她的同仁問起她這件事時，她說學校人事政策規定七十歲退休，但她尚未有任何打算，等到七十歲生日時，她繼續每天到辦公室，不理會院長連續寄給她遷出辦公室的公函與通知，不久，有一天她到辦公室時，發現她的房間已被清理，而院長站在門口請她交出門匙。至此，克拉勒忽告精神崩潰而須住院治療。很僥倖，她不久即復健，而且能回校接受兼任的教席。過後，她很懊悔自己不及早面對退休的來臨而做準備，使這一過渡期能順利適應。

越來越多退休者重返工作崗位（Hayward, Grady & McLaughlin, 1988）。如克拉勒一樣，大多數的退休者在退休後受聘較以前工作稍低之職位。最後對成年晚期者退休後之工

作問題，有不少研究提出多項為他們而設計之計畫，包括合適之工作環境，不同技術層次及領域之兼任職位，逐步減少工作時間，重新訓練機會。這些計畫可對願意繼續擔任較輕鬆工作者極有幫助，但這並非指每人退休後應繼續工作。對很多人，也許很喜歡不需做事的新生活方式，多花些時間與親友相處，以及從事有興趣之遊樂休閒活動，亦是其樂無窮。

本章摘要

一、工作之定義為涉及責任感，消耗精力，使事情有效果，以及導致有價值之結果的活動。

二、工作之種類可分為職責、行業、職業及事業。職責為一個人所履行之任務及責任；行業是將工作依據經濟或心理觀點所區分；職業是指有向心力，積極追求的目標的工作；事業係綜合一個人終生工作中所有職責、行業、職業之總稱，是縱貫連續的過程。

三、人生各週期的工作所滿足的人類需要包括：自我生存之維護、社會歸屬感、被賞識及勝任感或能力感。

四、心理學家凡爾倫之研究顯示工作與良好適應之關係，也有多項廣泛研究顯示很多人並不為經濟需要而工作。

五、有關人性與工作之兩個理論是X理論和Y理論。X理論假設人天生懶惰，嫌惡工作，如可能必逃避之；Y理論假設人天生為工作所吸引，他們有野心，有內在意願接受挑戰及尋求責任。

六、人生各週期有其獨特之工作重點。兒童及青少年期之重點為學習良好習慣，有照顧自己的能力，擔任雜務，努力完成課業及模仿成人工作。

七、青春期之工作重點為從工讀、學習中發現職業興趣，學習自我管理之技能及為升學或就業做準備。

八、青年期之工作呈現不穩定性。在此過渡期對職業或學業常無承諾性之現象。

九、成年初期之工作特質為成家立業，穩定職業取向，謀求出人頭地，因應夫妻兩人均就業之家庭生活。

十、成年中期之工作重點為獲得成就及再評估，兩者均會導致危機及內心矛盾，足以影響從工作、愛與遊樂所得之滿足。

十一、美國人口結構已增加高齡者之數字，同時他們仍然體健力強，對工作市場仍有貢獻，因此政府立法已將退休年齡改為七十歲。至於成年後之工作特質為：覺得自己有用，對下一代有貢獻，以及預期退休而做應有之策畫。

下章展望

在人生各週期中個人在工作上所消耗之時間大概較其他方面多，其次是在愛的領域，下章將介紹「愛」的新定義，並探討每周期有關愛之行為，尤其注意兩性從青春期後在愛方面的活動之差異，以及青少年及青年在愛情關係上之轉變，我們也將考慮成年期所面臨的一些問題。

重要術語

- Work
- Job
- Occupation
- Vocation
- Career
- Theory X
- Theory Y
- Habit
- Psychosocial Moratorium
- Mentor

- Workaholism
- Generativity
- Burn–out

相關性參考書目

1. **Study Skills**

   James, W. *Principles of Psychology.* (1890) Vols. I and II. New York: Dover, 1953, chapters 4 and 26.

   Higbee, K. *Your memory: How it works and how to improve it.* Englewood Cliffs, N. J.: Prentice-Hall, 1977.

   Armstrong, W. *Study tips: How to study effectively and get better grades.* Woodbury, N. Y.: Barrons, 1975.

   > James's ideas about willpower and habits lay the groundwork for learning effective study skills.

2. **Tradeoffs**

   Greiff, B., and Munter, P. *Tradeoffs: Executive, family, and organizational life.* New York: New American Library, 1981.

   Levinson, H. *Executive stress.* New York: New American Library, 1975.

   > Balancing work demands with responsibilities to family, community, and self.

3. **Burn–out**

   Veninga, R., and Spradley, J. *The work-stress con-*

nection: How to cope with job burn–out. Boston: Little, Brown, 1981.

Pines, A., and Aronson, E., with D. Kafry. *Burn–out: From tedium to personal growth.* New York: Free press, 1981.

Identifying signs of burnout and how to cope with it.

4. Unemployment

Bolles, R. *What color is your parachute?* Berkeley, Calif.: Ten Speed Press, 1982.

Useful, lively guide for job hunters and job-changers.

第七章　人生各週期之愛

綱要

五、人生各週期之愛

　　㈠兒童期

　　㈡青春前期

　　㈢青春期

　　㈣青年期

　　㈤成年初期

　　㈥成年中期

　　㈦成年晚期

思考問題

□　你如何知道是否已在戀愛中？

□　你能想出多少種形態之愛？

□　如果你想對一位同性之友人表示親熱，是否意味你有同性戀之傾向？

□　成功婚姻有何特質？

　　本著第一章曾經對「愛」下一簡短定義，這一章將此定義伸延至範圍較廣之愛的行為。它包括家人之間的親情、朋友之間的友情、崇高的愛、性慾，以及羅曼蒂克之情愛。幾乎在每一個人生週期，這五種愛都會令人愉快。兩性對愛的經驗有差異，此外，某些因素能危害從愛之中可以得到之滿意。本章除剖析此等因素外，亦將討論如何預期及減少其對生活之不良影響。

愛之意義？

　　愛是和一個人的特殊關係，它包含溫暖的感情與親近的慾望，可概分之為五類：親情、友情、崇高的愛、性愛及羅曼蒂克的愛。

　　愛是一個積極的過程，佛隆姆在其著作《愛之藝術》一書（*Art of Loving*）中強調愛是給予而非接受。三種錯誤觀念常阻撓個人去建立愛之藝術。它們分別是：㈠愛是被愛；㈡能不能愛是根據愛的對象所定；㈢愛是墜入愛河（Fromm, 1956）。其實，愛非被愛，而是能向人表達愛。愛一個人與否並非僅因為他的外表高大、英俊，或端莊、秀氣。它是一種內

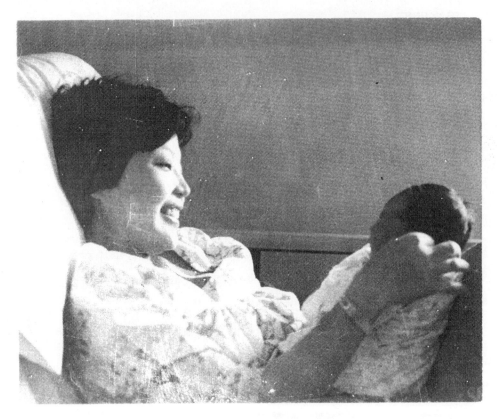

人生愛的經驗從被愛開始

心力量，使人能自由去表達。佛隆姆並提示要區辨興奮的戀愛和永恆的愛情。能愛人的人，雖在戀愛的興奮經驗早已停止後，仍繼續表達溫情和喜愛，並和對方相互關懷、照顧、尊敬及負責 (Fromm, 1947) 。

愛之種類

　　㈠親情：人類愛一個人的首次經驗是來自家庭，在一生之中，我們的生長家庭和日後自己建立的家庭是表達感情與關懷之主要中心。

　　嬰兒究竟什麼時候開始向父母回饋他們的親情？哈佛大學兒童科醫師勃瑞索頓對一個月大的嬰兒和父母相互反應提出了一些有趣的觀察。在此期，嬰兒已能辨別父母親做不同之反應。這差異之顯著性使醫師與同僚只需觀察電視錄影嬰兒足趾或手指，而身體其他部分雖遮住，仍可準確的描述該嬰兒是和父親或母親一起 (Braz elton, 1981) 。這種對父親或母親之早期反應可能就是我們和別人親熱互動之起點。

　　我們也許曾有另外一個經驗，就是和父母分別了一段時期後，重新又恢復原有的親子間之溫暖親熱互動韻律。在有些家庭裡，這種親情關係還存在於和祖父母、長輩及平輩親屬之間。到成人期，大部分愛導向自己建立的家庭和兒女。在美國，直到最近才發現照顧年老之雙親或親屬之需要。

　　㈡友情：你記得你的第一個朋友嗎？你們之間的關係有什麼特殊之處？當兩人或以上的人和藹可親相處，既非情人亦非親戚，這種關係就是友情。通常之表現方式是溫暖、諒解、同情、支援，互訴隱私，討論觀念、感受及夢想。此外，為對方之成功及成就喜悅。

很多人很羨慕懂得如何吸引朋友的人，當我們和這樣的人一起去參加一個活動營、宴會或俱樂部，雖然同樣沒有人認識我們，可是我們這位同伴在幾分鐘內已被人包圍，而我們卻快快不樂的坐在一邊，這些人究竟有什麼祕訣或特色能很自然的吸引人呢？答案是他們曾下過苦功，並非如表面上看來那麼不費力，他們必然牢記前述佛隆姆提到的原則，同時，他們注意如何增強自己吸引力。

古希臘哲人亞里斯多德對於個人之所以與某些人為友的原則可大略分為：愉快、益處，或品德三項（Thomson, 1953）。二千五百年後，亞氏之觀察似乎仍具有其真實性。譬如，一個人有見識、風趣，又是很好的伴侶，或具有其他使人愉快之特質，我們願意和他或她為友。如果我願傾聽你所言，願接受你的領導，和你經常玩紙牌，或開車接送你。我對你的益處也許會吸引你做我的朋友。以愉快或益處為友誼之基礎會產生問題，我們會對僅使我們愉快或有益處的人厭倦，因此，除非有其他因素支持，否則兩人的友情也許會拆散。亞里斯多德認為此因素是品德，兩人之間的吸引力是在於對方是可欽佩的，而非能獲得什麼愉快或益處。

狄肯斯指出友誼之建立除上述之三個原則外，更可能包括七個原因：1.鄰近者；2.年齡相仿者；3.同性別；4.外表引人；5.性格相似；6.態度接近；7.喜歡我們。以上七個原因是綜合兒童至老年者之意見（Dickens and Perlman, 1981）。

㈢崇高的愛：梅寧格申言：「世界最偉大之情人並非戀愛小說或風流豔史中之主角，如唐璜（Don Juans）或卡薩奴閣（Casanovas），而是世人所瞻仰能獻身服務或感召人類之偉大性格，如史懷哲（Schweitzers）、甘地（Gandhis）、海倫‧

凱勒 (Helen Kellers) 及聖芳濟等聖賢 (Francis of Assisi)。」 (Menninger, 1967, p.365) 他們所表現之愛是利他或完美的愛 (Idealistic Love)。崇高或理想的愛是對抽象概念的一種熱衷感情，如崇拜上帝，愛萬物，救衆生，愛自然等。這種愛有兩個主要特質：利他主義及熱情 (Altruism and Passion)。

　　利他主義係指放棄自己的慾望，而代之以他人之需要或崇高職業之需求。此忘我之行爲是源自古哲聖賢之金科玉律：「欲人施於己者，己必施諸人。」此外，亦基於一個救世的信念，認爲人類如果以此爲懷，世界必能改進。一些在痲瘋島上服務的醫生，或是在野蠻種族中的傳道教士都是代表極端的利他主義，比較和緩的可以爲受虐待者、酗酒或無依兒童等設立庇護所的人爲例。此外，更有很多行爲是表達利他的愛。例如，提供迷路的盲人正確的方向，晚上在路旁停車爲一對年老的夫妻換輪胎，爲慈善事業樂捐等。凡爾倫之研究發現，適應良好者較適應不良者樂於爲善。崇高的利他愛常涵蓋羅曼蒂克愛的強烈感情，對很多人，它能使人生有意義及目標 (Vaillant, 1977)。

　　㈣**性愛**：俗稱性慾，爲一種生理需求，刺激身體達到性高潮 (Orgsm)：如果與另一個人同達此境界，可獲得滿足和快樂。性慾是由荷爾蒙及外在刺激所引起 (Sullivan, 1953)。在青春發動期，有些荷爾蒙首次分泌；或較前增多，性慾因而加強 (Tanner, 1971)。荷爾蒙之增加會導致身體上變化，對少女的卵巢所分泌之雌性激素 (Estrogen)，使其第二性特徵出現，如乳房發育、陰毛生長、臀部加寬，及月經來潮。睾丸所大量分泌之雄性激素 (Androgen)，則引發男性第二性特徵

圖一二　接吻

註：「接吻」之雕像爲雕塑家勃蘭可西 (Constantine
Brancusi) 之作品，您認爲他畫的是那一類型的愛？羅
曼蒂克的愛？友情、親情、性愛？抑綜合所有的愛？

之出現，如陰莖及陰囊加速成長，陰毛、鬍子生長，以及聲音變沈等。

性慾不僅是化學作用，它必須由外在媒介去刺激，所謂外在媒介因人而異。對這個人可能是雜誌裏的一張照片，或是一則故事、一首歌、一部電影；對另外一個人可能是秋波傳遞、手指接觸、熟悉的香味，或思潮之意念。易言之，每人有不同顯著之事物可引起性興奮，以及發洩之慾望。發洩性慾之性行為是生物而非愛的行為，尤其是發生在不相識的人之間。因為它應該涵蓋羅曼蒂克（Romantic Love）之成分，才能使其他美好的愛得以滋長。

㈤**羅曼蒂克的愛**：羅曼蒂克的愛融合性慾與親密。盧賓描述：「此親密關係使兩人連結，透過語言及非語言之管道獲致密切和互信之溝通。性慾是個人的感受，而親密（Intimacy）是兩個相愛的人之關係（Rubin, Z., 1973, p. 214）。」

不過，親密關係並不摒除兩個相愛者所存在之獨立人格，正如佛隆姆所言：「相戀關係之矛盾在於兩人雖成為一，但仍然為兩個獨立個體。此說法可以數學概念闡明：一乘一等於一（1×1=1），在此關係下，每個「一」是個整體，但兩人之關係卻擴大此整體。」（Fromm, 1956, p. 17）

我們需要區辨心理上之親密和性之親密。前者指兩人關係深切，比任何人更了解對方之需要、信念、慾望和挫折，以及樂於分享美夢及兩人親身經歷之經驗，但並無性之接觸。這種關係是我們都願意永遠掌握、享有及不斷增加的。

本章對愛的定義是強調：人類終生各週期之親密行為大多是不屬於性行為。如果我們想知道是否從愛的生活層面享有足夠愉快，應從各方面觀察，如我們對家人之感情，和友人之接

觸，婚姻之羅曼蒂克關係，以及對抽象理想之熱忱度。這些才是愛的表現之眞正指標。

愛所滿足之需要

在人生各週期，愛的行爲可滿足三大需要：繁衍種族、社會認同及勝任感。在每一週期所得之滿足可能是一方面，或一種以上。

㈠**繁衍種族**：兩人相親相愛是人類完成傳宗接代，緜延生命以及形成社會之基礎。惟有家庭中成員之間有親愛關係，人類才能長久生存。尤其是人類嬰兒異於其他哺乳動物，需要多年撫養才能獨立生存。據科學家之研究，發現這種保存人類種族之養育幼兒行爲，至少有三百五十萬年歷史，而社會之得以形成，則仰賴家庭與家庭間之感情結合。

㈡**社會認同**：你曾否到過一個新的住宅區、鄉鎮、學校或活動營發現完全沒有朋友在那裏？你有什麼感受呢？你也許覺得與人隔絕、寂寞、不被賞識、自尊心減少。各種愛的行爲均可使人與社會結合，減少上述之痛苦感受。馬思盧曾指出，當我們對食物、住所、身體安全等基本需要已得到適當滿足，我們才會尋求往上一個層次的需要，即愛與歸屬感。（請參閱第一章圖二）

愛使人與社會結合。從所愛的人我們可知道在社會所扮演的脚色及功能。例如，我是一個中年人，我的社會功能是愛我的雙親、配偶及兒女，如果我沒有這些愛的對象，我將覺得我的社會歸屬感大受影響。

㈢**勝任感**：懂得如何愛人是勝任感來源之一。對有些人，自信心是基於能固定及熱烈的去愛一個人，這些人接受佛隆姆

對愛的藝術所定之守則 (Fromm, 1956)，他們認為非常值得以紀律、忍耐、集中注意力及最高之標準去掌握愛之藝術。對他們，一個充滿兒女的家，擠滿朋友的俱樂部和教會，以及有幾位知友的宴會，都可以使他們發揮所專長的愛。當兒女、朋友及愛人離去，他們懊喪之最大原因是因為他們沒有可表達關懷之對象。

愛與適應

常言道，「每位成功的男人身後都必有位賢淑的妻子」，又「心病必須心藥醫」等言，可見愛的關係直接影響我們的適應，很多項研究以及臨床觀察均支持上述意見。

第一章曾引述凡爾倫之研究發現 (Vaillant, 1977)，愛之能力與個人之適應層次相關。他發現適應最佳者有二十餘年之結婚經驗，生活幸福愉快，有很好的朋友和社交關係，而且兒女較少有心理或社會上之問題，表二一描述個性較親切溫暖與較不親切溫暖者之適應情形。

梅寧格從精神醫師觀點則認為愛對心理疾病之復健非常重要 (Menninger, 1967)，他強調「愛」是正常生活之基石，因為它是個人工作及遊樂之動力。

人生各週期之愛

以下所討論之人生各週期的愛是屬於一般性的特質，但也涉及能提供其滿足之因素，以及如何減少其不良影響。茲分別敍述於後：

㈠兒童期：根據基亞巴有關兒童期的友誼及愛的文獻或研究中，較嬰兒期及青春期之有關著作顯得非常少 (Giapa,

表二一　較親切與較不親切者之適應

	較親切溫暖	較不親切溫暖
和出生家庭疏遠	15%	39%
和兒女疏遠	13%	50%
過度使用藥物或酗酒	11%	39%
成人期被母親支配	0%	54%
到五十二歲後經常有疾病	4%	46%
曾被診斷罹患精神病	11%	54%
不成熟之自衛形態	11%	85%

錄自：*Adaptation from life.* be George E. Vaillant, 1977. Little Brown and Company.

1981)，其實，此期之愛的關係至少有三個特質：1.被愛；2.開始與同齡伴為友；3.與父母之密切關係。養育兒女極需了解此三特質之重要性。

　　1.*被愛*：在人類發展過程中，被父母愛是非常重要，也是必要的經驗。艾力生、佛隆姆等學人申言被父母愛是自愛之根源，也是日後能與別人建立感情關係之根源 (Erikson, 1976; Fromm, 1956) 。佛洛伊德 (Freud, 1924) 及艾力生 (Erikson, 1950) ，雖曾強調母親自己哺乳更能表達對嬰兒之愛。但可靠的研究資料卻指出，母親哺乳對嬰兒之適應及日後能愛及愛人之能力並非重要因素，更重要的是母子關係是否溫暖。西亞斯等人所合作有關養育兒童形態之影響的廣泛研究，也證實

表二二　兒童結交朋友之理由：五個發展期

發　　展　　期	年　　　　　齡	理　　　　　　　　由
0	3～7	短期的玩伴
1	4～9	單方面之協助
2	6～12	即興之合作
3	9～15	親切之相互了解
4	12以上	自願之互相倚賴

錄自：Selman, R. and Jaquette, D., Stability and Oscillation in interpersonal awareness: A clinical development analysis. In E. Keasey, ed., *Nebraska symposium on Motivation.* 1977

母親對嬰兒之感受愈溫暖，愈能增強其日後適應，至於是否自己哺乳則不受影響 (Sears, Maccoby, and Levin, 1957) 。

　　豐碩之臨床診斷資料亦支持成人之心理困擾與兒童期缺乏愛之滋潤有關，而且每個人生週期之愛與被愛經驗，均可蘊涵治癒前一個人生週期適應失調之潛力，當愛之缺乏一直伸延到青春期，則自愛與信任心之建立會極困難。

　　2.與同齡伴為友：在兒童期，人際關係漸從家庭之父母伸延至其他兒童。在兩歲時，友誼僅限於所謂平行式之遊戲，即兩人，或兩人以上在一起各自玩心愛的東西，到後來才懂得如何為滿足彼此之興趣玩合作式之遊戲。

　　賽爾門和其同僚 (Selman and Jaquette, 1977) ，根據兒童所給的理由，將兒童結交朋友之過程分為五個漸進的階段，請參閱表二二。

賽爾門更指出兒童之友誼關係是否能健全發展，尚需要學會能與其他兒童合作和協調，即使興趣不相同，彼此有競爭性、攻擊性，也要懂得怎麼使彼此快樂，如何禮讓別人等。

　　3.與父母之密切關係：雖說兒童很需要被愛，他們也自然的去愛父母，而且到了兒童後期，更與其他成人接近。譬如，會很愛老師。此期兒童特別與父母認同，模仿他們的態度、舉止、服飾及活動。也因此，父母亦常認為孩子這段時日是他們回憶中的黃金歲月。由於兒童的生活範圍已超越家庭，因此也發現和其他人的家庭價值觀與生活有不同之處，他們開始覺得矛盾，而父母也發現兒女不能如以前一樣受他們的絕對影響及管教。

　　㈡青春前期：你在八歲至十二歲期間曾否有一個最好的朋友？你是否記得當時的情境是怎樣的呢？在青春期有兩項顯露愛的表現：第一是結交一位摯友，其次是願意接受成人的指導。

　　1.結交一位摯友：到兒童期結束的時候，他們會從「即興及合作遊戲」之交友方式進入較密切之關係，亦即賽爾門在表二二所描述之第三發展階段之友誼，此期之摯友一般來說是同性別。

　　有好朋友的青少年能為了要使朋友快樂而關懷和協助他們。當他們在一起的時候是最快樂的，沒有人可以替代對方的，他們常參加同一活動，彼此不致感覺寂寞或孤獨，這種關係可為日後表達正常愛情的能力奠定基礎。

　　假如你已經十歲了，但並沒有一個最要好的朋友，而你又迫切需要時，那該怎麼辦呢？據基亞巴之意見，有四種品質可協助你吸引別人做你的好朋友。他將這四種品質稱為：傳統品

德（Conventional Morality）、互惠行動（Mutual Activities）、同理心瞭解（Empathic Under standing），以及忠誠專一（Loyalty and Commitment）。所謂「傳統品德」是指做人處事公平講理，不給成人找麻煩。「互惠行動」是指願意爲別人服務，並參加相同之遊戲及活動。「同理心瞭解」指了解對方的感受和需要，而且使對方信任，願意分享隱私祕密。「忠誠專一」則指能和朋友意見一致，而且對他忠心耿耿。

2.願意接受成人的教導：在青春前期，青少年的愛及愛人經驗中，爲什麼除了要懂得如何結交一位摯友外，還要願意接受成人的教導呢？因爲，當青少年太過於反抗及刺激成人，使他們憤怒灰心，會導致他們的報復行爲，如嚴厲懲罰、不愛他們，甚至對他們置之不理或禁止他們和朋友一起玩。這對青少年的成長很不好，因爲，畢竟他們尚缺乏人生經驗與健全成熟之價值觀，在此期，極需要長者的愛護與教導。

㈢青春期：此期之愛的經驗主要包括：成羣結黨、利他行爲、疏導性慾之需求及初戀。

1.成羣結黨：能成爲團隊之成員，對青春期的青少年是非常重要的。他們爲合作、互相支援、避免寂寞、交換知識、肯定自我而成羣結黨。他們會覺得一些朋友和父母同樣重要，他們彼此能溝通和互助，也學到很多正確和不正確的知識。爲了彼此認同，在服飾、語言、舉止上都互相模仿，甚至於連求學態度及課業要求亦受團體的影響，不敢獨自行動（Coleman, 1961），因此，加入品德優良的團體是非常重要的。萊斯（Royce and Aukowitz, 1978）建議一個結交朋友的方 法。（請見表二三）

當然，萊斯所定之程序是可以彈性使用的，重點在於擬定

表二三　結交朋友：有系統的擬定及偵察目標

每週目標	總目標（結交兩個朋友）
第　一　週	1.買一本如何交友之書籍。 2.對著鏡子練習和別人說話，將幻想之對話錄下，並聽取所錄之內容。
第　二　週	1.參加動態社團活動，如土風舞。 2.參加座談會，留下與少數人聊天。
第　三　週	1.繼續參加上週之團體活動，另外再參加一項新活動。 2.試著和三個不同的人交談，說出自己的感受和所想的。 3.打兩通電話給不同人，問他一些想知道的事情或資料。
第　四　週	1.每隔一天邀請一個人同做一件忽然想做的事，如去看一場比賽、電影、喝咖啡、散步等。 2.試著以和悅的態度面對人，並使自己能為別人效勞或對他的事情表示關懷。
第　五　週	1.請幾位在社團活動認識的人到宿舍或家裏玩或小吃。 2.辦一次小派對。

錄自：Royce, W. and Arkowitz, H. "Multi-Modal evaluation of practice interaction as treatment for social isolation." *Fournal of Consulting and Clinical Psychology*, 1978, 46, 239～245.

及偵察目標之重要，使結交朋友能順利。

　　2.利他行為：青春期之青年充滿忘我利他之理想主義行為，如沈迷於宗教聚會，或犧牲享受及享受犧牲之服務工作。世界文豪狄更斯 (Dickens, 1859) 所作之名著《雙城記》(*Tale of Two Cities*)，敍述書中主角卡特 (Sidney Carton）爲其鍾愛之女友而替戴妮（Charles Darnay）上斷頭臺，該故事實爲青春期青年之利他行爲之最佳例證。

3.發洩及疏導性慾之需求：在青春期性之需求顯著，自慰及同性戀有時成爲疏導之途徑。精神與焦慮學家韓妮（Karen Horney, 1935）發現青春期之少女對性需求有時會引起罪惡感，而且導引四種可能之人格變化：

(1)厭惡性慾之激動，而將精力專注於宗敎、倫理哲學、藝術或科學活動。

(2)被異性強烈的吸引，學業興趣及成績迅速退步。

(3)變得疏遠淡漠，一切不感興趣。

(4)迴避異性，與同性發生強烈關係。

韓妮之觀察亦能應用於男性，但由於發展之速度、順序、步調並不一致，性慾之需求亦有不同，所以必須了解早熟者易感到罪惡與不安，而緩慢者則生嫉妒心。

4.初戀：很多青少年經歷到初戀的滋味，在情感與身體上逐漸接近，一分開即不知所措，其衝擊之大爲日後之戀愛所不能及。很多青少年不了解，究竟自己是否已墜入愛河。心理學家魯賓擬定一項簡單問卷，可以協肋青少年辨別「喜歡」與「愛」之感受，請參閱表二四。

美國心理學家肯寧海恩與同僚則進一步分析從「喜歡」到「愛」過程中之四個轉捩點（Cunningham and Antill, 1981），請參閱表二五。

據艾力生之觀察，初戀之經驗能使年輕的情侶從對方了解自己（Erikson, 1950）。初戀之滋味是非常甜蜜的，情侶可共同分享很多美好的時光，不論是欣賞湖上之晚霞，陶醉於初夏之晨曦，或是細細品嚐一個蛋捲冰淇淋，都覺得無比的甜美。

喜　　　　　歡	愛
1. 我極樂意推薦_____應徵此項需要有責任感之職位。	1. 我對_____什麼都能放心說。
2. 我對_____的判斷之正確性有極大信心。	2. 爲了_____我什麼都願意做。
3. _____是我最喜歡的人中之一。	3. 如果我以後永遠不能和_____在一起，我會很痛苦。

錄自：Z. Rubin, Measurement of Romantic Love, *Journal of Personality and Social Psychology* 16(1970), PP.265～273.

表二五　從「喜歡」到「愛」之四個轉捩點

	喜　　　　　歡	愛
1. 對公平之看法	一直計較誰占便宜或吃虧以求公平	比較不計較誰施或受
2. 對平等之看法	地位與能力之差異看得很清楚	彼此尊重及互相倚賴
3. 對個人認同之看法	覺得兩人認同爲分開，即對自己成敗反應強於對方之成敗	有苦樂與共之感受
4. 對忘我之看法	爲對方效勞，但期望回報	爲對方效勞覺得愉快

錄自：Cunningham, J. and Antill, J.Love in Developing Relationships. London: Academic Press Inc. Ltd., 1981, 31～33.

表二六　如何區別愛與沈溺的愛（Love and Addiction）

1. 相戀者對自己的價值是否有很穩固之信心？
2. 相戀者是否因其親密關係而改變？自己如從外表看來是否比以前好、堅強、更可愛、多一點成就，或對人對事較敏感明理？
3. 相戀者除兩人之親密關係外，是否仍維持其他有意義之個人關係？
4. 相戀者之關係是否與其現實生活統整，抑或影響兩者原有生活之完整性？
5. 相戀者是否能克服占有對方之意念而不妒忌對方之成長或阻撓其興趣？
6. 相戀者是否也是以朋友相對？他們即使有一天分散，依然是朋友？

錄自：Peele, S. and Brodsky, A. *Love and Addiction.* New York: New American Library, 1975, PP.83～84.

因此，一旦拆散，甚至於暫時的分開，也會覺得難以忍受。

　　初戀有一個可能的危險，就是雙方的關係成為癮癖性，亦即沈迷於愛，兩人將正常生活放棄，儘量黏在一起才活得下去，正如有些人對藥物上癮一樣，需要倚賴它才能生活。皮爾在「愛與沈溺性之愛」（*Love and addiction*）一書曾提出六個指標去分辨健全之愛與沈溺性之愛，（請參閱表二六）。如果你的答案多半是「否」，你的愛情關係屬於沈溺性的愛。

　　第二種情形是頻繁之性交活動需要付出代價，原因是經由性交傳染的疾病（STDs）及未成年懷孕之情形與日俱增。在過去十年中幾乎從各種形式傳染之性病病例都有增加，包括淋病（gonorrhea），chlamydia，及後天性免疫系統缺乏症候群

(HIV，即愛滋病)　(Boyer & Hein, 1991)。另一方面未成年母親也有增加的趨勢，一九八八年時每1000名13至19歲女性中，就有109名懷孕生子 (Schmittorth, 1994, p. 479)。

　　㈣**青年期**：此期愛與被愛的活動主要包括遠離父母之愛，擴展交友圈，以及建立專一之愛情關係。

　　1.**遠離父母**：能擺脫父母以及其他長者之關愛，才可能進一步發展青年人應有之感情生活。遠離也包括地理上之距離，例如，青年到外地上大學、謀職或遠渡重洋去增廣見聞。父母每每為此而不捨，但為子女前途不得不忍痛讓他們離開。

　　2.**擴展交友圈**：青年期之朋友異於青春期。後者之朋友僅求興趣相同者，在青年期則範圍擴大，且著重對方之為人處事。有時因自己之態度與價值觀已有改變，甚至於由於個人之成就，昔日之友人不能適應或接受，引起疏遠現象。所以一方面雖擴大交友範圍，一方面亦失去昔日老友。

　　3.**建立專一愛情**：青年末期之重要發展為建立專一之愛情。亦即由戀愛而進展至彼此感情專一及準備締結良緣，共同建立幸福家庭。美國在六十及七十年代之時期，很多青年男女所以贊成性解放、試婚及同居等關係，認為最大之優點在於避免法律上之約束與糾紛，以及「人人為之，有何關係」。事實上，常導致爭執及雙方之不愉快，尤其是女方之不安全感與父母之震驚或不同意。但八十年代之美國正掀起反婚前性關係之浪潮，大多數人又回復擁護健全與正常之婚姻生活。同時，也有不少青年決定延遲結婚，抱獨身主義，以維護較多之個人自由及自我實現之機會。但是，懷德勒等人則強調專一之愛情更能使個人成長，勇於接受挑戰，發揮關懷容忍，更使兩人之愛情深而有節制 (Swidler, 1980)。

在專一愛情逐漸發展過程中，當事人更能彼此尊重對方之獨立人格，即使需要暫時分開，雙方仍感到絕對安全、信任與滿足。在美國，目前「另一半」（significant other）這個名詞是表示已許諾終身但並未結婚的伴侶。

㈤**成年初期**：此期主要經驗包括分享美夢、成婚，及撫養兒女。

1.**分享美夢**：專一感情之戀愛最大愉快在於兩人對將來共同生活之策畫。例如對完成學業、就業之協調，以及生兒育女之計畫。缺乏這種一致之協調，或單方面之改變意見會損害兩人之感情。有些人對暫時之犧牲能樂於忍受，而且雙方之工作方面、態度以及價值觀均爲共同協議之計畫予以統整。

2.**成婚**：目前美國之離婚率雖高，以及選擇同居者眾多，但根據貝恩之研究，仍有百分之九十六之人口終於成婚，可謂打破有史以來之最高紀錄（Bane, 1975）。

由戀愛而結婚是一般之歷程，年輕夫妻均認爲彼此諒解、甘苦與共、互相支援和慰藉是最可貴之處。結婚之後，戀愛時之強烈感情雖然會稍微減低，但親密之程度、相互依賴及共同支持之意願卻增強，而且會更相愛相敬。不過，有些在婚前未發現之問題，卻在婚後出現，例如雙方不能協調需要，兩人能力及機會之差異，精力、時間及金錢不夠用。據肯寧海恩和同僚之研究，可能威脅婚姻之穩定。其實，任何婚姻不可能建立於夫妻各方面都平均分配，如金錢、繼續教育及訓練之費用，家務、照顧兒女、處理家庭緊急事件等。因此，在婚前應先協商兩人婚後所分擔之職責及資源錢財之分配。當然，有很多夫妻很自然就解決這些問題，而且深信對方會合情合理。然而，爲避免日後不可預期之衝突，事前對這些問題之協議，不論是

正式，在今日強調女權，亦即男女平等之社會，似已屬必要考慮。

3.**愛之形式的不同選擇**：根據最近的人口調查資料（Rawlings, 1994），美國家庭中，已婚夫婦與子女同住者只佔26%，其餘的家庭為無子女或子女不同住（30%）以及單親家庭（15%）。

這些不同的居住型態影響子女的生長環境。1993年，美國有21%的兒童，其父母為離婚、分居或未婚，1970年此類兒童的比例為15%（Taeuber, 1991, p. 275）。

4.**照顧兒女**：此期生兒育女是一般夫妻之經驗。艾力生懷疑現行之避孕法雖使青年人仍獲得性滿足，卻捨棄傳宗接代之動機，是否會引起內心矛盾與內疚（Erikson and Erikson, 1981）？事實上，「母子連心」的親密關係不僅是母親養育兒女之愉快成果，願意分擔照顧兒女之責任，且與他們溝通的父親也同樣可以建立這種關係。很多三十幾歲的父親多半較年輕者更喜歡孩子（Osherson, 1982），而現代小家庭夫妻協議分擔家務之趨勢，也增加父親和孩子接觸的機會（Troll, 1975）。

子女的確是快樂家庭的一個泉源，但有時也會引起衝突與不和諧。當丈夫為謀求事業之發展而漸漸將精力放在工作時，妻子就感覺到單獨照顧兒女之壓力，尤其自己也希望能有或維持一份可以自傲之職業。在這種情形下，丈夫應了解妻子的心態，而協助她維持自己的信心。

密雪根大學幾位研究同僚曾為以下一個問題做調查：夫妻均就業或單身父母親的家庭長大的子女是否比傳統的男主外女主內之家庭適應較差？比較項目包括身體健康、焦慮，以及其

他系列之心理癥候。結果顯示整體之差異甚少，母親就業並沒有導致兒女嚴重之適應問題。但是，取樣青少年卻表示不願意母親就業，而且常使母親生罪惡感或內疚 (Douvan and Inglehart, 1979)。

懷恩嘉屯等人之研究則顯示兒童期父母離婚並無證據顯示導致其子女日後適應問題，當然在兒童期家庭破碎對兒童與青少年是一項生活之危機，使他們蒙受嚴重之痛苦，但是到成人期此一創傷漸成為過去之不幸 (Weingarten and Kulka, 1979)。

從一九五〇年以來，美國就形成一股晚婚的風潮，表二七顯示從一九五〇年至一九九〇年這四十年當中，初次結婚的平均年齡，男性由22.8歲上升至26.1歲，女性由20.3歲上升至23.9歲，而最新的資料顯示這股趨勢仍在持續中。

我們可以從表二八看到，20至24歲中選擇繼續保持單身者之比例，從一九七〇年的三分之一強，增加至一九九三年的三分之二。男性中未婚的比例從55%上升至87%，但比例增加最多者為30至34歲，從未結婚的年輕族群，此族群選擇單身的人數，不論是男性或女性都有超過三倍的成長。

㈥成年中期：約為三十七至六十歲之時期，此期之特徵包括發展滿意婚姻形態，因應婚姻壓力，同時照顧上下兩代及維繫友情。

1.發展滿意及可行之婚姻形態：這是成年中期男女之任務。柯勃和其同僚曾經訪問二百位和同一配偶結婚十年之男女，他們生活環境優裕，也從沒有真正考慮到要分開。根據約談之結果，將其中最顯著之特質綜合為五種穩定的婚姻形態：吵鬧型、褪色型、和諧型、活力型及兩位一體型 (Cuber and

表二七　　男性與女性初次結婚之平均年齡

Year	Men	Women
1950	22.8	20.3
1960	22.8	20.3
1970	23.6	20.8
1980	24.6	22.1
1990	26.1	23.9

錄自：Saluter, A. (1994). Marital Status and Living Arrange-
　　　ments: March 1993. U.S. Bureau of Census, Cueeent
　　　Population Reports. Washington, D.C. Government
　　　Printing Office. p.vii.

表二八　　1970及1980年從未結婚之男女百分點比較表

	從未結婚之女性		從未結婚之男性	
年齡	1970	1993	1970	1993
20-24	36	67	55	87
25-29	11	33	19	48
30-34	6	19	9	30

錄自：Saluter, A. (1994). Marital Status and Living Arrange-
　　　ments: March 1993. U.S. Bureau of Census, Current
　　　Population Reports. Washington, D.C. Government
　　　Printing Office. p.vii.

Haroff, 1965) 。

(1)吵鬧型：夫妻之間常爭執吵鬧，有時候雙方能平心靜氣，但有時則不能控制情緒，朋友子女對他們之相互攻擊性已感到習慣，每次發生時，置之一笑而言：「又來了！」

(2)褪色型：夫妻兩人常懷念新婚初期令人興奮與玫瑰色之時光，當時，兩人迷戀，常廝守在一起，性生活美滿，彼此意見投合。現在很少時間在一起，興趣、活動、意念、感受都不分享。性生活乏味，較前遜色得很多。不過，夫妻兩人仍保持成雙成對之關係，負責照顧兒女，也保持相同之社交關係。

(3)和諧型：夫妻關係從戀愛開始就是很溫和、舒適，及平靜。他們分享相同之興趣，如果有意見，也能和平解決。這種關係，可使夫妻雙方有自由培養個人興趣，甚至於可獲得很多的成就。

(4)活力型：兩人關係溫馨，充滿興奮之生活剪影，例如，一起度假、打網球、相伴進餐、同看兒女在學校表演節目，甚至於在早餐桌上同飲第一杯咖啡。他們雖然在重要的問題上多半彼此意見相同，但他們保持自己之形像和價值觀。有時對重要的問題，他們的意見也會有不同的時候，如是否該接受須遷居外地的職位，但他們能直接面對異議，以理性解決。

(5)兩位一體型：在此形態下，夫妻兩人無論在什麼事都覺得是一體，每人視對方為自己之伸延，沒有自己單獨的存在，他們願意犧牲自己的興趣而儘量在一起，他們也沒有什麼衝突。

柯勃認為上述五種婚姻形態大致上都能維持穩定及提供夫妻間之滿意感。不過，除了兩位一體型，其他四種形態有時會因敵視、失望、不忠而有分居或離婚情形。

2.因應婚姻壓力：婚姻到成年中期會面臨相當壓力，它是來自三種原因：(1)丈夫完全投入事業；(2)男女在工作與愛情上平衡點轉向；(3)性生活障礙。

(1)丈夫完全投入事業：例如前述之建築師華爾德 (Walter)，投注全副精力謀求被邀請加入為其受聘之公司的高級合夥股東 (Senior Partner)。他在三十二歲時曾對太太和小孩說：「在今後十年中，你們要忍耐一些，也許你們會不常看見我，因為我要將全副精神及時間投入我的工作。」但是，等到他達目標後，也許他已失去家人的愛。因為，愛一旦枯萎後，很難再回生。

另外一種情形是發生在太太身上，在成年中期的歲月，他們為維護家庭生活之穩定，將生活儘量配合丈夫和兒女之需要，但回頭發現自己放棄了發展能力的機會，對丈夫的不滿意或怨恨可造成中年期的一個嚴重問題 (Bernard, 1973)。

(2)夫妻之工作和愛情生活重點背道而馳：這是婚姻失調之另外一個來源。有些丈夫到了中年期，忽然從完全投入工作之生活方式改變方向，亦即對以前放棄之感情生活極感興趣，他們會對體貼、溫柔、親密的關係感到舒適。而妻子恰好相反，原來為了一心一意照顧兒女而壓抑其成就慾，到此時，忽然轉向發展自己之工作。

(3)性生活障礙：此為導致成年中期的另一個壓力來源。其一可能是丈夫對性機能之焦慮或性慾之減退，在妻子方面，可能是性高潮之困難問題。美國名婚姻諮商家馬斯特士等人認為在美國半數以上之婚姻有這些性障礙問題，而多數夫妻在接受治療後可獲克服 (Masters, Johnson and Kolodny, 1982)。凡爾倫認為成年中期之性生活很少是很理想的，只須夫妻之間

維持溫暖親切之感情，婚姻之完整並不會受影響（Vaillant, 1977）。夫妻關係中最重要的是需保持密切、相互諒解與信賴之溝通，使彼此明白什麼使雙方愉快或不愉快。

　　從一九六〇年迄今，美國之分居與離婚率迅速上升，根據美國公共衛生服務部報導，在西元一九八〇年共有二百四十一萬三千件婚姻案，而離婚案幾乎占半數，共有一百一十八萬二千件（U.S.Public Health Service, 一九八一）。在一九八〇至一九九〇年這十年當中，美國大約每年有兩百四十萬對愛侶結婚，而在同時期內，每年大約有一百二十萬件離婚案發生，大約是結婚數的一半。難道這意味著美國初次結婚者的50%都將以離婚結束嗎？答案是否定的，因爲大多數離婚者再婚時，還是選擇原先的配偶。一九八四年，有一億零五百二十二萬六千位已婚的美國人與其配偶同住，同年離婚者有一千三百九十六萬八千人（U. S. Bureau of the Census, 1989, p. 304）。換句話說，約每100人結婚時，就有14人離婚。那麼婚姻案中離婚率怎麼會高達總數的50%呢？其原因是許多離婚者又再婚了。社會學家懷斯（Weiss, 1975）將離婚原因分析爲三：

　　(1)法律約束之下降及某些宗教規則之放寬。

　　(2)婦女獨立機會之增加。

　　(3)自我實現之理想，使人不願接受痛苦之婚姻關係。

　　離婚後之男女，常爲寂寞所困擾，而且感覺空虛、無信心、自卑及焦慮。所幸，有很多人在困難中遇到合適的人而再婚。由於他們願意接受第一次婚姻失敗之教訓，所以結果都比較快活和成功。一九八八年，離婚後再婚者的人數大約爲所有婚姻案的三分之一，不幸地，這些人再次離婚的可能性也較高。因爲許多再次離婚者的離婚次數被重覆計算，所以離婚者的比例

和已婚人口相較之下仍然佔少數。再婚者多半與有兒女之對象結合，美國今日有七百二十五萬一千位靑少年與繼父或繼母同住（U.S. Bureau of the Census, 1995, p. 64）。易言之，每六個美國孩子，有一個是繼子或繼女。在這種新的家庭結構長大之兒童，日後在適應上有否受影響，目前之研究資料並沒有任何證據支持可能之影響，不過，部分資料卻指出繼父較繼母與繼兒女相處得好。

很多夫妻並不願意輕易結束他們的婚姻關係。他們去借閱有關書籍參與研討會、座談會及接受諮商輔導來補救他們的婚姻危機。也許我們應問：「如何才可以知道自己的婚姻是否相當的健全呢？」名心理輔導專家羅傑斯認爲一個穩固之愛情關係應具備以下五個指標（Rogers, 1980）：

(1)對彼此之需要敏感：一個親密的關係是否能持續仰賴雙方，是否很了解彼此之感受及經驗，此需時間、精力以及眞正的關懷及耐心去培養及維繫。

(2)坦白表達：彼此之感受，尤其是心裏不滿之處要讓對方知道，如此，一方面不致加深感情之惡化；另一方面，雙方也可以有機會決定願意改變與否？

(3)眞誠相對：加強情侶關係之因素莫過於眞誠相對。不論是喜怒哀樂、心理損害、恐懼以及渴望都能坦白地向對方訴說。

(4)尊重對方之自主權：雖說婚姻關係之特徵在於夫妻以坦誠相對，但並非指不尊重對方在信念及原則之權利。

(5)順應婚姻之韻律：婚姻是有韻律式之變化。它包含感情之開放與分享，也包含融合統整之時期，它涵蓋敵對或衝突所引起之焦慮及改變，它也涵蓋一個穩定無變之寧靜時期，這一切變化都應該去順應。

3.照顧上下兩代：成年中期的確是處於兩個時期之間，即有責任同時照顧兒女與雙親，這種雙重責任可能增加時間與精力上的負擔。很多美國中年人對於這種雙重責任感到矛盾，不過，美國大部分之年老者多半住在與子女不遠之處所。此外，長途電話溝通消息也很方便，同時社會福利機構、鄰居、朋友均可分擔照顧上一代之職責，當然照顧兩代之觀點，是因人而異，但無論如何，此責任仍屬成年中期愛與活動中不可遺漏之項目。

4.維繫友情：在青年期忙於戀愛及求職發展事業，常會疏忽友人，因此在成年中期，不但應恢復原有朋友，更須結交知心默契友人。

充分的證據顯示，朋友較多者壽命較長，生活方式也比社會網絡較小者健康。在美國及歐洲所做的六項趨勢研究中，發現友誼網絡之大小與健康之間呈正相關 (House, Landis & Umbertson, 1988) 。各項研究的控制變項為年齡、性別、種族及身體狀況。但不論受試是加州人或斯堪第那維亞人 (Scandinavian) 、居住在城市或鄉村、膚色是白或黑，研究結因皆相同：較多朋友和較長的壽命與健康的身體有正相關。

㈦成年晚期：從五十五歲以後，愛的經驗包括為人祖父母、喪偶獨居、受人照顧，及與老伴共享晚年。

1.為人祖父母：人生最大之快樂是為人祖父母，也就是含飴弄孫對兒女不須再負養育責任了。那種幸福即是，可以和他們玩，寵愛他們，然後送他們回家，或交回他們自己父母去照顧。

對某些男性而言，成為祖父是生命中的第二次機會，也許是因為他們有更多空閒的時間去陪伴孫兒，也可能是他們瞭解

到當自己忙著開創事業時，錯失了很多與子女共同成長的過程，因此一位剛升格成祖父的人，會花更多的精力陪伴他的孫兒。驚訝於此改變，他的女兒表示：「他花在看孫女的時間比從前花在我身上的時間還多。」

今日的祖父母，尤其是屬於55至72歲的老年前期者，比起從前同齡之祖父母階層，顯得較健康，心理上也較年輕有活力。這一族群的人，較有興趣經由旅行、正式及非正式學習，和在運動上的努力，來繼續自我發展，且許多人仍繼續工作 (Powell, 1994. pp. 6-9)。

2.喪偶獨居：老年喪偶，實為不可彌補之大悲痛，如何在悲痛之後重建生活是非常重要的。

目前女性的壽命幾乎比男性長七年 (Spencer, 1989. p. 153)。

3.接受別人照顧：成年後期，不免有接受別人照顧之需要，65至74歲的老人中，將近有10%在日常生活中需要一些協助，如購物、烹飪、打掃或交通。在75至84歲的老人中，需要協助的比例是20%。85歲以後，將近一半的人需要協助 (Hayflick, 1994)。但老年人本身也要試著儘量減少麻煩人。柯桓之名著曾提出六項如何以愛心照顧年長者應持有之態度，值得吾人參考 (Cohen and Gans, 1978)：

(1)年長者有很豐富的人生智慧與精神力量，儘量向他們學習，也要時常讚美及體貼他們，以增加他們內心之喜悅。

(2)了解他們的體力會漸漸衰退，這是自然的生理現象。

(3)舊習慣會隨年齡更顯著，試著容忍他們。

(4)老年人不易接受改變，所以應容許他們保持原有生活習慣和環境。

(5)當我們無能力親自照顧自己的長輩，而他們又不能獨立生活時，我們應為他們尋找管理和設備良好之老人養護院，今日，大約有22%的美國居民住在養老院裡。

(6)勿期望從親戚或友人處獲得援助，即使有需要或可能的話，亦應減到最低限度。

4.**與老伴共享晚年**：老年人如有老伴共享晚年，通常都較容易適應環境的改變與調適。

當人們年歲漸增，應試著找出能增進自己身心功能的方法，其中一種方法稱為「選擇具補償性之最大效能法」(Selective Optimization with Compensation)。此策略是由柏林 (Berlin) 麥克斯.布藍克研究學會 (Max Planck Insititute) 的心理學家所推出 (Baltes & Staudinger, 1993)。我們可以從此名稱看出，這種應付老化方法的基本要素可分為三大部分。第一是「選擇」(Selection)。當我們年齡漸增長時，縮小我們的活動範圍，專注精力在我們認為重要的事情上，並放棄那些比較不重要的事會對我們有益處。年長時在生活中仍佔有優先地位之事項，通常是根據自己的技能、動機及機會來選擇。第二項要素是「最大效能之發揮」(Optimization)。此意指克盡所能務求在我們選擇的事情上做出最佳表現。「最大效能之發揮」需要較多準備，當一位教授68歲時，她需要比她40歲時更徹底的準備課程，要如此做可能需要安排在我們一天中精神狀況上最佳的時刻，去做最具有挑戰性的工作。「最大效能的發揮」也可能是指「如果我們在早上較有活力，就安排在上午去看自己的孫兒」此類的小事。或者，如果一位教授是個早上精神最佳者 (morning person)，她也許會想在上午上較難的統計課，因為這段時間她

的精神最好，而較不費力的小型研討會則可延至下午舉行。第三項要素為「補償性」（Compensation）是指盡力去增強因年老而逐漸衰退的能力。從身體上而言，眼鏡及助聽器即是具補償性，而能增進視力及聽力的例子。對於年長而繼續參與運動者，「補償」可能是指使用舒適的鞋墊，以及為了不靈活的關節所裝的支撐物和藥物治療，使我們能繼續從事一些活動。

亞瑟.魯賓斯坦（Arthur Rubenstein）是一位著名的鋼琴家，他的晚年生活可以當作「選擇補償性之最大效能法」應用的例子。在他七、八十歲時，因為年齡的緣故，他的身體及心智上無可避免地產生衰退的現象，而他仍欲成為獨奏者來延續他的專業，因此他以下面所述的方式應用了「選擇補償性之最大效能法」。他挑選自己最喜愛也最能勝任的曲子出來，然後花比從前壯年時期練習所用之更多的時間來練習，以使其能力達到極致。但年老的過程減緩了我們手指移動的速度，無論我們多努力練習也無法改變這一點。那麼在某些樂節需要快速彈奏時，這位鋼琴家是以何種方式來補償手指的緩慢呢？他的方法如下：當彈奏較慢的樂節時，他就彈的更慢，這麼一來，當他需要彈奏快節奏部份時，所產生的對比就會使人誤以為他彈的速度很快。

本章摘要

一、愛是和另外一個人的特殊關係，它包含溫暖的感情和親近的慾望。

二、愛可以概分為五類：親情、友情、性愛、崇高的愛及羅曼蒂克的愛。

三、愛可滿足人生三大需要：繁衍種族、社會認同及勝任

感。

四、研究資料顯示適應最佳者能愛朋友、配偶和子女，愛亦有助於心理困擾之復健，更是健康生活中工作及遊樂之動力。

五、人生各週期都有其獨特之愛與被愛之經驗，在兒童期包含被愛，與同齡兒童發展友誼，與父母保持接觸。

六、青春前期之主要經驗為結交一位摯友及接受成人之教導與約束。

七、青春期之主要經驗包括成群結黨、利他行為、處理性之需求，及初戀。

八、青年期之愛與被愛特殊經驗包括遠離父母、交友圈擴大，及建立專一愛情。

九、成年初期之正常經驗包括與情人分享美夢、成婚，及生兒育女。

十、成年中期之主要經驗為發展滿意之婚姻形態，處理婚姻面臨之壓力，照顧上下兩代及維繫友情。

十一、成年晚期之主要經驗包括為人祖父母、獨居、接受別人之照顧和愛護。

下章展望

下章將討論人生各週期之遊樂，它是不涉及責任或勝任之需要。第八章主要內容包括遊樂之定義，遊樂與適應之關係，所滿足之人類需要，危及滿足遊樂之因素以及如何減少它們。

重要術語

- Love
- Friendship

- Idealistic Love
- Altruism
- Sexual Desire
- Estrogen
- Best Friend
- Androgen

- Young-old
- Old-old
- Selective Optimization with Componsation
- Romantic Love

相關性參考書目

1. **Types of Love**

   Lewis, C. *The four loves*. New York: Harcourt Brace Jovanovich, 1960.

   May, R. *Love and will*. New York: Norton, 1969.

   Many faces of love from literary and philosophical perspectives.

2. **Love Through the Life Cycle**

   Pope, K., et al. *On love and loving: Psychological perspectives on the nature and experience of romantic love*. San Francisco: Jossey-Bass, 1980.

   Fresh portrayal of romantic love among children, adolescents, and adults.

3. **Shyness**

   Zimbardo, P. *Shyness*. Reading, Mass.: Addison Wesley, 1977.

   Self-help for people who are shy or unassertive.

4. **Parenting**

   Gordon, T. *P. E. T. ——Parent effectiveness training*.

New York: Wyden, 1970.

Ginott, H. *Between parent and child: New solutions to old problems*. New York: Macmillan, 1965.

——*Between parent and teenager*. New York: Macmillan, 1969.

Salk, L. *What every child would like his parents to know*. New York: Warner, 1973.

Practical advice for raising children and teenagers.

第八章　人生各週期之遊樂

思考問題

☐ 什麼是遊樂？

☐ 遊樂為何能使人滿足？

☐ 那些遊樂可以終生適用？

☐ 有那些遊樂並不令人愉快？

目前美國人花在遊樂上的錢比任何時代要多。每人幾乎將收入的八分之一用於娛樂休閒上，總額較國防或住宅建設為多 (U. S. News and World Report, 1980)。至一九九〇年時，娛樂休閒方面的支出已成長至兩千六百億美元 (U. S. Bureau of Census. 1995, p. 253)。

本章將詳述遊樂之意義，並且辨別其與工作及愛不同之特質，爾後將討論四種終生適用之遊樂，以及遊樂對適應之影響——尤其是對情緒、自我意象，及身體健康等方面。最後，將介紹每個發展期遊樂活動之內涵。

此外，危害遊樂應有的愉快感之情況，亦將於本章介紹。譬如：投注全部時間致力於工作或追求愛情，或一直重複之遊樂會使人厭倦。本章末了將說明如何預期或減少這種情形。

遊樂之意義

休閒活動、娛樂及尋找痛快時刻等都屬於遊樂不同的形式。它具有三種特質可茲區辨工作及愛之不同：㈠不涉及責任；㈡毋須顧慮是否能有高成就；㈢可變性 (Malleability)。

十九世紀美國文豪馬克吐溫 (Twain, 1876)，曾分辨工

遊樂可滿足
能力感之心理需要

作與遊樂，前者是我們責任須做的事，後者則並非必須要做的事。馬克吐溫名著中的主人翁湯姆 (Tom Sawyer) 曾說服他的朋友義務代他粉刷圍牆，湯姆使他的朋友認為那並非是他分內應做的工作，而是他樂意做的事。再者，如果一對來自洛杉磯的夫婦到阿肯薩斯州度假，在溪流中釣魚是休閒活動，但是陪伴他們的嚮導就是在工作了。

假如是為了精益求精，贏得勝利的活動，因為會影響到個體愉快之感受，故不是遊樂。譬如，一個人從來沒有贏過，但仍喜歡打網球。又如一位婦女在馬拉松比賽時，雖然落後在最後幾名，但她仍很高興，因為她認為其記錄已進步三十秒。還有些人，為了自得其樂而唱歌，並不在意唱得好不好。當然，並非所有遊樂都不能用以爭取勝利或求取高成就，這完全視個人之喜好，若以此為樂趣，則仍屬遊樂。

遊樂第三個特質是可變性。這是指遊樂可以予人最大的自由去選擇適合的興趣 (Dangott and Kalish, 1979) ，而學校及工作崗位要求我們去適應特定組織和制度，並約束自己即興之喜好。瑪可斯甚至申言文明社會中的工作常呈現重複及機械性，否定個人的價值，惟有自遊樂中，個人特質才得以顯現 (Marcuse, 1966) 。

遊樂之種類

您喜歡玩什麼遊戲？您想到了幾種？心理學家丹高特及卡利許 (Dangott and Kalish, 1979) 曾蒐集到很多項目。表二九將之綜合為九大類：㈠自我表現 (Self Expression) ；㈡觀眾性 (Spectator) ；㈢自得其樂性 (Self-pleasuring Activities) ；㈣教育性 (Educational) ；㈤運動 (Sports) ；㈥

表二九　遊樂之種類

表達自己感受與興趣之活動	自得其樂之活動	沈思性
種花草盆景	赤足走路	聽音樂
室內重新布置裝潢	日光浴	閱讀聖經
園藝	睡午覺	靜坐
手工針線	逛公司購物	
照相	洗熱水浴	**欣賞大自然**
美勞	接受按摩	看日落
收集		在鄉間駕駛
烹飪	**教育性**	在林中散步
木工	去博物館	
寫作	學習新的外國語言	**遊戲**
	選修學料	拼圖
		紙牌
		電動遊戲
觀眾性	**運動**	
收看電視	游泳	**一般性**
看運動會	登山	旅遊
看電影	養魚	閱讀
去音樂會	玩撞球	看人
	排球（團體）	
	降落傘	
	滑雪	

錄自：Lillian R. Dangott and Richard A. Kalish: *The pleasures of aging.* Englewood Cliffs, New Jersey. Prentice Hall, 1979.

沈思性（Contemplative）；㈦大自然性（Being with Nature）；㈧戶內靜態性（Games）；㈨一般性（General Pleasure）。

遊樂所滿足之需要

遊樂可以滿足四種需要：㈠尋求刺激 (Arousal) ；㈡情緒疏導 (C-atharsis) ；㈢社會歸屬感 (Social Bonding) ；㈣能力感 (Competence) 。

㈠**尋求刺激**：本書第二章提及素克門 (Zuckerman, 1979) 表示，每個人都有尋求刺激之需要。認知心理學家艾里斯亦有相同結論，在其著作「人們爲何遊樂？」一書中 (Ellis, 1973) 曾列舉十餘種動機，其中最強而有力者爲令人興奮或感興趣。富於刺激性之經驗係指具有新穎（New），複雜性 (Complex) ，及不協調 (Dissonant) 之特質。

㈡**疏導情緒**：係指疏解累積之緊張情緒及壓力，使人回復寧靜及鬆弛之心態。不論是兒童之奔跑、踢球，或大叫大嚷，或成人在網球上與人一爭勝負，或忙碌了一週之婦女邀約摯友出外午餐，將一切家務暫置腦後等，均有此功能。

㈢**社會歸屬感**：遊樂可協助個人建立及維繫社會人際關係。當兒童無玩伴時，即使擁有許多玩具亦覺得「無事可做」 (Millar, 1974) 青少年期之遊樂多半與其同儕之興趣相同。遊樂可助人適應新環境，成人期時，在工作崗位上不易建立友誼關係，但在高爾夫球場或橋牌上比較容易。

㈣**能力感**：遊樂可予人能力感。人生每個週期都有機會從自己的嗜好來培養能力。能力感之滿足，不必從新穎或複雜的活動獲得，而僅需使個人在繼續練習中獲得駕輕就熟之感覺。此外，同樣一種遊樂有時可以同時滿足上述四種需要。

遊樂與適應

在本書第一章曾述及心理學人凡爾倫（Vaillant, 1977）對良好適應者遊樂習慣之研究發現，在表一顯示適應最佳之研究對象均有充分度假的時間，且四十歲後仍喜歡運動；相對的，有三分之二適應不良者對度假問題不考慮，四分之三的人完全不做任何運動。凡爾倫之發現支持一百餘年前心理學人詹姆斯之觀點，詹氏申言每人之工作性質與內容雖不一定相同，但每年都需要一個月的假期才能促進工作效率。

至於運動對增進良好適應之關係，可參考表三十之研究結果（Folkins and Sime, 1981）。

由此可見保健運動（Physical Fitness Training）常有益於改善情緒，減低緊張，增強自我意象及促進工作效率。此外，亦有益於心理健康及體重之控制。

人生各週期之遊樂

以下幾節擬討論在人生各週期開始時，或屬於該週期之正常遊樂行為，尤其將強調遊樂與工作及愛之關係，同時亦分析阻礙自遊樂獲得愉快之因素，及如何減少此等因素。

㈠兒童期與青春前期：在此兩時期的遊樂可分為三類：1.模仿性遊戲；2.認知性遊戲；3.精熟及應用性遊戲。

1.模仿性遊戲：兒童喜歡穿父母親的衣服、鞋子，模仿他們所做的事，長大之後他們所扮演的角色擴展為警察、士兵、醫生、護士、老師、太空人等。兒童從模仿中去幻想及開始準備日後成人的職業，因為自遊戲扮演中，兒童可以發現自己是否對某種行業有性向或興趣。兒童也可以從遊戲中學習成人世界

表三十　身體保健訓練對情緒、人格及自我概念影響之有關研究

研　　　　　究	主　要　問　題	研　究　對　象	結　果
R.S.Brown et al.(1978)	抑鬱	高中及大學運動員	進步
de Vries (1968)	緊張	中年男性	進步
Folkins (1976)	情緒波動	中年男性	焦慮進步
Folkinsetal.(1972)	人格、情緒、工作、睡眠	大學男女生	女生進步
D.S.Hanson(1971)	焦慮	四歲孩子	進步
Karbe (1966)	焦慮	大學女生	進步
Kowal et al. (1978)	人格、情緒、自我概念	男女服兵役者	男性情緒進步
Lynch et al. (1978)	情緒	中年男性	進步
McPherson et al. (1967)	情緒	心臟病復健之男性	進步
Morgan et al. (1970)	抑鬱	成人男性	無改變
Morris and Husman (1978)	幸福感	大學生	進步
Popejoy (1968)	焦慮	成人女性	進步
Tredway (1978)	情緒	年長成人	進步
Young (1979)	幸福感、焦慮	成年男女	進步
Buccola and Stone (1975)	人格	較年長男性	有些進步
Duke et al. (1977)	內外控制問題	兒童	進步
Folkins et al. (1972)	人格適應	大學男女生	女性進步
Ismail and Young (1973)	人格	中年男性	有些進步

表三十（續）

研　　　　　究	主　要　問　題	研　究　對　象	結　果
Ismail and Young(1977)	人格	中年男性	無改變
Kowal et al.(1976)	情緒、自我概念、人格	男女服役者	男性情緒進步
Naughton et al.(1968)	臨床量表	心臟病復健之男性	無改變
Tillman (1965)	人格	高中男生	無改變
Werner and Gottheil (1966)	人格	大學男生	無改變
Young and Ismail (1976)	人格	中年男性	有些進步
Bruya(1977)	自我概念	四年級生	無改變
Collingwood (1972)	身體及自我態度	男性復健病患	進步
Collingwood and Willett (1971)	身體及自我態度	肥胖之男性青少年	進步
J.S. Hanson and Nedde (1974)	自我概念	成年女性	進步
Hilyer and Mitchell (1979)	自我概念	大學男女生	進步
Martinek et al., (1978)	自我概念	小學兒童	進步
Mauser and Reynolds (1977)	自我概念	小學兒童	無改變
McGowan et al.(1974)	自我概念	國一男生	進步

錄自：Folkins, C. and Sime, W. Physical Fitness Training and Mental Health. *American Psychologist*, 1981, 36, 373 ~ 389.

的一些規則，他們學習如何當一個隊員，一個好運動員，以及盡力而爲的精神。他們也要磨鍊自己學習「勝不驕，敗不餒」的精神。不過競爭太激烈的遊戲會使很多孩子覺得壓力太大而轉移到較緩和的活動。

模仿性遊戲另外有一種功能，就是協助兒童克服恐懼或焦慮。例如扮演醫生可以克服對醫生的恐懼心理。

2.認知性遊戲：認知心理學假設：某些類型之遊戲能促進智力的發展。首先有此創見者爲皮亞協（Piaget, 1896～1980）。皮氏爲瑞士籍之心理學家（Piaget, 1957; Inhelder and Piaget, 1964），他假設個人智力的成長均需經過四個認知發展期（所謂認知，包括思考、語言、推理、想像、記憶、聯想……等能力），每個發展期有其獨特之遊戲活動。

第一個時期：知覺動作期（Sensorimotor，〇至二歲）。此期之嬰幼兒透過觸覺、吸吮、拉和推的動作去了解世界。代表性之遊戲是將一個小球拉過來，放在口裏嚐試其味，然後把它推開，當球不在視野內時，則對它失去興趣。在此期尚未能保留在視線外之物體。

第二個時期：前操作期（Pre-operational，具體前期，二至七歲）。此期具有新的智能，即語言能力及能藉符號思考。兒童能想像一個看不見的球。代表性之遊戲爲採用一種物體去代表另一樣事物，以迎合自己的興趣（Flavell, 1963）。例如一個六歲的小女孩以雪茄盒做爲巴士，以散在地板上的彈珠做爲車站旁的小孩，她可以連續玩數小時，想像自己是接送孩子到學校的司機。

第三個時期：具體運思期（Concrete Operations，七至十一歲）。此期兒童之特質爲已具有邏輯思考能力。其中一種

能力為了解皮亞協所稱之「保留概念」（Concept of Conservation），即能明瞭物體的本質、體積和數量，並不受外形變化的影響。譬如將一塊方巾摺成蛇形長條後仍是同樣大的方巾，或者將牛奶由一個寬而矮的玻璃碗倒至一個窄而高的玻璃瓶後，牛奶量仍然相同。此外，手裏拿著的彈珠散開在地上其數量還是一樣多。此期之兒童對遊戲規則都很嚴格遵守，不容許任何改變。

第四個時期：形式運思期（Formal Operations，十一歲以上）。此期之青少年特質在於思考趨向抽象化，同時，對遊戲規則不再認為是神聖、不可改變的，如果雙方同意，可以將規則做適當調整。

有不少成人和家長過於重視遊戲對認知發展之價值，所以常控制兒童之遊戲行為，以求促進其智力之成長，結果將遊戲可賦予兒童之樂趣驅逐無遺。他們把一大堆的「教育玩具」包圍著孩子，當女孩想玩她的破舊娃娃，或男孩想玩他的一個舊皮球時，他們會施壓力囑咐孩子去玩新添購的家庭電腦。孩子對父母的強求似乎都會有一種自然的抗拒心理，因此對所謂的新玩具也失去興趣。所以，成人應該容許兒童選擇自己認為有趣的遊戲，而不要老是強求他們做別人認為有於智力成長之活動。

3.精熟及應用性遊戲：皮亞協非常關心遊戲對學習之重要。凡登保格（Vandenburg, 1979）將其理論延伸至涵蓋人類對不熟悉物體及複雜情況之學習反應。他建議所有學習行為發生於三個步驟：即探索、遊戲及應用。您還記得第一次看到一個鎚子的時候嗎？您當時有些什麼反應？一個可能的經驗可敘述如下：您首先去探索它是否會傷害您，當您發現它並不具危

險性，您開始去摸摸它，拿起來看有多重，也許您把它當做一把槍，或是打球的棒子，最後，您會發現它的最大用途在於將釘子敲入木板裏，過些時候，您已會使用它了。這就是所謂對一件事物能精熟後，就可將所學習的技術儲藏備用。

操作電腦或體能運動均包含複雜的學習情況，人類終生持有學習新奇或複雜技能之興趣，但在兒童或青春期尤為顯著。

當一個孩子很早就在遊戲行為中顯示對某項技能有特殊表現時，常會使父母或其他成人施予壓力去發展此項才能。譬如一個十歲的小女孩在學校演戲時顯現極大潛力，她的父母和老師不斷讚美她，並告訴她一定要發展這種「天賦的潛能」。這個女孩被說服而進入一所專門培養高層次戲劇人才之專科學校，但唸到中途肆業，她對父母表示極端厭惡戲劇而決定休學，她的父母感到迷惑和傷心。後來他們自一位退休的戲劇老師那裏得到指導：很多兒童和青少年即使很早被發現有特殊才能，如果其興趣及性格尚未成熟，是無以承擔密集訓練之經驗的，反而常會導致無可彌補之厭惡心理。

以上所述並非指不應發展兒童之才能，而是提示成人勿將兒童原本感覺愉快的遊戲，在不知不覺中轉變為「必須做」，以及要符合別人期望之高素質表演。因為在此情況下，遊戲就成為工作，兒童必定去尋求另一個娛樂的範圍。

(二)青春期及青年期：在此期之遊樂可分為兩類：滿足衝動性及準備性。此期之遊樂會與工作及愛混合，三者相輔相成，因而提昇每個領域之樂趣。

1.滿足衝動性遊樂：遊樂有時可疏導一些使人煩惱之衝動。例如競爭性之運動就是很好的例子，運動可轉移攻擊性動機或平息緊張及挫折感。名生物學家羅倫士對運動之功能更有

以下之觀點（Lorenz, 1966）：「運動之價值……大於疏導攻擊性動機……它更能陶冶個人成為一個有意識及責任感之鬥士。」

同時，運動有更多益處，它能滿足個人各種需要，如尋求刺激、社會歸屬感，及勝任感。我們亦要認清除了激烈運動可滿足或疏導衝動外，還有各種藝術活動亦具相同功能，如繪畫、唱歌、彈奏樂器，或寫詩等靜態活動也提供同樣的功能。

今日，「地牢與巨龍」（Dunons & Dragons）已經電腦化，此遊戲是五百多種可經由國際網路而使用的複雜電腦程式之一（Turkle, 1995）。此類經由網路而被使用的程式稱為「多重使用者領域」（MUDs, for Multi User Domains）。只要有商業網際服務使用權的人，均可玩這些遊戲。有些遊戲允許玩者自己創造一個角色，並與其它使用者所創造的角色互動。雖然許多玩家為年齡將近二十歲或二十多歲的人，，但也有很多年紀較輕的男孩或女孩也玩這項遊戲。一位十一歲的女孩，使用一種較為簡單的程式語言，創造了她自己的「房間」，裡面傢俱齊全，還有一隻會叫的狗，她邀請其他玩伴到房間裡談天及遊玩。

前節提到急於發展兒童天才的危險，同樣的，也要提防勿過分鼓勵學業困難的青少年致力於運動，他或許成為球隊明星，但是一旦因此重任而感到壓力時，就失去其原意了。

2.準備性遊樂：很多青年為其日後工作打算，對於各行業逐漸加深了解。在第六章曾提及，參與學校課外活動及工讀使青年期領悟不同職業之價值。此外，遊樂更可培養日後工作環境所需要之價值體系及行為。

雖然如此，讀者必須艮瞭以上所述仍為遊樂，儘管其具有

良好之副作用。

英國名將威靈頓爵士（Duke of Wellington）於滑鐵盧之戰擊敗拿破崙之後曾言：「滑鐵盧之役實為伊頓（Eton）校園球場之勝利。」（伊頓為英國著名之大學預科學校，曾造就無數英國傑出人才）威靈頓之名言實強調青年期的遊樂與運動對成年期準備工作之重要，因從中可學習團隊精神、承諾、毅力、堅忍，及遵守規則。

青年可同時參與數項適合自己興趣及性向的遊樂活動，而不需覺得被約束。譬如一個男孩可暗自準備成為球隊隊員之打算，如果不成功也不致損害自我尊嚴。一個女孩也可以為好玩去學習飛行，當她興趣逐漸增加時，她可以加強學習使技術進步。此時她可能計畫當一位職業飛機駕駛員，因而決定再投注更多的時間、精力與金錢於此休閒活動，之後她終於決定以飛行為其事業。

最後談到遊樂可給予人們機會去準備兩個事業，或為第二個事業做準備。譬如一位從事電腦科學的婦女在二十九歲時決定放棄此行業而改為大提琴家。彈奏大提琴原本是她的一項持久的嗜好，自青少年至成人期每天必練習四小時，從不中斷。她開始不敢以此為業，深恐收入不足維持生活。不過，最後還是決定順從內心的意願。

㈢**成年期**：此期顯著之遊樂亦可別為兩大類：鬆弛性（Relaxation）及補償性（Compensation）。其實這兩種休閒活動在多年前已開始，不過，在成年期之工作與愛情形態既已建立，鬆弛性及補償性之遊樂就顯得重要。

1.**鬆弛性遊樂**：所謂鬆弛是指排除刺激，使緊張及一切引起壓力之情形，因而恢復寧靜之心態。生活非常繁忙和刺激的

人喜歡在一個清靜的地方消磨他們的休閒時間。譬如一個工作量每周六十小時的會計師，也許在週末時祇喜歡躺下來什麼也不做。有些人也許把時間消磨在較不緊張的活動上，如看電視、小說、出外溜狗、散步等。

成年期；尤其到了中年期，爲自己工作上的滿意度常會蒙受壓力及威脅，此外，一方面要担負起照顧家庭中老一輩及兒女的責任；另一方面又要兼顧家庭之感情生活及社交之人際關係。如何在週末假期能鬆弛下來，旣使委曲的心情得以疏導，又能使精神和體力重振，實在是對工作效率及生活幸福非常重要。遠在一百年前，心理學家詹姆斯 (James, 1873) 對此已有卓見，提出美國人之健康因爲工作過度勞累及不懂如何鬆弛而身體健康受損。

詹氏之立場可見於現代美國工業管理之員工長假期政策，儲備員工運動及休閒活動之資金，以及在職進修之機會。詹氏若在人世，也必然對現行之「漸進肌肉鬆弛運動」 (Progressive Muscle Relaxation) 深感興趣 (Powell, 1983, p. 264, 265) 。此運動之基本原則爲先儘量收緊肌肉，然後再完全放鬆，每次約須二十五分鐘的時間，如果每日練習兩次，對消除壓力相當有用。於此必須重申：在休閒時間工作是違背鬆弛原則的。譬如很多教授說：「我急著等假期之來臨，俾能將要寫作的計畫完成。」這話的本身並沒有錯，問題是，這並非是鬆弛的意義。

2.補償性遊樂：對很多成人而言，遊樂可補償很多不能滿足之需要。事實上，一個人從事的工作很少會完全滿足自己的性向及興趣，補償性遊樂尤其能彌補過於專門的，需要一直坐著或單調的工作。一個鼻科醫生，一個專門修理廁所水管的工

人會從學習製酒，或加建自己的住宅而獲得樂趣。一位專門與機器爲伍的工程師樂於在週末和人交往；相反的，一位在工廠終日管理工人者在週末就會喜歡獨自划船。

　　遊樂之特點，在於能適應不同年齡者之興趣與體力。戶外的挑戰不侷限於年輕人才能嘗試。例如「Outward Bound」原是一種青年們設計的野外求生活動，今日各年齡層成人都能參加其多項活動。一九九六年的一本有關說明手冊中，介紹爲期一至四周的活動，且註明開放給99歲以上的老人參加，包括冬季阿帕拉契山脈（the Appalachians）的徒步旅行、大沼澤（the Everglades）海上皮艇之旅，以及西部攀岩活動等。幾乎所有活動都會教導戶外紮營、找出自己所在方位的方法、健行及登山技能，如何因應迷路及單獨在樹林中時的狀況，以及溺水求生考驗。由於現代較多年長者身體健康，因而四十歲以上從事劇烈運動者不乏其人。譬如皮斯頓市每年舉行之四十歲以上之馬拉松賽跑，其參與者由一九七〇年之五百位增至一九八〇年之二千五百位。一九九六年在波斯頓市舉行第一百屆馬拉松賽跑時，參者中跑完全程者有一萬三千一百七十一位年齡在四十至四十九歲間，一千一百三十一位爲六十歲或更年長者（Boston Globe, 17 April 1996）。一名曾經參加波斯頓馬拉松賽者，在高中時從不參加任何運動，在六十歲時決定受訓以參加波斯頓市之馬拉松賽跑，連續五次之後，終於在一九七三年打破其年齡組之全國紀錄。

　　變換生活方式也是一種補償性遊樂，譬如週末到一個舒適的餐廳享受一頓可口的佳餚，或是改變嚴謹的生活形態出去旅行一次等。在全球，每年暑假有五萬位六十歲以上者，可在將近一千所大學或學校任選一星期之「迷你」課程，從莎士比

亞、心理治療、希臘文明，到如何處理壓力。他們可在校舍住宿，享用圖書館設備、運動場及文化節目，費用極低。目前有幾個歐洲國家正計畫開辦這種老人大學的課程。

成人期對遊樂之錯誤觀念

最後，不能不重申遊樂的正確觀念，易言之，必須糾正遊樂之錯誤觀念：

㈠成年期遊樂之最大威脅是懶得玩或錯誤的做法，也可能誤認為遊樂是本能的行為而不需練習。其實，正如工作和愛，個人並無遊樂的內在自然驅力。勤勞；尤其是過勞的成人，往往忘記如何遊樂，因而放棄從中可得之樂趣。

㈡很多成人認為遊樂是一種很自然，即自動自發的行為，這也是一項錯誤。一般成人實在是很忙碌的，時間都排得滿滿的。工作、孩子、應付親戚和朋友，收拾整理環境，時間總是不夠用。如果不預先計畫，有規律的安排，休閒時間不會自然產生。

㈢很多成人認為先要把該做的事情做完再遊樂，這樣想法的人永遠找不出時間去玩。

許多人認為除非自己對某樣興趣有優良的表現才覺得有意義，其實最重要的是能自得其樂，否則拚命強求自己去苦練，就成為苦事而非遊樂了！

本章摘要

一、就一般而言，美國人將其收入的八分之一用於休閒活動上。

二、遊樂的特質在於：不涉及責任，毋須顧及是否能有高

成就，及具有可變性。

三、遊樂滿足了人類四種需要：尋求刺激、疏導情緒、社會歸屬感及有能力感。

四、遊樂有助於人類之適應。日常運動可以改善情緒，減低緊張，增強自我意象以及促進工作效率。

五、雖然在每一人生週期難於指出特定的遊樂形態，但有些發展是較為顯著、突出的。在兒童期及青春前期，遊樂形態為：模仿性、認知性及精熟應用之遊戲。

六、在青春期及青年期，遊樂形態主要為：滿足衝動性及準備性。

七、成人在忙碌工作中，遊樂可以提供寶貴之愉快感受。此期主要遊樂為：鬆弛性及補償性之遊樂。

八、成人對遊樂之錯誤觀念為：㈠遊樂行為是出自本能的。㈡它是自動自發的，不需預先計畫。㈢它必須等其他事都做完才可進行。另外對遊樂的謬誤觀念或行為如：必須要有好的表現，或持久苦練以達到某一程度，而終於使遊樂變成工作；過度地熱衷亦要避免。

下章展望

第八章之結束亦為本書第二篇之完結。在下一篇中將探討由常態至非常態的適應情境。下四章分別為：常態適應、暫時性過度壓力之適應、危機情境下的適應及行為違常四種情境。

重要術語

- Play
- Arousal
- Catharsis
- Relaxation

• Compensation

相關性參考書目

1. **Reasons for Play**

    Ellis,M.*Why people play*. Englewood Cliffs, N.J.: Prentice-Hall, 1973.

    Encyclopedic summary of the reasons for play.

2. **Play and Development**

    Piaget,J.*Play. dreams and imitation in childhood.* (1951) . Translation by C. Gattegno and F. Hodgson. New York: Norton, 1962.

    Garvey, C. *Play.* Cambridge, Mass.: Harvard University Press, 1977.

    Cognitive, psychological and social development documented as occurring because of children's play.

3. **Excess Rationalized as Play**

    Erikson, E. *Toys and reasons: Stages in the ritualization experience.* New York: Norton, 1975.

    Maccoby, M. *The Gamesman.* New York: Simon & Schuster, 1976.

    Adults rationalizing excessive competitiveness or violent political acts by cloaking them in the vocabulary and rituals of childhood play.

4. **Play Throughout Life**

    Dangott, L., and Kalish, R. *A time to enjoy: The*

pleasures of aging. Englewood Cliffs, N. J.: Prentice-Hall, 1979.

Types of play for all ages.

第3篇　不同情境下之適應

　　本篇描述人類在不同情境（State）下之適應。第一個情境是常態適應，是指大多數人的心態。情境二是暫時性過度壓力之適應。是指有限時間內能承受之壓力。情境三是危機情境下之適應，是對嚴重創傷或損失之痛苦反應。情境四是行為違常，是持續之不良適應行為、思想或情緒。本篇所涵蓋之四章內容，將分別討論如何處理每一個情境下之適應，如何保持常態適應，因應暫時性之過度壓力負荷，減少危機反應之痛苦，以及如何從行為違常中復健。

　　請注意所採用為「情境」二字，而非「階段」（Stage）或層次（Level）來描述不同種類之適應。階段層次乃包括兩個不同心理狀態之關係，但情境卻沒有。譬如當我們有時面臨過度壓力負荷時，或一個很嚴重之損失，可能會頓然失去常態，不須經過任何過渡階段，而往後衝擊減少時，我們又可恢復常態。至於行為違常卻是一個長期慢性之不良適應行為。

第九章　情境一：常態適應

綱要

一、衡量常態適應
　　㈠整體功能
　　㈡個體行動
二、常態適應中的文化差異
三、常態適應之主要特質
　　㈠工作、愛及遊樂之滿足
　　㈡高層次之適應方式
　　㈢穩定的人格形態
四、常態適應之次要特質
　　㈠承擔一般性壓力
　　㈡身體舒適感
　　㈢保持思考組織力

㈣情緒本質之一致性

　　㈤良好人際關係

五、年齡與常態適應

　　㈠成人心態不能從兒童或青少年期之觀察預測

　　㈡人格之持續性出現於緊接之下一發展期

　　㈢文化環境之增強與否

六、如何保持常態適應

　　㈠特殊壓力之因應

　　㈡不能接受之壓力

思考問題

- [ ] 您如果想知道自己心態是否正常會如何去衡量？
- [ ] 特定文化因素是否會影響常態適應之定義？
- [ ] 為何幽默感與常態適應有關連？
- [ ] 您能否設計一些可增進生活幸福的自助辦法？

　　本章將討論正常人的特質，他們在任何國家都占有大多數的人口。從男女的正常功能我們可以和其他類型之適應做比較，因此首先要探討如何評估自己及他人的適應，我們也須考慮不同文化標準上之差異，如果使用一套一般性之標準是否適用於不同背景的人。

　　除了正常適應之主要特質外，也要敘述次要之特質。我們也須觀察一個人生週期的適應如何和另一個週期相關，以及影響情緒平衡之因素。在本章結尾，將提出在每天生活中如何克服挫折、恐懼、衝突及損失，以維持正常適應。

衡量常態適應

　　本著將常態適應定義為：以高層次處理壓力法，能從均衡之工作、愛及遊樂中獲得滿足。心理學人如戴維路解釋：「所謂正常適應並非是固定之情況，而是一個持續不斷調整之能力。」（Devereux, 1956）。因此，它是一個動態的過程，是個體處理內外壓力所導致之平衡與不平衡心態之循環。

　　每當個人處理完畢一項壓力事件後，所恢復之平衡並不一定與原有相同。梅寧格曾指出：『邁向成長中的人並不在意維持原有之穩定心態，而是進入一個具有新挑戰的境界。』

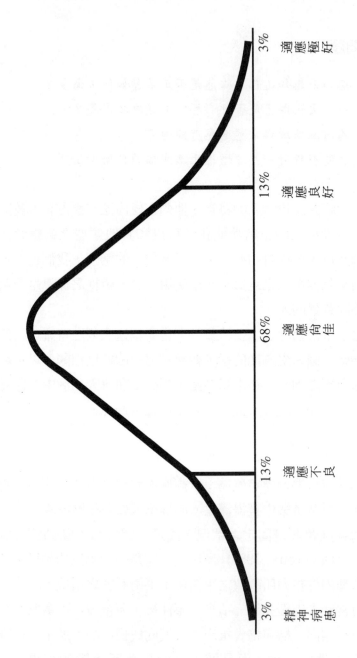

人類適應之常態分布圖

(Menninger, 1967, P85)

　　當然，我們並不一定同意梅氏之說法，因為在一般情況下我們很願意恢復寧靜的心態。不過，不容否認的是，在人生過程中，這往往是不可能的事。如以前所述之大學醫科學生喜萊莉為例，在高中時期，她是一位能力強及適應良好的學生，她能處理任何壓力，生活非常愉快。但在大學一年級十一月間，她卻面臨一系列過去從未面臨過的問題，也因此不能像以前在工作、愛及遊樂中得到相同之樂趣。後來雖然相繼適應各種情況，但所恢復之平衡心態並不如高中時代一樣。

　　我們該如何決定自己是否適應得很正常？我們是否依第二章所提供的壓力量表去衡量？對焦慮之高度、憂鬱之深度，成就感之需要，攻擊性之動機，自我強度等是否應分別去量化它們？當然，我們能如此做。可是，我們仍無法判斷一個人之適應度。理由在於適應度是一個整體的概念，它是大於各項適應指標的總和（The whole is greater than the sum of the parts）。以下一個實例可以闡明此觀念、。譬如一位足球教練知道成功球員的所有條件：應具備之身高、體重，四十碼直線跑之速度、體力、彈性，接球之能力等，但為何具備這些條件的人不一定是成功的球員，他就無法理解。

　　由是觀之，評定適應度之第一個原則是了解整體之功能。第二個原則是觀察個體全部之行為。不論所做事之大小或人際關係，個人之行為可顯示他是否平靜、快樂或憂鬱，還是緊張、發怒、高興或厭煩。心理功能正常的人能準確的敍述自己之感受。

　　也許我們會不同意這個觀點，因為有時外顯行為和內心思想及感受並不一定符合。本書作者以羅賓遜所撰寫詩集中的一

位柯利先生爲例，他的外表似乎很成功得意，可是卻突然自殺。不過，我們如果能深入了解臉帶笑容的自殺者，我們會發現他們的行爲才是其心態的寫照，因爲他們的生必已失去平衡。他們也許從極度忙碌的工作，或盡情的遊樂中尋求滿足，但卻無以彌補其他方面的空虛。

以下是羅賓遜詩選中的「柯利先生」（Richard Cory）：

> 每當柯利先生進城時
> 路邊閒人朝他看
> 從頭到腳都整齊
> 好一位標準君子
> 穿著大方
> 對人和藹
> 說起「早安」眞溫柔
> 走起路來夠光彩
> 他富裕，比君王更富
> 他多才，無有不專長
> 我們想他眞福氣
> 因而渴望能像他
> 我們繼續工作和等待
> 食無肉只啃那個白麵包
> 可是，一個寂靜的夏夜
> 柯利先生竟飲彈自盡

常態適應中的文化差異

　　被某特定文化認為正常之行為有時會被另一文化視為偏差。人類學家發現有些種族認為吃人、傷殘別人、看到異象或穿著異性服飾是正常的事。即使在美國，不同地區、種族、民族、社經階級也有不同之行為規範，因此我們如何能定哪一種行為是正常？

　　有一位名為戴維路之法國精神學家兼人類學家對此一問題深入研究（Devereux, 1956）。他對於常態適應之泛文化觀點尤感興趣，因為他要提供心理衛生工作人員在一個陌生的文化環境服務時，知道如何診斷及治療。他曾下兩個結論：㈠一般人對自己的看法是根據對居住地文化的適應情形而定，㈡一個人處理及體驗其居住地文化要求之方式，可顯示出其適應的層次。

　　上述之觀點可謂與第二章有關自我意象及自尊心的內涵相同。一位阿拉伯酋長，一個西藏和尚以及一位美國棒球隊百萬主人可能都有權勢，也都覺得很正常，可是他們的自我概念是要仰賴他們各人所為、所擁有，以及所感受是否符合其居住文化的觀點。譬如，他們對於愛情生活的滿意度就有不同的原因：酋長擁有四位嬌妻，和尚抱獨身主義，而那位美國人已是第三次結婚。

　　至於自尊心則基於別人對我們看法之反應。譬如您的母親可能告訴你你很可愛，而我的母親則認為我很有趣。其實自尊心之高低是與個人本身理想我和實際我間之距離成反比。比理正常者則兩者接近。以下有三個情形可助人了解個人是否很成功的去體驗及處理其文化之需要：㈠是否有能力從均衡之工

圖十三　人生各週期之工作、愛與遊樂

年齡	人生週期	工作	愛	遊樂
60	成年後期	計畫退休 將知識經驗傳授下一代，對下一代有貢獻	接受別人照顧 重建獨居生活 為人祖父母	鬆懈身心 彌補工作及愛之不足
40 37	成年中期	使自己有成就感 重新評估	維繫友誼 照顧兩代：父母子女 發展雙方滿意之婚姻形態	
30	成年初期	謀求出人頭地 穩定職業取向 因應夫妻同時就業立業	生兒育女 結婚 分享美夢 成家	
18　18	青年期	有休學常轉業情形 對學業或職業尚未穩定	建立專一感情 擴展交友範圍 遠離父母（心理與地理）	預習成人角色 疏導性
16	青春期	加強自我管理 從工讀發現個人潛力 為升學就業積極準備	初戀 尋找性需求及精力之發洩 成群結黨無私利他、熱忱	
12	青春前期	努力完成課業 建立良好習慣 學習照顧自己	結交一位同性摯友 接受成人之教導與愛護	熟練及應用性 認知性 模倣性
10 8	兒童期	擔任雜務 模倣成人	與同儕平行或合作式遊戲 被父母寵愛與父母關係密切	
0	內涵	終生將四項重要需要透過工作獲得滿足： 1. 自我生存 2. 適當使用精力 3. 社會認同 4. 建立能力及被賞識	三項終生需要透過愛獲得滿足： 1. 感情之結合 2. 能力感 3. 傳宗接代	四項終生需要透過遊樂獲得滿足： 1. 刺激 2. 情緒疏導 3. 社會歸屬感 4. 培養能力

錄自：Powell, Douglas H. Understanding Human Adjustment Boston: Little Brown and Co. 1983, P.280.

作、愛與遊樂獲得滿足。㈡是否有能力以高層次之適應方式去
處理壓力。㈢人格形態是否穩定。至於三者之內涵固然因文化
而異，但每一文化均鼓勵正常心態之特質。

常態適應之主要特質

㈠**工作、愛及遊樂之滿足** (Satisfacion in Work, Love,
and Play)：在正常功能下，個人是會從均衡的工作、愛及遊
樂獲得滿意。第六、七、八章有關此三方面的綜合資料可見於
圖一三。圖中所列舉之行為項目可使人從中獲得滿足。

至於從這生活中的三個層面可得滿意度之百分比，則端視
個人之年齡、人生週期、興趣和機會而定，可謂因人而異。例
如一位參加校友二十五週年聚會的男士對同學說，雖然他在事
業上很成功，但在丈夫及父親之職責上的表現，卻是非常失敗。
他表示此後二十五年希望能彌補此缺陷，多關懷家人，減低事
業心。有很多婦女則相反，經過三、四十年照顧家庭的歲月後，
她們希望謀求自己的事業。譬如蘇菲在三十五歲時，發現對照
顧丈夫及兒女的興趣減低，而渴望從職業崗位上獲得滿足。當
她被錄取進入銀行管理訓練班時，她每天都很快活，而且從職
業上所得的樂趣使她又恢復關懷、愛護家人的愉快。

㈡**高層次之適應方式**：每個人或多或少會為工作而感到挫
折，因我們所愛的人而不快活，或是被內心矛盾衝擊而沉悶。
易言之，所謂常態心理並非指沒有不快活、生氣或恐懼的時刻，
而是指我們如何處理導致這些感受的事件。

行為正常的人會使用較多的調適機轉去處理日常問題，而
我們多半各有各的做法。例如在考沙士比亞名著「凱撒大帝」
前，我們的準備可能是用預期的方法，預期老師可能出什麼命

題，因此會翻閱舊的考題或是去請教修讀過此科的同學。但坐在你旁邊的女同學也許是用同理心的直覺法，認為老師一定是著重某些角色、要點或內容，因此她祗準備這些部分。一般而言，我們採用習慣或對自己合適的方法去處理問題。這種適應過程中，如第二章所述是屬於高層次之適應方式：可及之資源認為在望及可靠，它們能協助我們忍受很多壓力。在此過程中，我們感覺家人及朋友之可靠，體力不蒙受嚴重損失，智能亦不會減少，各種技巧及嗜好能繼續，錢財不致於太損失，以及希望仍支持我們。總之，使用這種高層次適應方式的人，對可及之資源有信心，但不須經常去動用它們。

不過，當我們受到相當大的壓力時，或是缺乏精力和意志去克服不愉快的情況，凡爾倫以正常人所做的一項研究顯示，半數的人有時候會使用兩種較低層次之自我保護方式，即因應措施及自我防衛。凡爾倫此項研究更揭示，採用較低層次自我保護方式者反而比少用者適應良好。

例如，你、我，以及一個朋友都是大學法律預科生，每個人懷有恐懼焦慮心理。你也許懷疑自己的意願是否想當律師，但目前不想正視這個問題，所以你「壓制」（Suppress）這些疑問，繼續唸自己該唸的功課，等以後再做決斷。我也許用直接控制法中的靜坐（Meditation）使自己能專心念書。事實上，我極想以律師為業，但功課卻很壞，幾乎在全班之末，但又想不出能轉到那一系。至於我們的朋友，比我們兩人都聰明，他自己討厭當律師，而他的父親卻強迫他繼承他的行業，因此在大二時將時間放在他所熟練的撞球上，不過，遲早他也需要做抉擇。

從以上所述可知您採用壓制，我以直接控制法中「靜坐」

來壓抑（Repression），以及我們的朋友採用撞球的直接控制，在長期後會失去效用，雖然它們都能減少我們的痛苦，給予暫時的舒暢。因此適應力好轉時，必須以直接行動去解決問題。

㈢**穩定的人格形態**：常態適應的第三個特質是穩定的人格形態，即維持相同的習慣性反應、興趣、想法，及欣賞力。普通這些特質最能在工作上表現，其次在愛及遊樂。一個心理正常人的行為通常能被熟悉者所預期。此外，無人屬於一個純粹的人格形態。例如，戴蓮雖是一個注意力散漫的人，但在壓力之下卻顯示高度能力，而別人則手足無措。又如華爾德雖然在工作上非常積極好動，但他的嗜好卻是垂釣。

適應正常者其氣質性格與生活環境配合得很好，在工作崗位上有所貢獻，能與人和諧相處，也懂得生活情趣。『總之，不會覺得環境和我們作對，自己能力既不被貶視，弱點亦不致被誇大。如果環境實在不能忍受，心理正常者會尋求補救與改善，如果兩者均告失敗，則必謀求一個新環境。』

常態適應之次要特質

除以上所提到的主要特質外，常態適應尚涵蓋其他次要之特質，如因應一般性環境壓力（Usual Stress）、身體舒適感（Feeling Well）、保持思考組織力（Typical Organization）、正常情緒波動（Characteristic Mood），以及人際關係之維繫（Intact Interpersonal Relationships）。請見表三一。

㈠**承擔一般性壓力**：在一個熟悉及正常的環境裏，個人是可以隨著各人生週期之需要得到適當滿足。當有些人無法得到

表三一　正常適應之次要特質

能因應普通壓力	情緒本質一致
能因應可預期及一般性之外在環境及內心壓力 清楚了解日常不愉快事情之原因 認為壓力是可解決的	情緒波動與人格形態一致 情緒變化合情合理 消沈情緒不會影響生活樂趣太久，並保持幽默及熱忱
身體舒適感	**良好人際關係**
覺得很舒適 了解自己疾病之性質 生理功能穩定 注意儀容整齊 使用藥物協助因應能力，絕不殘害自己	人際關係之對象符合各發展期之內涵 尋求自我快樂時不妨礙別人 能原諒別人之錯誤或疏忽
保持思考組織力	
能因人、地、時情況之不同而行事 行動前先了解內心感受及外在環境 思考富有彈性 信念與行為相當一致	

合適之職位，在人際關係中經常遭受痛苦，遊樂休閒機會缺少，或是需要遷居到一個與自己生活習慣不協調之地區，他們就是遭受異常的壓力，遲早會危害其適應力，當不愉快的情況擴大或時間拖長時，忍受力雖因人而異，但適應力必然會下降。

　　內在心態之可預期性是指內在需要及動機與相同環境或相同發展期者相同。例如十三歲的青少年之快速成長，第二性特

徵之出現以及性慾衝動，如果明白他們同儕也有相同經驗就比較易於接受。在正常適應的狀態，壓力之原因是明顯的。個人明白自己為什麼生氣、消沉、緊張，他們也相信這是暫時之情形，由於對事情會好轉有信念，一切困難亦易於承擔。

　　㈡**身體舒適感**：所謂身體舒適感是指體內各器官功能在內外壓力之衝擊下協調平衡，如冷發抖，熱出汗，體重不變動得很厲害，呼吸脈搏正常，飲食、睡眠、排泄、膚色和粗細等無變化。當然，以上情形絕對不會人人相同，主要問題是：「這是否是所預期之現象？」

　　儀容修飾亦可反映個人是否適應正常，當然各人喜好不一，但總有其習慣性、預期性及合適性。有慢性疾病或殘障情形者的確難於維持正常適應之心態，但有些人卻能以哲學或宗教的觀念來控制自己的心態，因而保持其幽默感。

　　很多人用藥物緩和慢性疾病或殘障所導致之身心痛苦，也有人用藥物去減輕日常之壓力。譬如學生因功課壓力而頭痛，老師工作完畢感覺緊張，老人因關節痛而煩燥，如果用藥物去減輕這些不舒適是可行的。但是吸毒以逃避生活壓力，或是不斷增加藥物之分量，而不去除壓力之原因都是有害身心健康及常態適應。

　　㈢**保持思考組織力**：思考組織力因人格形態不同而異。有的人天生愛整齊及秩序，有的就比較零亂不整齊。不過，正常人之思考組織力有以下之特質：

　　1.**與現實銜接**：所謂現實，是指人、地、時、情況四方面。譬如在銀行做事的一位女士能告訴我們她的姓名，她在什麼銀行任職，現在幾點鐘，以及她擔任什麼職位。

　　2.**能藉客觀情境或內在體驗行事**：第四章討論各種人格形

態時，曾提及何種經驗最能引發行為動機乃因人而異。有些人強調客觀事實及驗證，有些人則強調主觀感受，其實最好是兩者給合。

3.行為有彈性：指能權衡輕重做抉擇。譬如一位高中生為了準備功課，所以放棄看電視以及打電話和朋友聊天的意願。

4.信念與行為保持合一：在理想的情形下，每個人的自主行為該可以做到，但實際上有兩種情形會阻止個人的自主行為：潛意識之動機及團體影響。

有一位父親看見五歲的小兒子接不到球而取笑他，當他發現兒子被他取笑得哭起來，而他的太太為此十分生氣時，他即刻停止此行為，同時並以溫柔的態度去彌補他的過失。過後他也許想起自己童年時代曾因不善於運動而被父親侮辱，他竟不由自主的將內心所恐懼以及認為可恥的行為轉發在兒子身上。

至於團體影響所引發的羣眾心理，社會學家顯示很多人在團體中之行為常與其自身之道德、價值，及判斷迥異，部分原因在於欲與團體其他分子取得一致協調。

行為之自主性有時會受權威者左右。心理學家米爾格蘭 (Milgra m, 1974) 在其著作《服從權威》 (*Obedience to Authority*) 中之研究實驗顯示，很多人為了取悅權威者而放棄個人之道德及價值觀。事實上有不少人之行為與本人信念相違。歸根就底，個人之堅強意志及人格形態會勝於社會壓力。

㈣情緒本質之一致性：情緒本質與人格形態一致是常態適應者的一般情形，當然個人的天生性格不會相同，您也許是樂觀派，我也許是悲觀型，我們有一位同學，大家都同意她很內向。如果顯示變化，不論持久或是暫時性必有其原因。譬如一個國中三年級女生被人邀請參加舞會當時，情緒忽然變得很興

奮，而她父親卻頓怒生氣，但是，不久之後兩人的情緒都回復常態。

生理上之差異或變化會影響我們的情緒。從事這方面研究者發現個人有不同的生理節奏，譬如有些人在早上像雲雀那麼活躍，下午步調漸漸緩慢；有的像貓頭鷹，要日落後才開始有生機；有的婦女其情緒受月經來潮的影響，有些研究顯示男性也有每個月中的生理節奏 (Rossi, 1977) 。

不過，適應正常的人能忍受普通不愉快的事情 (Freud, 1895, Hartmann, 1939) 。如以上述之國三女生爲例，如果她所喜歡的男生邀請了另一位女生，她會有一陣子不快活，但在此期間會照常去上學，做功課，和其他朋友交往。總而言之，她的正常生活及樂趣並未因她的失望和挫折而受到太大影響，隨後，她的感受又漸漸開朗。

當適應正常的人覺得抑鬱不樂時，根據麥克連 (McLean, 1974) 之觀察，他們以幾個步驟去控制自己的情緒。如以剛才那位女孩而言，她的控制過程會包括：1.她生氣是理所當然；2.過一陣會覺得好一點；3.自憐會加強憂鬱之感受，所以不應去想心理上之傷害；4.從好的一面去看這一件事：如果勉強要這位男生邀約她去舞會，一定會玩得不開心；5.索性做一些讓自己舒服的事情，如和朋友打電話，去逛百貨公司或去打球。這個方法對解決其他問題也有效。

具有幽默感也是適應力正常者的一個可靠指標。非攻擊性或不逃避責任的幽默感可促進客觀思考，因此，當一個心理病患者能表露幽默感時是恢復心理健康的良好徵象。此外，適應正常的人富於熱忱，但心理失調時，一些興趣自然減低。所謂熱忱乃因人而異，但每個人皆有其固定之熱忱層次。

㈤**良好人際關係**：與人和諧相處是相當難的事。一般而言，適應正常者在不同人生週期中，其感情生活應與第七章所敍述符合。青春前期的人有一位好朋友，青春期的人有夥伴。但是就像是所有發展期並非對每個人都是那麼規律一樣，人際關係之發展亦有同樣情形。譬如一個男孩或女孩到青春期該和摯友或夥伴建立親密關係，如果仍然是和父母關係最接近也只是時間延後的問題，只要過後也有自己的好朋友。

適應正常者其人際關係是和人格形態一致的，有的較合羣，有的較害羞；有的愛領導，有的喜附和；有的交友廣闊，有的僅有三、兩好友；有的終生與幾個朋友保持聯繫，有的經常變換朋友；有的永遠和父母關係密切，有的從青春期即顯著地與人疏遠。

縱然有上述之個別差異，適應正常的人在人際關係有共同的特質，他們不會以暴力傷害別人——無論是在情感上或身體上。他們也能和所喜愛的人和諧相處，在自己生活各層面既能獲得快樂，也能顧慮到他人的權益。不過，即使適應正常的人，人際關係也有破裂的情形，但是其原因是很清楚，經過可以解釋，困難也可以克服。譬如兩個朋友之間不愉快，其中一位說：「你對我衣服的諷刺評語實在傷我的心！」或是一個滿懷委屈的兒子對他父親說：「當我正想向您傾訴今天在學校發生的事時，您卻開了電視。」這兩個實例就是將人際關係不愉快的原因表達清楚，如此怨恨可以化解，人際感情之創傷因而治癒。

年齡與常態適應

如果用前兩節對正常適應之主要及次要特質去衡量自己或別人，我們能否知道這些特質可以維持多久嗎？一個適應正常

的兒童發展對一個正常青少年的預測性有多大？或是一個適應正常的青少年發展對正常成人的預測性有多大？究竟是什麼因素促進或阻礙常態適應？

從兒童至成人期的長期追蹤研究結果，對上述問題提供間接之資料，它們對人類行為發展支持三項觀察：

㈠成人心理之穩定性不能以兒童期或青少年期之適應情形去預期。

㈡人格特質之持續性僅出現於緊著下來的一個發展期。

㈢文化環境之鼓勵對人格有極大之影響。

關於第一項觀察，可以參考凡爾倫之研究 (Vaillant, 1977)，很多大學生的青春期問題到成年中期都消失，其他研究也顯示不同民族或社經階段的兒童青少年，他們的問題不會延伸至成年 (Cass and Thomas, 1979)。

俄亥俄州黃色溫泉的費爾研究所 (The Fels Research Institute in Yellow Springs, Ohio)，有兩位心理學家開根和毛司 (Kagan and Moss, 1962) 曾經追蹤研究一百位嬰兒，一直到二十餘歲，其間在兒童期及青少年期亦曾分析其人格特質，沒有一個人到成年時仍顯其跡象。但是，有些特質如果見於青春期，則延伸至成年期，此包括女性之依賴性，男性之競爭性及兩性對學業成就之興趣。

關於第二項觀察，為開根和毛司之研究所支持。他們發現某一發展期之人格特質是會影響緊接著之下一個發展期。不過，正如黎明不一定能預卜那一天的遭遇，兒童期之特質也不能決定成人之人格形態，但是，一般而論，黎明可以使人知道早上的天氣會是如何。

至於第三項觀察，的確有很多人格特質所以能持續到成人

期是受文化社會環境增強之結果。一個很好的例子是學業成就，尤其是經常獲得家長和老師的讚賞。至於女性的自我肯定性，常會引起內心之矛盾，因為她們恐懼會影響其人際關係，所以兒童期雖顯示此特質，有時因未獲增強而受影響。在現代社會婦女為事業發展所面臨之困難尤大，除需要克服人際關係之困擾外，尚須將所有多重角色扮演得周詳妥善，雖然如此，現代婦女在其成長過程中對多重角色之扮演已獲得文化社會之增強，同時亦學習建立及善用各方面之支援。從一項現代婦女研究報告結果，可見很多身兼職業婦女及家庭主婦之女性，對於能夠發展個人事業甚感欣慰，當然，她們發現有壓力的徵象時，如疲勞、頭疼、內疚，時間永遠不夠用，都知道如何去緩和壓力感。她們覺得很喜歡家庭以外之活動，可以學習新知識，不像主婦職務之單調，工作回家，家庭成為一個安全窩。最後，她們尤其高興對自己能力不斷增加信心，可以承擔更多責任 (Wolfman and Bean, 1980)。

如何保持常態適應

　　當生活一切順利上軌道，維持常態適應是不成問題的。我們被關愛的人環繞著，遊樂時感興趣，工作富於挑戰，使我們可表現自己的能力。每天早上從床上輕鬆的起來，知道一切會像陽光般溫暖，清風般舒適，但是我們也知道人生不會永遠一帆風順。有時愛我們的人會疏遠或離開我們，甚至死別；我們休閒時所欣賞的嗜好，不論是手工藝、看電視，或慢跑等，已不再感覺興趣；在校成績退步，或者被公司、機構解聘，我們覺得被不能控制的事件打擊，原有的適應力似乎在崩潰，覺得無能力去應付一切的遭遇，因而被憂鬱、焦慮、憤怒等情緒所

纏繞。有的人因此而吸毒，有的不停抽煙，或者去做些其他使我們朋友驚訝或擔心的行為。在這困境中，我們該怎麼去幫助自己呢？有兩類直接行動可以改善我們的生活素質，以及提供機會去恢復心理平衡。第一類行為可以使我們因應特殊壓力。第二類可減少難以接受之壓力。

(一)**特殊壓力之因應**：所謂特殊壓力 (Particular Events) 是指個人生活中之特殊遭遇，如單身父親或母親，與親人發生感情困擾，身為女性而在男性為主之工作環境中做事，在一個嚴謹的社區中有同性戀行為、失業，或者一切不如意。如果有以上之情形者，應了解所居住之社會有否相關機構或組織可提供服務。譬如在美國就有如下列組織協助不同需要的人：

1.親人賭博或酗酒可從 Al Anon 或 Gam Anon 獲得支援。

2.職業婦女可參加有關講習會或訓練，獲取時間管理、薪金問題、家庭生活問題之知識。

3.單身父親或母親可參加無伴父母俱樂部 (Parents without Partners Club)，或運用托兒所，大哥哥、大姐姐之組織，童軍、露營，或寄養祖父母等機會。

4.同性戀者在歐美已逐漸被接受。雖然如此，彼等所面臨之壓力仍多。在波士頓有一份通訊刊物，專為同性戀者服務，使他們知道何處有為他們所設立之俱樂部，以及可提供醫療服務之診所或專業人員。

5.失業者可往美國每州所設立之職業介紹部門，請求介紹或接受求職技巧訓練。

6.對工作厭倦者，可參考職位交換計畫資料，如美國心理學人可與世界其他國家之學人交換職位，在美國有許多專業可

從交換訓練班而消除工作上之厭倦感，或修讀夜間推廣教育班。

7.心理精神消沈者可參加各種團體輔導活動，如超覺靜坐，宗教團體之靈修班等，很多服務性組織或教會均有此服務，使人能疏導情緒，易於表達及交換意見，因而覺得恢復生機。

8.感覺衰老者可與較活躍之年老者相處。美國之Gray Panthers及Action Corps聘請年齡較長之男女，其工作均為服務性質，如在托兒所、育嬰院、療養院、殘障中心擔任寄養祖父母，或照顧慢性病患，不喜歡服務者則可選擇 Elder Hostel Program。

以上所述僅為例子而已，並未盡舉所有可循之途徑。

㈡**不能接受之壓力**：在此類壓力下，直接行動之目的在於除去或減少我們因應生活問題的方法。一些問題包括飲食用度（參閱原著〔Powell, 1983〕二百九十九頁之節食辦法），導致心臟病之A型行為，長期疾病或殘障。這種問題多由醫院、診所，或非專業人員組織提供服務、知識或具體辦法，以減少上述之不應有或難以接受之壓力。

醫生發現個人之自助能協助有嚴重病患發揮很多力量，同時個別人生觀及使用之自我防衛機轉亦有幫助，有一項研究顯示以下四個特質，能減少難以接受之痛苦：1.樂觀，從身體及生活去尋求光明面與樂趣；2.表達感受，不顧忌發脾氣或訴苦；3.多幻想，從白日夢去忘記痛苦；4.否認，不承認長期疾病之後果或將殘障所帶來之影響看得輕。

總之，無人能控制人生之不測遭遇，但我們可以學習可行之因應方法，因而事前了解如何處理人生面臨之挫折、病痛或苦難，進而使我們儘量生活得更充實完美。

本章摘要

一、適應正常並非是固定之情況，而是一個持續重調整之能力。

二、評定適應度有兩個原則：(一)整體功能之了解；(二)個體行動之心理狀態。

三、常態適應之三個主要特質為：(一)工作、愛及遊戲的均衡而得到滿足，(二)高度層次之因應方式，(三)穩定之人格形態。

四、常態適應之次要特質為：(一)承擔一般性壓力，(二)身體舒適感，(三)保持思考組織力，(四)情緒本質之一致性，(五)良好的人際關係。

五、研究人類行為者認為：(一)成年人之心態不能從兒童青少年期之觀察預測，(二)人格特質之持續性出現於緊接著的下一個發展期，(三)人格會受文化環境增強之影響。

六、兩類直接行動可幫助我們。第一類是特殊壓力之因應，如所愛的人賭博或酗酒、單親家庭、同性戀、失業或感覺衰老等。

七、第二類乃協助處理不能接受之壓力，如飲食過量，Ａ型行為等。

下章展望

下章將敘述情境二 —— 暫時性過度壓力負荷。利用五個案例做說明，我們將探討在情境二中工作、愛及遊樂所受之影響，對壓力之適應反應的改變及顯著的特殊人格形態之特質。並且要探討壓力的經驗歷程，生理狀態的改變及內在組織、人際關係的變化。

重要術語

• Orientation to Reality　　• Gray Panthers

相關性參考書目

1. **Culture and Normal Adaptation**

Kluckhohn, C., and Murray, H., in collaboration with D. schneider.*Personality in nature, society, and culture.* Second Edition. New York:Knopf, 1956, chapter 46.

Still up-to-date thinking about what is normal behavior from a cross-cultural perspective.

2. **Varieties of Normal Adjustment**

Goethals, G., and Klos, D. *Experiencing youth.* Second Edition. Boston:Little, Brown, 1976.
King, S. *Five Lives at Harvard.* Cambridge, Mass.: Harvard University Press, 1973. Offer, D., and Offer, J. *From teenage to young manhood.* New York:Basic Books, 1975.

A variety of ways of normally adapting in adolescence and youth.

3. **Mental Organization**

Coan, R. *The Optimal personality:An empirical and theoretical analysis.* New York: Columbia University Press, 1974.

Perceptive summation of normal mental organization that allows for openness to inner and outer experience.

4.Self-enrichment

Schutz, W. *Foy:Expanding human awareness.* New York: Grove, 1967. Gaylin, W. Feelings. New York：Ballantine, 1979.

Brothers, J. *How to get whatever you want out of life.* New York:Random House, 1978.

Harris, T. *I'm OK–you're OK.* New York:Harper & Row,1969.

Useful–though oversimplified–advice about how to improve the quality of our lives.

第十章　情境二：暫時性過度壓力之適應

綱要

一、五個暫時性過度壓力之實例

　　㈠勃巴在足球冠軍賽季節

　　㈡喜萊莉的期末大考

　　㈢葛麗絲之戀愛

　　㈣華爾德之可能加入公司股東

　　㈤路易士的被解聘

二、第二類情境適應之主要特質

　　㈠從工作、愛及遊樂中做選擇

　　㈡中度層次之因應方式

　　㈢人格特質加強

三、情境二下之次要特質

(一)大於平常之壓力

(二)身體敏感度增強

(三)極有效之組織力

(四)情緒反應個別化

(五)人際關係受影響

四、個案追蹤

(一)勃巴

(二)喜萊莉

(三)葛麗絲

(四)華爾德

(五)路易士

五、在情境二時如何自助及助人

思考問題

☐ 你曾體驗過高度壓力的情況嗎？譬如像大考使你在人格上產生短暫及可預期的改變。

☐ 當你在這種情境時，有那些改變是你喜歡的，那一些是你不喜歡的？

☐ 別人在這種情境下如何反應？

☐ 壓力過去後，你要等多久才恢復正常？

　　本章首先介紹名為卡爾 (Karl) 的警員，他緊張危險的工作過程給予他無比壓力。卡爾明白這情形只是暫時的，但需要他做一些措施：安排所做事情之先後，精力之重新調度，及行為之改變，此乃處於適應狀態下暫時性過度壓力負荷下人格重組之內涵。處於此適應狀態下者，在工作上自願承擔較平常為大之壓力，因為這僅為短時期之需要，所以都願意增加自己壓力盡力工作，不計較時數，放棄目前之休閒活動，以獲得一項有意義的成果。例如，一位作家竭力在一定時限下寫完一本書；或是一位近產期的準媽媽加緊其準備工作，兩人都同樣願意將一天的時間排得很緊湊。作家將所要寫之章節有計畫的分配在每天的時間裏，阻礙其進度之其他事項均置於一邊。至於那位準媽媽，則忙得無暇顧及她的朋友。兩人都感覺到內疚，但認為待書完成或嬰兒誕生後則一切就會恢復正常。

　　暫時性之過度壓力負荷可與載重過量之汽車比擬。在假期，一輛小汽車載滿了人、小動物、食物、衣服去旅遊，大家坐得非常擁擠，很不舒服，所以心情並不輕鬆愉快。不過，如果旅途不是太長，也沒遇到交通阻塞或改道等事故而拖延時

間，旅遊是會順利完成的。下節要以五個實例進一步闡明第二類適應情境之意義。現在首先分析其主要特質：工作、愛及遊樂三者之間平衡失調，使用中層次之因應方式，及某些人格形態特點加強，然後再分析次要特質。本章最後報導五個個案實例之結果，並建議如何協助處於情境二適應狀態之人。

五個暫時性過度壓力之實例

㈠**勃巴在足球冠軍賽季節**：學校同學對勃巴的足球隊──「響尾蛇」在即將來臨的足球冠軍賽中寄予無限希望，雖然沒有人說這支球隊會失敗，但也沒有人奢望「響尾蛇」一定會榮獲參與冠軍賽之資格。但是在足球季節剛開始時，勃巴逐漸加強管理自己的生活，因而影響到其他的生活層面。他一想到星期五之對手，就感覺難以去應付英文和數學的作業。到了九月底他開始繳不出所有作業，到了十月中上課次數減少，尤其是星期五及星期一早上，他更無法到校上課。

在人際關係方面，除了與隊員有接觸外，其他同學都被冷落。他女朋友覺得他疏遠了她，並顯得很忙的樣子，他父母也都為他的沈默寡言而擔心。他們都覺得去年「響尾蛇」球隊聲譽平平時，勃巴比現在是可愛得多。

㈡**喜萊莉的期末大考**：在十二月的第一週，喜萊莉須應付四項大考，一個實驗報告。然後在二十一號，就是學期結束前尚需完成一份專題報告。一直到現在為止，喜萊莉是一個非常優秀的學生，她憧憬著有一天自己能當醫生的美夢，但是競爭是如此之激烈，她開始懷疑自己究竟是否能應付醫學院的教材，她相信第一學期的成績會給她答案。由於她對這一次的期考寄予無比的希望，所以她很緊張，她的朋友不了解她的心境，

一直惦記著時間，結果卻遲到了。因為我們必須趕著先
做某些事。在情境二中可以發覺，我們幾乎沒有充裕的
時間做該做的事。

她們異口同聲的說：「喜萊莉整天在埋怨大考、報告的成績，
而且說她的成績一定很壞，可是結果都是甲等或乙等。」因此
她們都很不同情她的態度，而說：「為什麼要那麼擔憂呢？」

　　㈢**葛麗絲之戀愛**：葛麗絲是一位單身母親，她三十二歲，
育有一男一女，年齡分別為十三及十一歲，自丈夫比爾在越南
死亡後，她就一直獨居。葛麗絲在高中畢業後即與比爾結婚，
他大她兩歲，穿了海軍制服很神氣。當葛麗絲在懷第二個孩子

時，比爾卻不幸因公殉職。葛麗絲在北卡羅蘭納州的一個小鎮某家電子公司當祕書，她的寡母和兩個姐姐也居住於此鎮。這對葛麗絲而言是很方便的，因為她和兩個孩子可獲得她們很多的支援。

她每州工作時間很長，除每天工作十小時外，尚須花時間在路途上，回到家平均還要做兩小時之家務，週末至少要做整天的雜務。葛麗絲並不介意這些辛勞，可是她卻很渴望在生活裏能再有一位像比爾一樣的伴侶，因此她就加入「單親俱樂部」，在那裏她遇到湯姆。他少葛麗絲兩歲，已離婚，是一位電腦操作員，他倆很快就相愛。因為實在相處很愉快，所以兩人願意儘量有多一些時間一起。在緊湊的時間裏，葛麗絲盡量抽出幾個小時和湯姆相聚。當然，晚上睡得比平常晚，早上就不容易像以前一樣很快就起床。

㈣**華爾德之可能加入公司股東**：華爾德必須負責聯繫幾位建築師致力於設計港口的重建發展計畫，這是他的公司首次接受如此龐大的工程。他知道今年公司正在考慮請他加入為股東，現在被指派去聯繫及督導龐大的工程，正是給他一個機會表現是否夠格成為股東。因此，自從接受此任務後，他一直工作很長的時間。華爾德說：「我所組成之建築師羣雖然是第一流，我也必須確定他們做的都沒有差錯才行，所以我差不多每個星期六以及有好幾個星期日下午回到公司，重新檢討過去一週之工作及下一週之工作計畫。」

工作時間雖然如此之長，華爾德對人說他覺得一切很好，當然每週工作都很多，但是這個港口地區價值是非常高的，他也知道如果圓滿完成，被邀請為股東自不成問題，但是他美滿家庭生活首當其衝遭受影響，因為家人都幾乎碰不到他。他曾

告訴家人，一旦加入為公司股東，他一定會把工作減少，會多花一些時間和家人在一起。

(五)**路易士的被解聘**：整個六月的期間，路易士一直在擔憂這件事的來臨。他說：「當我們公司沒有爭取到那個飛彈合約，我知道解聘員工的粉紅色通知單會紛紛寄出。」根據他在康州一家太空工業公司擔任電機工程師的經驗，每次一個合約不被政府支持時，必定會遭受解聘的命運。上一次就有數十位科學家和工程師被解聘，他也是其中之一。他說：「這一次心理上較有準備，同時我也得到上司的准許，用公司的電話和各方接觸，並請祕書小姐替我寫介紹信。」他也將報紙的徵求人才廣告看得很仔細，將自傳重寫，和朋友聯絡，請他們為他留意合適職位，他也和大學就業輔導中心聯繫，他求職所花的時間等於將它視為自己之正式工作，他太太也認為他和平常有職位做事一樣。路易士儘量不去憂慮找不到工作，他說：「我付不起消極想法的代價。」同時他也避開失業的人，他不願意讓人看見他和他們在一起。

第二類情境適應之主要特質

第二種情境之適應的主要特質包括調適上之改變。生活中之三個領域失去平衡，一個領域成為非常重要，其他兩個領域之滿意減少或遲延，呈現中度層次之因應方式。最後，個人人格形態之某些特質變得顯著。茲分別闡明之：

(一)**從工作、愛及遊樂中做選擇**：暫時性之過度壓力是起源於將行為專注於生活中三個領域中之一，一方面以獲得滿意或避免不滿意，亦即將所有活動集中在完成一特定任務之焦點上，雖然會導致行動不自由，較少之剩餘精力，忽略很多事情，

或放棄其他方面之樂趣，但我們心甘情願承受這分辛勞，因為是自願的。例如前述之個案實例，有的願意拚命為球賽或大考做準備，有的在百忙中和情人約會，有的千辛萬苦謀求在公司為股東，或棲身之職位，這都不是外力所驅使。他們也都認為一切休閒或人際關係活動都須丟開，待目的達到再說。

在此情況下，工作成為至上，華爾德的太太曾感歎：「我覺我的丈夫好像是戰場前線的士兵，每次回家只是四十八小時之休假。」此外，即使有遊樂活動，也只是為協助自己恢復體力或使身體得以鬆弛。譬如華爾德說：「我每天需要慢跑四英里來放鬆自己，否則工作效率不能維持。」

(二)中度層次之因應方式：在因應暫時性過度壓力的情境下，用以前因應成功的方式來做到中度的自我保護。梅寧寧曾做下列之解釋：

這種自我保護方式對使用者本人或是旁觀者都認為極「正常」或是個人之特質。這是他處理問題的方法……等到威脅一旦消失，焦慮減輕，正常生活形態自會恢復，直到下次有必要時才重現。因此，其使用僅為因應暫時性之需要 (Menninger, 1967, P.147)。

本書第三章曾解釋中層次因應方式包括：將憂慮事項分開先後處理；將不愉快之現實以合理化的解釋去排解；將憤怒昇華為競爭性活動；或將敵視惡意轉為幽默感。這些都證實為可行的方法，它們能協助我們去處理所面臨之壓力，同時也可使人以行動去緩和不舒適之來源。例如前述之喜萊莉的期末大考之焦慮，促使她以最大努力獲得極優異之成績。因此在第二種情境之適應，所用之方法為直接行動。在此情境下，個人採用不同辦法去忍受壓力，如運動、嗜好、興趣。不過，它們並非

屬於眞正的遊戲，即輕鬆或無責任感的，因爲使用這些途徑者，必全力以赴，以消除緊張心情。前述實例之葛麗絲渴望與情人約會，雖在百忙中亦抽出時間來，但是究竟對身心是有害的，因爲她一方面將每晚睡眠時間減少，一方面仍要應付任職機構加班的要求。

雖說一旦壓力消失，疲憊身心自會復原，但壓力研究泰斗賽爾利（請參閱第二章）曾警告世人：「恢復體力之過程較吾人預期爲長。當你爲大考臨時抱佛脚，你需要多少時日才復原？」此外，中層因應方式完全是爲應付目前需要，會影響日後之適應。譬如前述之勃巴，全力投注於足球冠軍賽之準備工作中，並認爲未繳作業及沒去上的課都可以足球賽冠軍來彌補。事實上未然。等到球賽完畢，已發現功課不易趕上，懊悔莫及。

㈢**人格特質加強**：第二種情境下之適應，會使有些人格特質強化。這些較顯著之人格特質，在以往經驗中對處理暫時性之過度壓力負荷非常有效，但是項目不多，因不包括功能較低之行爲。表三二說明正常人的突出人格形態，在第二種情境下其特質可能產生之變化。以華爾德爲例，他原本是一個精力充沛及有積極性格的人，當他處於此情境下，這種特質會強化，他爲港口發展計畫不斷研究各種可能性之構想：是應重建原來在碼頭邊之工廠呢？還是建造一棟新的豪華旅館呢？也許，可設一個頂樓公園，地下室是停車場的工程。爲了各種構想他花很多時間和精力並將細節畫在藍圖裏，他的工作時間自然會很長。很多人欽佩他的精力與熱忱，有些人則希望華爾德將工作步調放緩慢一點。由於積極的人善於授權，所以他的祕書和助理爲了他的構想而增加工作分量三倍之多。此外，由於積極忙

表三二　從正常適應至暫時性過度壓力之
適應：人格形態特質之可能變化

人格形態	正　　常　　適　　應	暫　時　過　度　壓　力
自律型	一切有條理，可頂期 有秩序，精確，整齊；便利工作進行 細緻，顧及細節 有節制，不衝動 不放心將事情委託別人	對不尋常的事不高興 求秩序，精確，整齊，行動緩慢 更關心細節 抑制衝動 限制屬下之自由
悲觀型	悲觀 尋找事情之瑕疵及不可預期之結果 檢驗自己之內在本能 逃避冒險 委託人做事時好挑剔	憂鬱，離開人群 行動爲察覺之瑕疵及可能後果所阻止 分析本能後行爲緩慢 不斷對結果懷疑 細察屬下之瑕疵
敏感型	好與人作對與爭執 喜歡發現事情或別人之弱點 受直覺或靈感導引 好冒險 委託方式不規則	常使人生氣 依然喜歡找別人或事情之瑕疵 受攻擊性導引 顯示不正確判斷 增加別人或自己壓力
戲劇化型	喜歡引人注意 不理會事實及破綻 做事無秩序 易變性 不懂得如何委託	對自己表達之意見不負責 以直覺處理與事實相反的情形 散漫 行爲及情緒呈現強烈之不一致性 不懂得如何追蹤
活動型	忙碌、精力充沛 不計較差錯，會遺漏資料 容易變換注意焦點 善用本能 善於委託	精力更充沛，更忙碌 忽視差錯，遺漏資料 迅速轉變注意焦點 倚賴本能　· 委託時較隨便
樂觀型	充滿理想，但考慮可能危險 選擇自己喜歡做的事，對瑕疵及問題作合理化解釋 關心工作之開始與改善 重視團體合作 不傷大雅之疏忽	理想主義高於謹愼主義 壓制對瑕疵及問題之意識 新計畫替代行不通之舊辦法 強求同意 缺少追蹤工作

碌者容易忽視事實之小漏洞，因此在思考過程中不免有其弱點，這些情形當事人並不知道。以華爾德而言，如果和他共事的人不提醒他，他將繼續此種做法，就會導致長期性問題，並且使人遠離他。

情境二下之次要特質

在過度壓力負擔下人格次要特質也會有變化。表三三列舉各項之變化。茲將各項分別說明：

㈠**大於平常之壓力**：所謂大於平常之壓力是對環境一項重大要求之反應，這可能是量，也可能是質的問題。譬如華爾德須延長工作時間是量的增加；喜萊莉面對期末考的焦慮是質的問題，在第二章中曾經說明壓力是否過度乃因人而異。譬如喜萊莉的妹妹是一個績優學生，考試對她而言是表現和獲取榮譽的機會，所以非但不覺得焦慮，反而抱著愉快的心情去應試。

所謂對壓力知道得很清楚，是指對問題很了解，所以有警覺和有時間去準備，而且自願去承擔，並相信有助於目的之達成。至於「有效之壓力容忍度已達極點」是指不能再超過此限度，否則將無法有效處理所面臨之任務 (Maximum Effective Stress Tolerance)。

㈡**身體敏感度增強**：在壓力過度之情境下身體某些部分會特別敏感，有些人會覺得特別健康以因應任務之挑戰。譬如有一位加州大學校長上任時，正值一九六○代校園暴動最盛時期。學年開始時，有人問他感覺如何？他答覆：「我覺得一切如常；血壓低，膽固醇低，反應快，沒有胃潰瘍，體重標準。」

事實上，梅寧格曾說在壓力過度的情境中，我們雖不認為自己生病，但每個人的生理結構都會有某部分對臨時性之過度

表三三　暫時性過度壓力情境下人格次要特質之變化

感覺比平常多之壓力 清楚感覺到 有限時間 感覺可接受 有效之壓力忍受已達極點	行動不一定以權衡事情輕重而抉擇 效率高，能集中精神作抉擇 作業時間安排緊湊 行為有時與信念價值不一 迷信行為，幼稚想法
身體敏感度增強 睡眠、重量、消化及其他功能有不穩定現象 飲食過度或偏食 以自覺去使用藥物以處理壓力 生活上自我照顧雖有改變 但能使人接受	**情緒反應個別化** 極度專注於一件事上 敏感、善變 以幽默感化解緊張 不了解自己心情
極有效之組織力 一般而言，對自己立場非常清楚	**不愉快之人際關係** 希望別人予以支援 除非有明顯之信號，不太注意到別人之需要

壓力特別敏感；有的睡眠量受影響，有的會增加或減輕體重。當我們頭疼、胃疼，或有皮膚病、頻尿等現象時，常會服用各種成藥去治療，或以咖啡、香煙、酒，及鎮定劑等去控制。

　　㈢**極有效之組織力**：個人在暫時性之過度壓力下自己很明白，但由於對一件任務太過於專注投入，往往會疏忽不重要之事情，如日期。譬如前述求職心切之路易士，知道當日是已經過了八月二十七日，但尚未到九月一日；如果問他今天是二十八或二十九，他也許答不出來。又如喜萊莉的朋友打電話，很急的告訴她仍在戲院門口等她，她才發現完全忘記此約會。

由以上的例子，可見處於情境二之適應的人，常對較不重要的事，在下意識裏依次將它們忽視。譬如葛麗絲將全副精神放在生活中最重要的事情上，如照顧孩子，決定每週之伙食，洗衣服，保養汽車，其他事情則放在一邊，也因此堆積了很多該做的事情，如剪報、房子該修理，或把房子整得乾乾淨淨等等。

　　所謂強有力之有效組織力是指積極思考，不擔心是否會失敗，如果一個機會錯過或不成，會再接再厲。

　　此外，因應暫時性之過度壓力時，個人採用熟悉、習慣性，及省力之有效行動，他們覺得在此情境下最愉快的感覺包括：思考異常清晰、工作效率高、學習能力敏銳，及判斷迅速等。總之，非常信任自己之直覺與想法，如果別人隨便提供意見，多半不輕易接受。以喜萊莉為例，當她集中精力準備那關鍵性之期末考時，她覺得只用平常一半的時間就能專注課本內容，重點也很快能掌握，她深深感嘆：「如果我一直都有這樣的效率，一定可以得到全優成績了。」

　　由於在此情境之適應方式是仰賴一切能按自己計畫去進行，一旦有什麼異常或意外事情，可能導致嚴重之困擾。以葛麗絲而言，如果家裏抽水馬桶忽然故障、孩子生病、乾洗店沒有如期將一套要穿的服裝洗好……等，她那一天就會感覺非常困擾。

　　西爾斯等學人曾以兩所醫學院學生做研究，發現百分之八十八預科班的學生至少曾經作弊一次，進入醫學院後半數至少曾作弊一次 (Sierles, Hendrikx, and Circle, 1980) 。雖然大專院校之作弊情形不一；如作弊次數、偷竊考卷、偷竊圖書館書籍刊物，或抄同學之答案等。可是，即使在實施考試榮譽制

度之學府,在暫時過度壓力負擔下,有些學生仍會做違背道德觀念之行為。

西賽勒勃克之名著《說謊》(Bok, *Lying*, 1980) 曾經搜集說謊所有可能之原因,她發現在異常之壓力下,說謊可避免真正的或可能之傷害;處於危機狀態下為減少壞消息所帶來的衝擊;或為了報復等都會使人說謊。

在高度壓力時,有些人會做一些幼稚的行為或迷信儀式,譬如走路有一定的路線,吃一些特別的東西,穿著自己認為安全的衣服等。

㈣情緒反應個別化:在情境二之適應下,常呈現不同人格形態受壓力衝擊後之獨特反應。譬如前述之響尾蛇足球隊,當冠軍賽日期接近時,每位隊員的情緒顯示不同特質,勃巴對任何事都發出大笑聲,另一隊員則容易發脾氣,過後這些隊員都會解釋這是球賽前的一些心態。梅寧格的觀察是,在此情境下的人情緒變化很快 (Menninger, 1967)。勃巴在一分鐘內,先是不停的講話和大笑,一下又變得很容易生氣和沉默不語。他的兄弟姊妹發現當賽期接近時,他對挫折忽然不能容忍,莫名其妙就大發脾氣,使人害怕得不敢接近他,而勃巴則表現得若無其事,等壓力消除後,別人提起這些情形,才會覺得當時這種行為可笑,或是有抱歉之意。承擔暫時性過度壓力的人,其幽默感之出現僅為排除緊張之心情,如以不配合一件事之滑稽程度而大聲表達,要不然則以惡意傷害人之尖銳口氣去諷刺人。

㈤人際關係受影響 (Strained Interpersonal Relations):當一個人承擔過度壓力時,通常希望別人能予各種的技援和協助。一般而言,在我們負擔重或繁忙的時候,我們的

朋友、親戚，及同事都會樂意伸出援手。此外，與我們最近的人自然會被要求分擔一些事。如葛麗絲，她的孩子必要被要求幫忙做家事，她的朋友和姐姐常被拜託代勞一些應接不暇之事務，兒子喉疼發燒躺在家裏休息，也許要求鄰居有空過去看他一下，或是姐姐可否順便在超級市場代購一些家用物品。在辦公室，她的同事在需要時，也要給她很多協助。不過，時間久了，幫忙的人不會像剛開始那麼樂意，也許會覺得被利用而不高興。而且當事人甚至會忽略別人的需要而不回報以關懷，因為他祇注意到自己的問題和需要。

個案追蹤

㈠**勃巴**（Bubba）：他的足球隊結果榮獲冠軍，總算沒白白苦練。可是過了十一月最後一場球賽，他覺得有一股說不出的失望，似乎與隊員失去原來的密切關係，也喪失同班同學以前對他的欽佩，以及球賽前富於刺激性的日子也消失了。學業落後自不待言，現在雖然有時間唸書，可是似乎提不起勁兒去讀。當他母親為他的成績急得直嚷嚷，他回答：「我也不懂為什麼不想讀書。」他還覺得一直很疲憊。不過，漸漸地，勃巴感覺一切復原，到了二月中的時候，他的數學考試成績居然得到 B，他和母親都很高興。

㈡**喜萊莉**（Hillary）：她度過第一學期。兩門學科的成績分別為 B 及 B＋，法文是 B，但英文祇得 C＋，但是這些成績足夠她考慮進醫學院。到聖誕節假期時，她食量增加，體重重了八磅，雖然睡覺的時間與以前已有不同，但仍睡得很多，空閒時隨便流覽一些輕鬆小說，有時晚上看電視。她的男朋友來拜訪的時候，覺得她比以前安靜許多。到第二學期，一切似乎

已回復正常，但她不知道第二個問題又要發生了。我們於下一章再繼續談。

(三)葛麗絲（Grace）：她和渴姆的熱戀由於一些不能克服的問題而漸漸冷淡下來。第一個問題發生在她們預備去一個計畫很久之海濱度假的前一天，葛麗絲的兒子從鞦韆上摔下來把腿折斷。葛麗絲一方面很心疼，另一方面又不忍心把他交給親戚照顧，湯姆為這孩子莫須有之意外而生氣，葛麗絲因湯姆批評她的兒子而不滿。之後，湯姆開始懷疑他是否該與一個有孩子的婦女發生感情，因為他覺得葛麗絲把孩子看得比他還重要，他也不知道如何與這些孩子相處，他不是他們的父親，如果當做他們的朋友又顯得太老。最後一件事終於結束他們的友誼，那就是湯姆告訴葛麗絲，如果他們想結婚，她必須放棄她的工作，他說：「妳管好家務和孩子，我會照顧妳。」對葛麗絲而言，她厭惡家務，而喜歡出外做事，她原來還計畫到北卡蘿蘭納州立大學去選課進修。自從這次不愉快的約會後，他們不再是情侶，而僅為朋友。過後，葛麗絲雖然失去一位情人，但也感覺輕鬆不少，她對姐姐說：「我沒想到和他在一起的那段日子是多麼的疲憊。」

(四)華爾德（Walter）：他送繳市政府的港口重建計畫通過後，不久，他服務的建築公司請他當股東，他就約太太一起到風景幽美的波卡但半島去度兩星期的假。到了目的地，華爾德還是不能鬆弛下來，他一直在想那個發展計畫，即使是躺在海灘上仍在想，他不停的修改藍圖，每天下午掛長途電話回公司，詢問工程的進度情形。他太太雖然發現他還是為工作很緊張，但並未做聲，到了第十天，華爾德忽然說：「我已決定回去，我已訂了飛機票，希望你不介意。」在本書十二章，我們

再繼續談華爾德的事。

　　㈤**路易士**（Luis）：在兩個月中，他雖然費盡心力還是謀求不到一個職位，焦慮與恐懼與日俱增，他覺得自己變得消沉和沒有信心。下一章將繼續敍述他的發展情形。

在情境二時如何自助及助人

　　多數人從情境一之適應進入情境二後，很順利地回復到情境一。雖然重新調適需要一段時間，如所舉實例中之勃巴、喜萊莉及葛瑞斯的經過……。

　　梅寧格提出另外兩種可能性之發展（Menninger, 1967）：第一種是因個人抵抗力無法持續支持而減弱適應力，本書第二章曾引述壓力研究奉斗費爾利之有關學說，當個人因應壓力持續過久會面臨精疲力竭。此時，生活與工作功能會明顯下降，路易士之情況屬於此類，遲早將進入危機狀態。第二種可能的變化是暫時性的過度壓力轉爲長期性，這是出自個人意願或爲任職機構所造成。有些人自認一天睡眠很少而以能夠完成很多事而自傲，他們抱怨一天爲何不多兩個小時，同時對別人的請求幫忙也從來不拒絕，還說：「要找人做事最好找忙人。」有此趨向的人多半屬於前述之A型人格。有很多機構實在是很技巧的鼓勵員工進入長期壓力過度之適應狀態，譬如以加班制使員工每週工作八十個小時，有些公司之待遇以「每小時」計算去鼓勵職員從事最多鐘點之工作。

　　當我們陷在暫時性過度壓力之情境時該如何自助？根據麥克連有三點建議：一、限制時間，勿使它延長爲長期，當我們知道它是暫時性的，我們可以容忍它；二、對自己處理的能力有信心，三、有可得到之資源或積極性之補償經驗，使我們能

比較容易接受一切壓力。最重要的是，注意一旦引起過度壓力之情況已結束，須盡力使自己生活回復正常，忽使惡化爲較低層次之適應（Mclean, 1976）。

如果我們的室友是處於暫時性過度壓力的情境中，我們擔心她的行爲會對自己有害，或開始爲別人尤其是親近的人所厭煩，我們該如何去協助呢？如果我們大家一起坐下來，建議他將每天工作量減少，所得的反應大概會如下：「請容忍我一下，這只是爲了應付這件事的完成，過後一切不會如此。」如果我們建議去請教一位醫生，或心理治療專業人員，對方一定很驚訝，而且回答說，該接受治療的也許是我們！在此情形下，學校導師或心理輔導員應切實去協助他們。

本章摘要

一、暫時性之過度壓力負荷情境會導致人格之重組，對事情權衡輕重後再做，精力之重新調度，以及行爲與情緒之改變。

二、在第二類適應情況下，個人呈現三個主要特質：㈠對一特定生活目標可得之滿意強烈，其他方面可得之滿足願意放棄或延遲之；㈡熟悉之暫時性中層次因應方式出現；㈢某些人格形態特點加強。

三、在第二類適應情境下，次要之特質包括：㈠大於平常之壓力；㈡身體敏感度增強；㈢極有效之組織力；㈣情緒反應個別化；㈤人際關係受影響。

四、在此狀況下對個人有三種可能結果：㈠回復正常狀態；㈡如果過度壓力時間太長，抵抗力減低，適應狀態會退步；㈢長期過度壓力負荷。

五、是否能從第二類適應情境下恢復端視以下三種情形：

㈠壓力情況是否被限為暫時性；㈡個人是否有信心可以應付；㈢是否具有可及之資源或其他積極之補償經驗。

六、第二類之適應情境是由於個人將注意焦點完全置於目前須完成之目標，其行為常會威脅到自己身體健康，或使親密的人不滿意，有時甚至造成正面衝突。不過，當事人一旦被提醒去顧及這些負作用，可以開始糾正其行為。

下章展望

下章我們將研討適應的第三種情境——危機之反應。文中將列舉五個案例做說明，其中包括喜萊莉的意外懷孕，以及路易士謀職接連的失敗。我們將可了解在此適應層次中，其主要特質及次要特質如何被影響。

重要術語

- Personality Accentuation
- Tolerance
- Maximum Effective Stress

相關性參考書目

1. **Coping behaviors in State 2**

   Menninger, K., with M. Mayman and P. Pruyser. *The vital balance:The life process in mental hadlth and illness.* New York:Viking, 1967. Chapter VII.

   Emotional and physical ways of dealing with temporary overload.

2. **Overload and judgment**

   Janis, I., and Mann, L. *Decision making.* New York:

Free Press, 1977.

How excess stress plays a role in poor decision making.

3. **Costs of State 2**

Selye, H. *Stress without distress*. New York: Signet, 1974.

A reminder that excessive stress for an extended period reduces adaptive energies.

4. **Self-help in State 2**

Greenwald, H. *Direct decision therapy*. San Diego: EDITS, 1973.

Smith, M. *When I say no I feel guilty*. New York: Dial, 1975.

Understanding why we overload ourselves, and practical approaches to overcome this tendency.

第十一章　情境三：危機情境下的適應

㈢組織力顯著減退

㈣不能預測之情緒反應

㈤強烈及多變之人際關係

五、個案追蹤

㈠費麗斯

㈡安格士

㈢喜萊莉

㈣瑪莉亞

㈤路易士

六、協助處於危機壓力下的人

㈠親自陪伴

㈡提供有關危機創傷之知識

㈢協助者認清自身之情緒與能力

㈣注意當事人所使用之因應壓力方法

㈤認清每個人忍受痛苦是有限度的

七、危機創傷者自我協助的有效具體實例

㈠較高層次之自我保護方式

㈡資源

㈢直接行動

思考問題

☐　您是否遭遇過失去對您很重要的人或物？

☐　當時您有什麼感覺？

☐　後來是什麼幫助您度過這段時期？

☐　您經過多少時日才恢復正常？

　　在所有適應情境中，危機的適應最使人感到痛苦。所謂危機適應是指對突發及創傷性之事件，例如醫生告訴我們最近所照X光檢驗顯示有肺癌的跡象，而後我們須安排後事的處理。其他導致情境三的適應包括一切嚴重的損失，如最親密者之死亡；法律系預科學生在甄試時被捉到作弊；遭任職機構之解聘，或是一場大火災將家裏一切燒毀等。不過，危機適應並非都是突發之創傷性事件所引發，有些人是由於長期壓力所產生。

　　在危機適應中個人會呈現各種之身心徵候，梅寧格（Menninger, 1967）列舉三十餘種之外，從心悸至嚴重之情緒不穩定，較嚴重之失調包括短期之強烈罪惡感或憤怒、妄想症，或幻覺症。

　　本章之組織和前章相似，先敍述此適應情境中之五個個案實例。其次，比較危機適應和其他情境之適應。之後，將討論危機適應之主要及次要特質，最後，除對於所列舉之個案做一追蹤報告外，更建議如何協助處於危機適應者。

一、危機的適應之五個個案實例

　　㈠**費麗斯**（Phyllis）**的父母離婚**：當費麗斯七歲時，她的

「尖叫」 (The Scream) 是本圖之主題，為挪威畫家孟克
(Edward Munch) 之作品，該畫描述遭受驚嚇、憂鬱、極度
不安及大危機者之恐懼心態。

此畫珍藏於挪威首都oslo國家美術館 (原畫為彩色)

雙親為維持他們的婚姻曾掙扎了數年，但終於決定離異。有一天晚飯後，父母將此事告訴她，並安慰她不需擔心，因為兩人都愛她，雖然以後她和母親一起住，但父親會經常來看她。費麗斯聽到這個消息，邊哭邊嚷：「我不要！我不要！」過後，一聲不響獨自回到房間。她的弟弟間斷的大鬧情緒，而她自第一次激動反應後似乎就平靜下來，她很鎮靜的對父母親說，如果如此的決定能使他們不再吵架，也許對每個人都好，父母認為費麗斯對這件事頗能接受。

可是在學校，她的老師發現她有很大的改變。本來是個聰明、愉快的好學生，現在變得孤僻和敵視。在班上很少反應老師的問題，對批評則顯得非常敏感。不久，課業漸漸退步了，當老師想知道什麼原因時，她認為老師和她作對而流淚。後來，她告訴老師覺得自己已不再是幾個月前的學生，也不了解以前功課為什麼會好。

(二)喜萊莉（Hillary）懷孕：雖然她曾經想像過懷孕是怎麼一回事，但喜萊莉從沒有想到過不經計畫的這種結果會發生在她身上。大考後的春季裏，當醫生突然告訴她已懷孕，她非常恐懼，她第一個反應是：「這不可能！你一定將別人的檢驗結果和我的搞混。」逐漸事實已不能否認，她愈想愈困擾。她和男朋友及室友商量該怎麼辦。兩人都很同情她，且對她說墮胎是很容易的。有關之男士答應負擔一切費用，但這些建議均沒有什麼幫助，她再三考慮是否該墮胎？她自問墮胎後是否會很懊悔與沮喪？是否應留住這個胎兒？將來是自己帶或送人領養？她的醫學院計畫又將如何？問題層出不窮，使她頭暈目眩。

當她的焦慮與日俱增加時，也大大影響她的課業，有時她

緊張得連一杯咖啡也要雙手捧住才不致打翻，她開始失眠，需要服用室友之鎮靜劑。終於她的一位教授請她去辦公室約談，因為她好幾堂課沒去上，也沒繳交期末報告。當她將困擾告訴他，他問：「妳預備怎麼辦？」喜萊莉忍不住哭泣，一邊說：「我不知道，您說呢？我很願意接受您的建議。」

㈢**安格士**（Angus）**不願意畢業**：安格士在美國紐約州一個規模很小的大學唸得很愉快，他有很多朋友，很活躍，是曲棍球校隊隊員，校刊編輯，且成績優異。他主修經濟，常告訴人畢業後他想從事家庭的汽車零件事業，到四年級開學的時候，他的雙親對他的沉默，尤其是不表示什麼時候要開始做事而焦慮。

到四月，就是畢業前一個月，他的父母問他為什麼不告訴他們何時回家做事，他回答最近一直很忙。等到父親逼問他的時候，他祇能直說對家裏的事業沒興趣，他很想做個作家。父親聽了覺得他實在笨，因此雙方不歡而散。過後，安格士幾次想和父親再談談，可是總是不知如可打開話匣，他在畢業前很傷感的對他的室友說：「我真不想畢業。」

㈣**瑪利亞**（Maria）**喪母**：在復活節之前，瑪利亞的母親突然中風，病情極為嚴重，當她接到醫生長途電話的通知，她回答：「這怎麼可能，我昨天剛和她通電話。」在兩個小時內，瑪利亞以非常悲傷的心情急忙地將家務交代好，然後搭機飛往母親居住的城市。旅程中，她很難過，也覺得有點麻木和迷糊。抵達後，一方面照顧父親，一方面儘量在醫院侍候母親。十天後母親不治而去世。瑪利亞親自安排一切後事，但是心情非常激動，對醫生、殯儀館負責人，甚至花店人員都不滿。當朋友們安慰她，說如果她母親壽命能延長並不是福氣，她聽了也遷

怒於他們。

出殯那天，瑪利亞保持鎮靜，但是翌日，她覺得看見母親在街上走，她急忙跑過去，但發現是一個陌生人。此後在六個月中，她週期性的再看到母親，但並沒有和朋友談起這件事，怕被人誤會爲神經錯亂。過了六個月，瑪利亞之情緒好像已經穩定，但是有一個週末，當她和丈夫還有幾位熟朋友一起用晚餐時，她忽然又被突然接到母親病危消息的感受所困擾，然後她問當時在一起的人：「我有沒有告訴過你們我母親是如何去世的？」

㈤**路易士求職失敗**：費了兩個月盡全力去求職之後，路易士開始發現這次的失業較以前的經驗長得多，因此，原有的樂觀以及信心開始動搖。過去所壓抑之恐懼與懷疑逐漸對他加深困擾，連寫自傳的能力也消失，因爲愈寫愈覺得所敍述的已不是他自己。他的不滿與憤怒俱增：對政府的破壞太空工業，大學教育的不實用，以及對自己都不滿意。有一天，經過一星期之極度挫折，他對著自己的獵槍暗想：「我如果一槍自盡會勝於活受這種罪！」

危機的適應與其他情境之適應比較

在人生過程中，我們都會遭遇導致危機反應事件。美國精神醫學會所編的《精神病之診斷與統計手冊》第四版（*DSM-IV:The Diagnostic and Statistical Manual of Mental Disorders*,1994）對危機反應（Crisis Reaction）涵蓋不同種類之適應失調，內容包括暫時性心理失調、因失戀或失業等切身的壓力而產生之沮喪、焦慮等重要症狀，造成危機反應的事件中也包含親人死亡之悲慟。它具有四個特點，可區辨其他情境

下之適應：㈠事前並無明顯之心理疾病，㈡壓力來源很清楚，未曾體驗或不易被接受，㈢反應量或性質較平常對壓力之反應為強或不同，㈣當壓力消失危機反應亦逐漸減弱。茲分別解釋以上四點特徵。

所謂事前並無明顯之心理疾病，係指當事人之心態在正常範圍內，可能處於情境一之常態適應或暫時性過度壓力之適應，保持有效生活功能，對自己各生活層面相當滿意，心理狀況仍相當穩定。

第二個特點，所謂異於暫時性之過度壓力是不為當事人所能接受以及反應非常強烈。本書第五章曾提及能引起危機反應之壓力來源包括在短期中發生之重大改變，有時引發不理想之長遠衝擊，以及使生活遭受很大影響之事件 (Parkes, 1971)。此外，亦包括天災人禍，如火災、地震、旋風、海嘯、火山爆發、意外，或被強暴等均能導致一般危機反應。比較普通的經驗則包括雙親或親人突然死亡、失業、身體缺陷，或本身面臨死亡等。

在危機反應時，至於人與人間之差別，也必然存在。譬如，對你可能是為了女朋友要與你斷交，對我也許為不知人生目標而徬徨。你不明白我為何僅因缺乏自我認同及方向而面臨危機；而我不明白你何必為了一個女朋友覺得受那麼大的打擊。

前述之 *DSM-IV* 曾指出雖然多數人是立即反應，但有時候會在突發事件過三個月之久，危機反應才出現。如以路易士為例，他失業後，起初兩個月中僅處於暫時性過度壓力之適應情境，後來，謀職一直不順利而使此暫時性之過度壓力延長，終於面臨危機邊緣。

處於危機反應之適應情境者的第三個特點是呈現一系列之

心理和生理困擾。憤怒、憂鬱，及焦慮是最普通的，其他則有大笑、哭泣、詛咒、離羣、容易生氣，或憂慮（Menninger, 1967）。醫務人員發現，有些人遭受嚴重打擊後會呈現幻覺、妄想、過度活動、歇斯的里症，及恐懼症（Powell and Driscoll, 1973）。

第四個特點是最困擾之徵候僅是短暫的，一旦引發危機之壓力消逝，它們也隨著終止。不過，事過境遷很久之後，偶然也會因觸景生情而突然激動。例如當一個四十歲之老師出席暑期性教育研討會，忽然想起十七歲那年墮胎前後的情境，使她有好幾天心境失常。

那麼危機反應究竟持續多久？最近之研究發現顯示大概是為期八至二十八週（Horowitz, 1980, 1976）。而且約每四人中就有一人曾經歷持續兩個月以上的沮喪情緒或其他對心理或生理產生困擾的徵候（Zisook & Shuchter, 1993）。

危機反應其實是一系列之適應，根據羅斯醫師以自己知道罹患絕症者做研究，發現其反應過程分五個明顯階段：否認、憤怒、協議、憂鬱，及接受（Kubler Ross, 1969）；哈盧維滋（Horowitz, 1976）另以生命受威脅及被強暴者等人為研究對象，則發現另一系列之反應：大叫、否認或昏迷，繼續被此事之回憶所侵擾，及漸漸平靜。哈盧維滋之階段並無羅斯之規律性，第三階段會持續在否認、麻木及重複性之侵擾中，且平靜階段也並不是完全。總之，賽爾利（Selye）與羅斯、哈盧維滋均同意危機反應遠較當事人所敘述之經驗為複雜，不過，危機反應雖因人而異，但一般性之階段依然存在。

情境三適應之主要特質

危機適應常引起行為上之重大改變，其主要特點有三：㈠工作、愛與遊樂感覺痛苦，㈡較低層次之自我保護方式，㈢人格形態呈現暫時性之變化。

㈠**工作、愛與遊樂感覺痛苦**：在情境三個人通常在生活上之滿意感驟降；其他方面亦較以前所得之樂趣為少。如以路易士為例，他發現人際關係大受影響，和太太一起不能輕鬆自在，甚為求職不遂所困擾，他的悶悶不樂也使孩子遠離他，而他自己為失業也避開朋友，原本愛玩的樂器也不感興趣了。有時候，在此情境中的人會表示，以後不再將精力投入使他們挫折的領域，往往等度過危機之後，舊日之熱情雖回復，但不免仍具戒心。

㈡**較低層次之自我保護方式**：由於處於情境三之適應中，所需要之自我保護策略需要較低層次的方式去緩和壓力之衝擊，因此「否認」 (Denial) 之自我保護常被使用，例如喜萊莉不能接受懷孕之事實，就認為祇是月經來期延遲。而瑪莉亞不厭其煩的在朋友面前重述其喪母的痛苦回憶，使朋友頗為厭倦。

㈢**人格形態變化**：在情境三者，人格形態之主要特點雖然如舊，但平常處理壓力之方式會改變，或者採用完全新的行為模式，總之，給人之印象是變了一個人。

例如前述之安格士，原本是一個活躍及熱衷於學校各項活動的學生，他在校刊每週發表的社論內容很充實和生動。他的教授曾對他做如下之評語：「他所發表的意見我並不一定同意，但他充滿熱忱，也提出重要的問題。」到了四年級，他的

表三四　危機反應相關之次要特質

嚴重及難以接受之壓力 突然、逐漸損害性或不願面臨之人生之週期轉捩點 意料不到或以前未體驗過之事件 身體健康變化 健康顯著改變 除平常使用之壓力處理方法，並加上不同之新方法 加強慣用之藥物，並加添或改用新藥物 組織力顯著退步 一方面或多方面思考組織力顯示退步	對現實之判斷力減弱 內外經驗混亂 問題累積 對行動及判斷感受迫切性 不能預測之情緒變化 強烈情緒波動 憂鬱及憤怒不能控制 幽默感消失 人際關係不良 非常自我中心 無選擇性之請求人給予意見，以分擔個人焦慮

教授和父母不了解他的轉變，他失去活力，早上爬不起來，第一節遲到十二次之多，在班上很沉默，不像以前喜歡問問題。當校刊記者發現學生伙食部的人不誠實，安格士對此也不顯示興趣。

情境三適應之次要特質

　　危機反應之次要特質包括嚴重及難以接受之壓力感，使人擔心之身體健康情形，組織效率減退，不可預測之情緒，及強烈多變之人際關係，其內涵列舉於表三四：

　　㈠嚴重及難以接受之環境壓力感：有三類經驗易於導致個

人做出危機反應：1.突發事件，2.逐漸損害之過程，3.不願意面臨之人生週期之過渡期。瑪莉亞之突然喪母屬於第一類經驗，路易士之遭遇屬於第二類，亦即本著第二章中賽爾利 (Selye) 所敍述之因應壓力過程之三個階段。至於第三類經驗可以安格士之個案爲例。當他在畢業那一年需要進入一個嶄新的人生發展週期時，被兩個抉擇所困擾，一個使父親不樂，另一個使自己不樂。

危機反應並不完全是由突發事件所引起，有時不願意接受之事件也會，譬如在波斯頓有一個貧民區，政府早就有通知囑咐他們遷出，因該區已被畫入都市計畫中，同時他們遷居之地點與原來住處很近，但仍有半數人顯示危機反應之徵象。

(二)**身體健康變化**：本著第二章述及高度壓力與身體健康退步之關係，這種變化會持續一年之久，而且壓力愈大，對容易受傷或患病率似有正比關係。有一項研究以三所高中球隊爲對象，結果發現雙親死亡或離婚者其受傷率竟有五倍之多 (Coddington and Troxell, 1980)。林區博士在其名著《破碎的心》詳細記錄很多個案因失戀或喪失最親愛的人，而死於心臟病或其它疾病 (Lynch, *"The Broken Heart"*,1979)。另一項研究更發現男性於配偶死亡後，較女性易於因身體抵抗力銳減而罹患疾病，甚至死亡 (Clayton, 1979)。

在情境三之適應下，有時體健如常，有時則非常不舒適。譬如瑪莉亞覺得腰酸背痛，而醫生無法診斷其原因，當醫生告訴她也許是由於喪母所影響，她還是不高興，一年之後，這情形逐漸消失。

所謂不尋常之反應最普遍的是失眠 (Parkes, 1972)。其他身體失常包括：發抖、臉紅、脈息不規則、月經不規律、頭

暈、無胃口、腹瀉、胃酸、出汗多、皮膚病 (Menninger, 1967)。

在情境二及情境三適應者均會服用藥物使自己感覺較舒適，但在情境三者會需要加重分量，或者會探求更強及較有效之新藥物，總之，擅自濫用藥物是很常見之現象。

㈢**組織力顯著減退**：在情境三下，一般而言思考組織力也許能維持正常，但不免在有些方面顯示退步。譬如，費麗斯聽到雙親討論離婚的時候，她開始失去時間概念，有時她不能確定那天是星期幾，同時她的老師注意到她對空間的觀念也有困難，她不能像以前一樣可以走到學校每一個場所，譬如，健身房、美術教室、科學教室等，對每週該做或去的地方也感到混亂。偶然，自我之意象也會受影響，最普通的一個現象就是覺得自己的行為竟像逝世的親人一樣。

此外，對現實似乎也會脫節，輕微短暫的幻聽、幻想會出現，有一種現象是認為自己是危機反應之原因。如一位青少年認為父親之突發心臟病是由她的惡劣成績所引發，同樣，一個相反的情形，就是認為自己可以扭轉危機。譬如，費麗斯對父母說：「如果你們不離婚，我答應永遠做個好孩子。」

在情境三適應者即使表面似乎麻木無感，但事實上情緒非常激動，所以很難看清事實，直覺能力也降低。情境一或情境二者能夠說：「我實在不知該如何做，但我要照直覺行事。」而在情境三者會完全失去該走的方向。譬如路易士有兩個就業機會，一個在美國南部的佛羅里達州，一個在西部。他是否該為一個較好的前途舉家遷居到一個新地區，還是留在原來的住處再等一下機會，他不能做決斷。當朋友問起他，路易士回答：「我不知道，我真不知道如何才對。」

為什麼在情境三適應者的判斷會受影響呢？威特肯及其同

僚 (Witkin et al., 1954) 曾以「場地倚賴」 (Field Dependence) 性格解釋此情形。具有此性格者僅憑他們對四周環境之認識去觀察及解決問題，他們之顯著特點是強迫性之憂慮。處於情境二適應者知道困難之來源，他們能根據此認識去尋找可用之資料。但在危機反應者，每件事都是非常不安全、不可靠，須一再考慮。譬如費麗斯會懷疑她的朋友究竟是否喜歡她，她是否真如成績所顯示那麼能幹，她的足球能力是否在退步。以前的自信現在已動搖，此外，再加上新的憂慮，父母分居後，錢夠用嗎？我們將住在什麼地方，誰輔導我的數學作業，我和母親一起住能應付一切嗎？

「場地倚賴」性格尚有一特點，對每一分毫的差異都非常憂慮，赫士曼 (Holzman & Gardner, 1959) 稱之為「尖銳化」 (Sharpening) ，而且將芝麻小事擴大視之。譬如，費麗斯聽到父母親談到離婚後，父親探望女兒權利的時候，她就開始想像很多事情，譬如在法庭中之爭執，她須選擇依隨父親或母親，她暗自比較兩者之特點，誰比較會煮菜？誰讓她看最喜歡的電視節目？誰會將住所整理得最清潔，誰最能輔導她學業？她最後決定最需要有人輔導學業，尤其是數學，也因此她決定要和父親一起，因為他的數學能力強。

由於處理情境三適應者將注意力集中在難題上，所以小問題會層出不窮，也因此將主要問題更加強。「危機」之英文字 (Crisis) 是源自希臘文，其原意為「做抉擇」，在危機反應中者的確很迫切需要做一抉擇，在他們身邊者也感覺他們在此方面之迫切性。但由於高度之焦慮往往使人不能依據充分之資料或思考去做抉擇，因此，結果極不穩定。譬如費麗斯的母親替她烤了可口的巧克力小餅乾後，她就改變隨父親居住的想法。

當任何人在處理壓力上已到了窮途末路時，有時會做極衝動、不現實，及付出大代價之行爲，這只是爲了取消一時之累積焦慮。費麗斯在憂慮到底和父親或母親一起住時忽然決定離家出走。她收拾了一個小箱子，把最喜歡的書和方服放進去之後，就和她的小熊走出大門。當她計畫離家並且眞的走了，她覺得輕鬆一點，但當騎脚踏車抵達級任老師家後，又覺得很痛苦。

㈣**不能預測之情緒反應**：在危機反應者心情很壞且在每年歲末時，每十二人就有一位因喪失親人而出現臨床上所謂「沮喪」的症狀（Zissook & Shuchter, 1993）。憂鬱是危機反應最普遍的情形，不過，時有變化，旁觀者無法了解，爲何一時衝勁十足，一時又極度悲觀和冷漠。除憂鬱外，憤怒也是在危機反應中常出現的。路易士竭盡全力謀求一職位，結果非但遷怒於人，而且甚至想飲彈自盡。離婚家庭子女，經常會將憤怒投射同住之父親或母親，而且其爆發像是定時炸彈，力量大，並莫名其妙。在危機反應中，很少人有緩和惡劣心情之幽默感，在此時，當事人無法從逆境尋求聊以自慰之處，也無法將人類行爲之虛僞與矛盾，置之一笑。

㈤**強烈及多變之人際關係**：處於危機反應者會不停說話，可能僅爲單向之溝通，即當事人僅敍述自己的問題、焦慮及心態，對別人之需要無持久之興趣。譬如喜來莉爲自己該不該墮胎之事，和她室友聊天時，根本沒有聽見對方問她是否應該轉系。此外，在情境三之適應者很喜歡隨便請教人對他問題的意見，其動機並非眞正要別人的意見，而祇是要人分擔他的焦慮。同時，他們很容易受騙或被人利用。譬如，路易士曾被一位所謂就業輔導及介紹專家所騙，花二千元請他寫一封介紹信，同

時接受其輔導，過後，路易士還說：「這無所謂，至少他很耐心的聽我傾訴心中積怨。」

個案追蹤

㈠**費麗斯**：當她離家後，父母親和學校老師都覺得必須盡快去協助她，他們和學校心理輔導員約談。在討論中，大家很關切的一個問題是費麗斯聽到雙親要離婚的消息，頗有不知所措之感，而且非常需要班上老師之注意，否則就會顯得很不快活。輔導員約她晤談，她很樂意表達自己感受，提起雙親離異的事，她說起先她覺得很難過，後來就不再感覺什麼，只是麻木。不過，她發現有時在晚間或是清晨，有時在學校，一想起雙親離婚的事，覺得很難過，她不了解為什麼學業在退步，也許是能力不如其他同學。

學校心理輔導員轉介費麗斯和她的父母親去社區家庭諮詢中心。開始那一次，他們三個人和一位家屬輔導員會面，隨後，父母親和一組感情破裂的夫妻會談，而費麗斯則參加為破碎家庭子女舉辦的團體輔導。這種父母親和子女分開的輔導方式，一方面可以使父母協調異見，認清離婚對子女之影響，減少和父親見面時之不愉快情境，以預期費麗斯之反應。至於和相同處境的孩子相見，對費麗斯也是新的經驗，她發現別人也像她一樣，覺得父母的感情破裂可能由她導致，而且也暗暗幻想協助他們破鏡重圓。當這種希望漸漸似乎變成不可能的時候，她不敢告訴任何人。和這些孩子會談以後，費麗斯慢慢了解她並非是班上唯一有父母離異情形的人，她也因此認識了三個新朋友，請他們放學後或週末到她家玩。到學年結束時，她的老師說費麗斯的情形已恢復正常。

㈡**安格士**：經雙親的再三堅持，安格士終於在暑假的時候到父親的汽車零件廠做工，雖然這使他父母親高興，安格士並不感覺興趣，而且胃不舒適的情況惡化。當他和朋友談起這問題時，每個人的意見不一，因此他難以決定該怎麼辦。有時他幻想自己留下來好好做父親的事業並謀發展，但一下子他又想加入海軍。結果，他似乎很能接受系主任對他的建議，那就是叫他試著先在父親的零件廠做幾個月後，再做決定。畢業後，他在一家小報社任職，滿足其寫作願望。一年之後，決定從事新聞業。

㈢**喜萊莉**：教授要喜萊莉自行決定是否去墮胎，當她正走投無路時，她思及自己一向是父母最疼愛的女兒，這點使她忽生勇氣打電話給母親。母親雖為此事極震驚，但當晚即趕來看她。翌晨，她決定墮胎。一個星期之後，感覺體力恢復，決定再去繼續將學業修完。同時，也不免回想當時怎麼會讓自己懷孕的。

㈣**瑪莉亞**：時光之消逝雖然沖淡她喪母之反應，但是每年一到復活節，瑪莉亞即陷入一個莫名的低潮，對她來說，復活節不會再歡樂如昔。

㈤**路易士**：過去兩星期，路易士對求職失敗引起之極度困擾似乎漸漸減少，但卻感到無限之憂鬱與痛苦。他的太太為了應付家用，換了一個薪金較高但事務繁重的職位。為了節省開支，也遷居到一個較小的住所。他認為這種情形在幾個月前他已接受，也就是讓太太負責維持生計之任務，言詞中當然不勝無奈之意。由於他覺得朋友們都看不起他，所以也儘量迴避他們，雖然他太太一直告訴他朋友們都很關心他，很想和他見面，但他還是避開他們。終於有一天電話鈴響了，路易士的舊同事

告訴他，他原來任職的公司接了一件很大的工程，能再請他回去當工程師，他考慮之後決定接受，於是，他又開始玩他放下很久的心愛薩克斯風樂器了。

協助處於危機壓力下的人

協助處於危機壓力下的人是可能的，而且其最大優點在於他們知道自己是處於不正常的心態；不像在壓力過度情形下者，對自己的適應不良並不很清楚，因為突然被公司通知解聘、「遭受強暴」或是「恩愛夫妻喪偶」等人生事件，予人衝擊性遠較日常不如意事為重大。由於此，所以比較易於協助他們，朋友、親屬、非專業人員，以及專業心理衛生服務工作人員都能支援他們。以下是五個可行之原則：㈠親自陪伴他們，並結合其他的人一同協助，㈡提供有關危機創傷之知識，或他人經驗之記錄，㈢協助者認清自身之情緒與能力，㈣注意當事人所使用之因應壓力方式，㈤認清每個人忍受痛苦之能力是有限的。

㈠**親自陪伴**：由於一個人時間精神力量有限，所以必須結合其他人分擔不同任務，這樣可以防止孤獨迴避人羣之行為，更重要的是能提供安慰，發洩創痛之情緒，及協助使用合適之適應行為。美國心理學者林區之研究顯示，如有人和喪失親愛的人或蒙受嚴重身體創傷者時常保持交談關係，可以防止身心疾病（Lynch, 1979）。他並說明交談內容並不一定是愛與關懷，它也可能是一些愉快的事，即使不愉快，使人煩惱的事也沒有關係。重點是使當事人保持接觸和談話，而不要與人隔離。

和處在危機壓力的人在一起有時會很累，其中一個原因是他們內心強烈的感受常使他們滔滔不絕，講幾個小時的話也不

停，由於睡眠常被惡夢所驚醒，白天也有各種雜念所侵擾，因此日夜都有不停講話的需要，常常使協助者之精力無以支持，效率減退。所以集合一個支持關係網是非常重要的，可以尋找有經驗之專業人員，或熱衷之義務工作人員，如生命線、社區心理衛生中心義工等。

(二)**提供有關危機創傷之知識**：譬如一個突然無故被公司解聘的人，難過得萬念俱灰而頓生自殺之念頭，如果他知道有很多人和他同樣遭遇時也會有這種意念，則會覺得不孤單，因而舒適不少。總之，曾克服相同危機者的經驗是會有很大幫助的，且他們的同理心也特別有效。有一位女作家敘述自己如何從名影星海倫黑斯的經驗克服喪偶悲痛之心路歷程（Caine, 1974），另外一位作家，蒐集很多兒童文學書籍，綜合有助於兒童因應父母死亡、離婚、貧窮、病患、傷殘、天災、人禍的創傷經驗（Fassler, 1978）。在此著作中，她建議一些可用之故事，讓成人去協助兒童克服他們幼弱心靈的創傷。例如《紅汽球》（*The Red Balloon*）一書描述名為巴士高爾（Pascale）的寂寞法國小男孩，和一個心愛的紅氣球結了不解之緣。他覺得它似乎有生命，和它發生極深之默契，感覺它非常了解他。有一天，一些可惡的孩子投石頭把它擊破，故事結束的時候，巴士高爾對已死亡的氣球痛哭。如果和小孩一起讀這個故事，可以藉以討論喪失家中親人的創痛經驗。作者費斯勒舉例說明此點，有一位年輕的婦女之丈夫在越南戰爭中陣亡，當她把這個故事唸給四歲的兒子聽，他感覺非常有興趣，而且一直翻看書中的圖畫，等到故事述及紅氣球被一些壞孩子用石頭打破的時候，他說：「就像爸爸一樣，就像爸爸一樣！」隨後他問了很多關於父親死亡的問題，是他以前一直不願提到的

問題。

　　當然，時間是最好的治療因素，經過危機創傷的人是需要時間去沖淡其悲哀的衝擊，在此期間如有親友及專業人員或有關懷心的人去安撫，則採用良好恰當的適應的機會愈多。

　　㈢協助者認清自身之情緒與能力：雖然協助處於任何適應情境者都必須認請自己之情緒，對處於危機適應者尤爲重要。很多時候，我們會受他們強烈之情緒所影響，使我們感覺到是唯一能幫助他們的人，也因此有很大的責任感。精神學醫師將此感覺分析爲：1.援救的幻想，2.不能錯之幻想，3.萬能之幻想 (Three Fantasies)。當我們去協助一個危機創傷者的時候，每抱著迫切的心情，不能錯及所做的必須都是對的奢望，但事實上，我們也必須接受現實上的限制。

　　其實，處於極度悲痛者，有時也給我們很大的壓力，從他們所表現之強烈無助感，到勃然大怒的敵視態度均會引起我們不恰當之反感。譬如，有時我們因無法使當事人自助而對他說：「請不要那樣一直可憐自己吧！」或者，當事人對我們說：「你的好意只有讓我感覺更痛苦！」我們會灰心得決定放棄協助之意願。

　　㈣注意當事人所使用之因應壓力方法：在我們協助處於危機適應者的時候，當然很希望當事人能聽我們的建議，使用高層次的直接行動法，但是我們必須了解他們的心情，他們不一定想接受專業人員的照顧，也許他們只希望一個冷靜下來的機會。正如有一位被強暴的婦女所言：「讓我獨自靜下來，我不想和醫生或任何人談這件事。」

　　由於很多人自己能從危機壓力衝擊康復，所以對我們心愛的人最好之協助辦法是觀察當事人如何去重新調適其生活。例

如，他是否使用較高層次之自我防衛方式？他是否使用直接行動去加速自己之康復？

　　㈤認清每個人忍受痛苦是有限度的：尤其當事人看不到改善自己感受之希望，忍受度會急速減低。例如，一個人祇用喝酒、服用藥物，或以自殺動機來減少或去除痛苦等行為，我們可知他所使用之適應方法為不良，當我們勸他少喝酒，少用藥物或去請教醫生治療，她只說：「我很好，我不要和任何人說話。」我們應怎麼辦呢？在這情形下，我們也許可對她直說：「不管怎麼樣，你讓我非常擔心，我需要一個專業人員的意見，決定你的作法是否適當，我陪你去。」雖然當事人仍然不願意理會專業人員的意見，但我們對她的關心會感動她。奇怪的是，當這些人復健後，會轉過頭來為處於危機壓力適應的人服務。

　　有時候，去請教醫生也是一個很好的途徑，醫生在身體檢驗過程中，可以和當事人建立良好的輔導關係，而且同時提供醫藥和心理輔導。對因沮喪症狀持續不減並使其痛苦不堪的人，抗憂鬱藥物對他們頗有幫助。

　　危機之英文字為 Crisis，但是中文表達此概念更清楚，即危險加機會。所謂危險包括損失、災禍，而人生災難常帶來人格成長之機會。當然，危機壓力的事件常導致生活不可彌補之處，但它也帶來機會去開拓新方向，建立新人際關係，培養新技能和興趣的機會。

　　危機壓力之來臨也使我們領悟處理壓力之方法是否恰當良好，在親友關懷裏，一個人往往享受意想不到的新生機，使自己重新學習如何有效面對人生。最後本章以自我協助危機創傷實例作結束。

危機創傷者自我協助的有效具體實例

美國波斯頓市立醫院兩位研究員布格斯和荷爾思斯特朗 (Burges s & Holmstrom, 1979) 曾經完成一項追蹤四至六年之研究,探討八十一位曾遭受強暴女性之適應問題,其中六十位表示在四至六年後完全恢復,二十一位則覺得沒有恢復。比較這兩組研究對象後,發現得以恢復者曾使用較高層次之自我保護方式 (Higher-level Self-protective Responses-SPR) ,及較多之直接行動反應 (Higher Frequency of Direct Action Responses) ,且獲精神支援,茲將各點依次闡明:

㈠較高層次之自我保護方式

1.解釋:例如:「我想為省兩元的公車費而去搭不認識的人的便車,結果竟吃了那麼大的虧。」

2.減少事件之嚴重性:此方法與「合理化」之自衛機轉相似,例如:「我僅躺在那裏……,我並沒有被強迫做不正常的事……。」

3.壓制:故意將不能挽回的事情忘掉:「人生太短了,我不願意去想那些不能改變的事。」

4.儘量將痛苦表露:即毫無保留的將痛苦情緒發洩,例如:「我平常不隨便哭的,可是為了這一次的事,我哭了不知道多少次,哭後自己覺得輕鬆了一點。」

㈡資源

復健者報告曾有很多親友予以精神上之慰藉與支援,尤其是有固定的愛情關係之對象者恢復得更快。

㈢直接行動

1.旅行或遷居，在不同經濟情形下，能復健者或旅行，或遷居，或往親友處居住一段時間。

2.換電話號碼，或將號碼停止登記，此辦法似能增強安全感，或對環境有控制之感覺。

3.參加團體輔導活動：不論是直接之參與或間接的收看有關電視節目或閱讀書籍、文獻。

4.在強暴求助中心當義工，這一項服務似乎對君速復健極有效。

本章摘要

一、危機反應有四個特點可區辨其他情形之適應：㈠事前個人並無明顯之心理病症，㈡壓力來源很清楚及以前未體驗過，㈢過分反應或與平時對壓力反應之特質不相同，㈣當壓力停止後危機反應亦隨之減少。

二、危機反應包括一系列之反應，常因人而異，終止後，有時會部分重現。

三、危機反應常引起行為之重大改變，其主要特點有三：㈠工作、愛與遊樂三個領域之滿意度驟減，而其中之一特別痛苦，㈡較低層次之自我保護方式呈現，㈢人格形態顯示暫時性之變化。

四、次要特點包括：㈠突來及以前未體驗過之外來壓力，㈡身體健康變化，㈢思考組織力顯著退步，㈣不能預測之情緒波動，㈤人際關係不良。

五、協助處於危機反應者之五個原則：㈠自己親身陪伴並結合其他人共同協助，㈡尋求專業或志願團體資源，以及有關書籍或知識以促進其復健，㈢明白協助者本身之情緒會阻止有

效之協助，㈣注意當事人遭遇危機反應者所使用之因應方法，
㈤體認每個人對痛苦之容忍度在持續延長後會減低，終於不良
調適之方法會呈現。

六、危機反應雖然予人極大痛苦，但亦提供成長及加強日
後因應壓力之機會。

下章展望

下章主要內容為行為違常，將討論其四類之主要及次要徵
候。它們之成因不一，可能僅為持續極久之壓力情緒，並無明
確原因，也可能是由極劇烈之衝擊所導致，如戰場之震撼經驗，
或工作過勞導致精神崩潰。

重要術語

- Crisis
- Denial or Numbness
- Field Dependence
- Sharpening

相關性參考書目

1. **Stages of the crisis reaction**
   Kübler-Ross, E. *On death and dying*. New York: Macmillan, 1969.
   Horowitz, M. *Stress response syndrome*. New York: Aronson, 1976.
   Different viewpoints of the phases of the crisis response.
2. **Stresses triggering State 3**
   Monat, A., and Lazarus, R. (Eds.), *Stress and coping:*

An anthology. New York:Columbia Press, 1977, chapters 16,17,19, and 21~26.

A collection of classic articles about crisis reactions in response to stresses ranging from death to losing a home.

3. **Helping children through crisis**

Grolman, E. (Ed.), *Explaining death to children.*Boston:Beacon, 1967.

Weiss, R. *Marital separation.* New York:Basic Books, 1975. Chapter 10.

Fassler, J. *Helping children cope: Mastering stress through books and stories* New York: Free Press, 1978.

Practical assistance for adults helping young people cope with traumatic life events.

4. **Self-help**

Ruben, H. *C. I.: Crisis intervention.* New York: Popular Library, 1976.

Kushner,H. *When bad things happen to good people.* New York: Schocken, 1981.

Recovery from crisis assisted by psychological and religious understandings.

第十二章　情境四：行爲違常

思考問題

☐ 您是否認識一個人經過重大的損失或衝擊事件後，雖然已過了許多時日，其行為仍然很怪異？

☐ 您是否知道有些人經常做些明知故犯的行為？

☐ 您是否知道高中或國中生大約有多少人使用藥物？其所占之百分比大約多少？

☐ 您可知道為什麼有些人能從「適應失調」復建，而有些人則不能？

何謂行為違常

行為違常是指持續性及摧殘性之行為、意念，及情緒。易言之，情境四之適應並非一個暫時的現象，當事人不會很迅速地度過此情況，而其反應亦非為危機系列反應中之一環。它可被視為凍結之不良適應，能持續至幾個月、幾年，甚至於終生。

本章將討論焦點集中於*DSM-IV*所畫分之四種行為違常：有症狀之違常，兒童與青春期之違常，飲食習慣之違常，及藥物使用之違常。

為了闡明以上各類行為違常之性質，本章繼續介紹個案實例。除藉以辨別與其他三種情境之適應外，亦將敘述其主要及次要特質。最後，本章提出協助在情境四適應者之各種治療保健方法。

情境四適應之六個個案實例

㈠**受罪的班濟** (Benjy: The Scapegoat)：班濟的父親

是位聖公會的牧師，八年來都安居在維基尼亞州的小鎮。在班濟上五年級前的那個夏天，他父親被調往華府郊區。當時班濟剛好八歲，他是獨子，對於遷居到一個新的地方感到很不快樂，他懷念原來的朋友以及習慣的小鎮，他恨那新的城市、新的同學和新的學校，開學後差不多每天都抱怨和哭泣，因此同學都取笑他，甚至於故意氣他，譬如有一天偷走他的鞋子，讓他祇穿了襪子走回家。過一陣子，每次他要上校車時就會鬧肚子疼。

父母親特地請教學校老師如何可協助他，但他們對老師不同情的態度深感訝異。班濟的數學老師認為是他自己不好，他的言行促使其他小朋友和他開玩笑。閱讀老師也同意此項觀察，同時也覺得他的學業成績很不穩定，一天好得很，隔一天又非常壞。

班濟的雙親不了解他為什麼被欺侮，他在原來的學校並不是這樣。他們問老師：「我們該怎麼辦？」

㈡**戴蓮十三歲後的日子** (Darlene: Thirteen Going on Twenty-One)：戴蓮的青春少女期曾充滿暴風似的經驗。她母親說：「別人告訴我，一個女人最困難的時候是在十三歲那年，但是從沒有人提到十四、十五和十六歲！」戴蓮母親這番話是為女兒的感情風波而言。

在兒童期，戴蓮是一個模範孩子，孝順父母，尊敬長輩，聰明，是同學中的領袖，還是班上的足球健將。有時她開玩笑說自己像個男孩子，男孩常請她參加他們的生日慶祝會，她也不在意自己是場內唯一的女孩。

不過，當她升上初中那年，她的個性變了，她母親大聲說：「戴蓮慢慢從一個善良的女孩變為一個不乖的小姐。」戴蓮抱怨她的母親對她的學業成績施予太多壓力，不喜歡她的新朋

友，又限制她的自由。其實，也難怪她的父母親為她擔心，她變得非常孤僻和憂鬱不樂，常把自己關在房裏，且在房門上標貼「不准進來」的紙條。她的學業成績不穩定，下午或週末也不讓父母親知道去什麼地方，為此家庭生活大受影響，母親關在浴室裏哭，父親大喝其酒，而她就躲在房間。

無可奈何之下，父母親到學校請教校長和心理輔導員。他們都認為這是青春期發展之過渡期的適應問題，同時要信任她，不要一直懷疑她。父母親接受他們的勸告，但到春天時，他們忽然發現她抽煙，到了夏天，她週末晚上回家的時間超過父母親的規定。到了初二時，她多半時候和初三及高一年級的朋友一起玩。在三月某個週末，母親叫她在家照顧三個小妹妹，當父母親提前回家時，發現她和一個高中男生在汽車中擁抱，當他們打開車門時，嗅到一股很重的大蔴煙味。五月中旬，學校校長通知戴蓮的父母親到學校，因為老師發現她推銷大蔴煙給同學，被詢問時，戴蓮承認她所以如此做是因為要錢去購買每天的服用量。

㈢**程桃的體重問題** (Chantal's Weight Problem)：程桃是位三十歲的女士，法籍加拿大人，獨身，一直與母親同住。她在蒙特婁一家卡車公司當高級出納職員。在當地某大學夜間部，以六年的時間幾乎完成電腦科學系的學業，因為她計畫以後從事資訊工作。

程桃有體重問題，她正好五呎高，但卻重二百一十八磅。最近四年都在一百八十磅至二百三十磅之間。自青春期開始發胖，六年級到初二增加五十磅，高中畢業時重一百七十磅。過去十年中，曾經多次節食減重，她對節食的辦法無所不知，過去前後減重的總和已有半噸之多。有兩次體重曾降至一百五十

磅,但很快又上升。她明知自己有貪吃之弱點,但不知什麼原因,她說:「我白天很能節制,但一回家就完全失去控制,週末更是大吃特吃。」

程桃是獨生女,自幼父母離異,沒有機會認識父親,母親是位老師,在情感上非常需要女兒,每當程桃提起想搬出去獨自住公寓,她母親就感覺胸腔疼痛。

她的體重並沒有影響對運動的愛好,無論滑雪、手球、網球,或登山都有涉獵。在一個成人教育班,她發現對雕塑也有興趣,不過,在她所居住的蒙特婁市,完全沒有社交生活,祇有在兩個暑假期間至希臘旅遊時,曾經經歷過火熱的豔遇。她在回憶時微笑著說:「希臘男人喜歡胖女人。」自從去年夏天的豔遇,她決定再次減重。她暗自沈思:「如果我減重成功,是否能吸引一位加拿大的男士呢?」她去請教一位精神醫師,他所使用的方法是催眠術,由於尚未接受過這種治療法,程桃決定去試一試。

㈣**華爾德的工作癮**(Walter's Workaholism):華爾德任職的建築公司股東,於年終召開會議時,決議邀請他為股東之一。前章提到他決定和家人一起至加勒比海的觀光勝地好好休息一個月,但是,到達十天後,公司給他一通緊急電話,通知他進行中的建築工程遭遇了重大的問題,需要他去解決。他即刻帶家人飛回去,並答應一有機會可以放下工作,再去旅遊。

在隨後一年中,華爾德回復往日為爭取一席股東之工作習慣,週日、週末都排滿了工作。朋友問他何必如此,他說一方面公司缺少人手,另一方面是所有股東都具工作熱忱,同時對自己的貢獻引以為傲。

自從升為股東後之五年中,華爾德吸煙及喝酒量均增加,

雖然醫生警告他，但他並不認為有問題，因為只有幫助自己鬆弛，對工作效率並無妨礙。他太太對他漸漸更為不滿，感情也冷淡，她說：「兩人間的愛情絕對不能濃縮在偶然的週末或度假。」後來，他答應星期六不去公司，而在家裏工作，但並沒有參加兒子的曲棍球賽，及女兒下午的生日派對，使孩子不禁問母親：「如果我們很乖，爸爸下次會參加我們的特別活動嗎？」

㈤查利對雷雨之極度恐懼 (Charlie's Terror of Thunderstorms)：查利是位堪薩斯州四十七歲的推銷員。他在該公司已任職二十五年，成績普通，並不傑出，他成績平平的主要原因之一是對雷雨極度恐懼，每次電視氣象預報翌日將有雷陣雨，他就有強烈的生理反應：呼吸急促、頭昏、脈息加速、身體發抖。即使結果沒有雷雨，他還是沒有辦法控制這些反應。他擔心著：它究竟是什麼時候會來臨？我將在何處？在那裏會安全？我該如何處理我的恐慌？他也自覺自己太過分了，當他在路上駕駛汽車，他將車頭天線放下，同時趕緊將汽車開到附近一家汽車旅館停下。進入房間後，便將所有電線插頭都拔起，而且連電話都不敢打，在家時，他要求全家人和他坐在同一個房間，即使沒有人感覺害怕。

今年當他回堪薩斯州的一個小規模大學慶祝二十五週年校友會時，他寢室的朋友問他：「你還是那麼怕雷雨嗎？」他聽了覺得不好意思，也因此決定設法去糾正這種情形。

㈥冰人的戰爭壓力創傷 (The Iceman's War Stress)：有一位年輕婦人送她二十八歲的丈夫到榮民總醫院求治，據說是患有不能控制之精神病徵候，患者是大學工讀生，在一家速食餐廳當經理。前一夜，他忽然大怒，將家中家具毀壞，然後

戰爭的壓力。無論贏得勝利與否，戰爭的代價已在這名
士兵臉上表露無遺。

跑到街上，說是怕在家裏會殺人，到了凌晨二時，喝得酩酊大醉，由兩位越南戰爭的夥伴帶他回來。

他兩年前退役，在軍中是排長，由於他在前線表現得特別鎮靜，所以被取名為「冰人」，他曾兩次接受頒獎，因為他從地雷爆炸後找回受傷或陣亡之士兵。退役回家後六個月，他常為惡夢所驚醒，因他夢見自己在地雷炸熅的廢墟上，被血淋淋的夥伴所包圍。有時候則很害怕在人多的地方，他說：「在人群中，我心悸目眩，胸腔也有壓迫感，這種反應會持續三、四小時之久。」有時候，帶自己兩個小孩到公園也有極大的不安全感，他覺得有狙擊兵躲在樹後，要細查清楚後才放心。在「冰人」病症惡化前，他每天喝大量的酒，認為這樣有助於睡眠，但沒有多大效用，他一度想休學，以減少自己的壓力。據他的太太說，「冰人」以前是一個很樂觀、平衡和外向的人，「但自越南回來，他變了一個人，我已不認識他了」。

以上所舉之實例，就是情境四之各種適應。至於情境四之適應與其他情境之適應有何分別？下段將予以闡明。

行為違常與其他情境下適應之比較

在西元一九九四年出版之 *DSM-IV*，即精神病之診斷與統計手冊第四版，已不見「經神官能症」（Neurosis）之名稱，而以行為違常（Behavior Disorder）代之，它包括過度或無直接原因之持續性及傷殘性之行為、意念及情緒。易言之，個人根本不明白其憂鬱或焦慮之事件，或引起痛苦、性無能、濫用藥物、飲食無度之原因，而僅將注意力集中在一些痛苦的徵候上。這些徵候不包括更嚴重之心智障礙，如精神病狀態（Schizophrenia，精神分裂症），重大間歇性沮喪、癲狂

(mania)，以及妄想症（paranoia）。這些情況比較適合在變態心理學的課題中討論。

這些對心理深具摧殘性之徵候原來是對一件不愉快事件之反應，但這件事多半是很久以前發生或是對患者衝擊極大的。在情境二或情境三，一旦不愉快事件引起之痛苦壓力消失後，心態會逐漸回復，而處於情境四者，其心態似乎被凍結於不良適應行為內。因此，他們之憂鬱或焦慮即使在危機過後，仍會持續數年之久，或是兒童期的困擾一直不能夠克服，或是自己不明白為什麼還要繼續服用一些藥物。

罹患行為違常者會感覺心理負擔很重。懷特及其研究同僚（White and Watt, 1981），將此情形比擬一個人在幼年時不幸罹患小兒麻痺症，病癒後終生身體殘障，生活上許多方面蒙受限制。因此時常感到憤怒、無助及恐慌。

雖然很多時候行為違常之原因不明，但有時候可以追蹤，如戰場震驚所壓抑之創傷，長期失業之挫折，或幼年父母關係不良等。

行為違常之種類

DSM-IV 將行為違常分為四類：㈠有徵候之行為違常（Symptom Disorders），㈡兒童及青少年之行為違常（Disorders of Childhood and Adolescence），㈢飲食習慣之違常（Eating Disorders），㈣濫用藥物之違常（Drug-use Disorders）。各類之內容請參閱表三五、三六及三七。

表三五　有徵候之行爲違常

組　　分　　類		徵　　　　候
情緒障礙 (Mood Disorders)	強迫性焦慮與憂鬱 (Dysthymic)	持續鬱鬱寡歡，其中間隔數天或數星期之正常心情，對遊樂活動失去興趣。
	混合型躁鬱病 (Cyclothymic)	憂鬱與輕躁症 (Hypomania) 交替出現，後者指精力強，誇大自尊心，不能安靜、合群、樂觀及不顧後果之行爲。
焦慮障礙 (Anxiety Disorders)	恐懼症 (Phobia)	對一特定物體、活動或情況有持久恐懼，因而有強烈之動機去避免之，是不合理及過度之恐懼心理。
	恐慌發作症 (Panic Attacks)	突然來襲之強度憂鬱和恐懼會伴隨著胸部疼痛、呼吸困難或情緒失調等症狀。與恐懼症不同之處在於此等狀況並無明顯原因可尋。
	焦慮情況 (Anxiety State)	發抖、不能鬆弛，難以集中注意力或失眠。
	創傷後障礙 (Post-traumatic Stress Disorder)	在心理受到創傷後，回憶一部分經驗時，感覺對外界之麻木及減少興趣，有時則過分敏感。
身體障礙 (Somatofom Disorders)	無器官疾病之身體困擾 (Somatization)	感覺生活乏味，時常感覺很多處不舒適，如背、胃、性器官或胸腔，醫學上並不能作診斷或治療。
	轉化症 (Conversion)	爲壓抑不願意某件事情重演之潛意識，呈現全部或部分感覺或運動系統功能之麻痺。
離解性障礙 (Dissocitive Disorders)	分裂性失憶症 (Disassociative Amnesia)	經過一個重大壓力事件後，失去回憶有關個人資料之能力。
	多重人格 (Multiple Personality)	在同一個人存有兩個或以上之人格，每個人格在不同時候出現，且轉變極突然。
心理性之性功能障礙 (Psychoseual Disorders)	性別認同困擾 (Gender Identity Disorder)	對自己性別持續感覺不舒服與不適合，且希望身爲另一個性別的人。
	性變態 (Sexual Perversions)	以異常意念或行爲刺激性興奮：(1)使用非人類之物體，(2)與人之性行爲涉及眞實或僞裝之痛苦或屈辱，(3)強暴性行爲。
	性功能失常 (Psychosexual Dysfunction)	性慾及高潮失常。

錄自： American Psyshiatric Association, *Diagnostic and Statistical Manual of Mental Disorders*, Foruth Edition, Washington, D. C., APA, 1994 pp.345-538. Reprinted by Permission.

註：DSM-IV 中並無診斷分類法中的「行爲違常」(Behavior Disorder) 一詞，在 DSM 早期的版本中使用的術語爲「神經質障礙」(Neurotic Disorder)，此名詞至今仍廣泛地被使用著。本章內所敍述的大部分身心狀態，都包含在 DSM-IV Axis 之「臨床身心障礙」中。

表三六　兒童及青少年之行為違常

組	分　　類	徵　　　　　　　　　　　　候
行為（持續性之行為不檢，危害他人權益或社會規範）	對立性反抗心態障礙 (Oppositional-defiant disorder)	持續性之反抗癖、目中無人、不服從，並對權威人物懷敵視心態。
	反社會性人格障礙 (Antisocial personaloity disorder)	普遍漠視並侵害他人權益、不負責、具侵略性及缺乏悔過心。
情緒（過分之痛苦感受）	分離焦慮病症 (Separation Anxiety Disorder)	兒童和親近者分離後感覺極度不安。
	過度焦慮困擾 (Overanxious Disorsedrs)	對無特定對象可能之危害呈現過分之焦慮。
	反抗性病症 (Oppositional Disorders)	對權威性人物經常顯示不服從、反抗及激怒行為。
	認同病症 (Identity Disorders)	無能力協調與別人不相同之興趣、目標、友誼方式及價值，所引起之矛盾。
生理（不由自主之身體動作）	局部肌肉抽搐 (Tic Disorders)	局部肌肉非由自主及無目的的迅速抽動。
	口吃 (Stuttering)	時常重複、延長字音或音節，或不正常之停頓，使話語之自然進行受阻。
	遺尿症 (Enuresis)	時常不由自主在床上或白天遺尿。
	夢遊症 (Sleepwalking)	時常入睡後，從床上起來到處走，不感覺到旁邊的人。

錄自：American Psychiatric Association, *Diagnostic and Statisti cal Manual If Mental Disorders*, Fourth Edition. Washing ton, D.C., PAP, 1994 PP.65-121 Reprinted by permission.

飲食習慣之違常

　　此障礙可分為兩種類型：1.狂食症（Bulimia）：Bulimia 有兩種意義：一為暴飲暴食，二為狂食之後使用瀉藥或灌腸，把吃進之食物排泄出來，目的在於消除不舒服感或減輕體重。

表三七　濫用藥物及倚賴藥物之特點

濫　用　藥　物	倚　賴　藥　物
1.病態性之使用方式： ⑴白天也會醉。 ⑵屢次企圖減少或停用但失敗。 ⑶需要每天使用才能維持日常生活。否則有併發症，如：不省人事。 2.社會及職業功能因用藥物受損害： ⑴怪癖、衝動性及攻擊行為使當事人無以負起應有責任而影響其社會關係。 ⑵藥物使用可能引起之法律糾紛：如酗酒所致之車禍；偷竊錢財以購買藥物。 3.至少為期一年： ⑴慢性或週期性。 ⑵迷醉時會影響正常行為。	1.社會及職業功能受損害。 2.耐藥力。 　為達到所需要之效果，藥物使用量可顯著地逐漸增加。 3.戒除。 　在停止或減少藥物使用量後會呈現系列之癥候：焦慮、失眠、注意力受損、作嘔、痙攣、幻覺及意識模糊等。

錄自：American Psychiatric Association, *Diagnostic and Statistical Manual of Mental Disorders*, Fourth Edition. Washington,D.C., APA, 1994,pp. 181～183.

程桃 (Chantal) 的例子屬於第一種意義，她大吃大喝到使得自己極不舒服的地步，她攝取的食物通常含高卡路里。2.拒食症 (Anorexia Nervosa) ：即自己故意挨餓，使體重大降，活動量增加。兩種飲食困擾情形中，以此為最嚴重，因可能危及生命。

使用藥物違常

自從1981年以來，中學及高中學生使用藥物之模式究竟有何改變？一份最近以1990年高三生用藥狀況之研究調查（Johnson, O'Malley & Bachman, 1991），整體而言，非法藥物的使用在過去十年中已逐漸減少。例如，在1981年高三班級中，60％的學生坦承曾經吸過大麻，並且據報導，有17％的學生在一生中多少曾吸過古柯鹼。但1990年時，高三生中吸食大麻及古柯鹼的比例分別是41％及9％。類似的禁藥使用減少的例子為終生使用之興奮劑（1981年為32％，1990年則降為17％），鎮定劑（從16％降到7％），精神安定劑（從1981年的15％降至1990年的7％），以及迷幻藥（從1981年的16％降至1990的9％）的比率。少許非法藥物的使用比例呈現小幅上升，如吸入劑（從1981年的17％上升至1990年的18％）以及海洛英（從1981年的1.1％上升至1.3％）。我們須了解在過去十年中，一些新的非法藥物逐漸為人周知，包括上等古柯鹼（crack cocaine），1990年之高三學生中，4％承認曾經吸食過，另外還有類固醇（steroids），大約3％的高三生曾使用過。

在1981至1990十年中，高三生使用合法藥物的情形又如何呢？此答案較為複雜。似乎為數相同的學生嘗試過這些合法的藥物，例如，1981年時93％的高三生有時會嘗試喝酒，1990年時的比例是9％，但當問及過法30天中是否曾飲酒時，1990年的高三學生只有57％答「是」，1981年時則有70％，即使高中生均承認吸煙的危險性，但高中生吸煙仍十分普遍。雖然高中生曾經吸煙的比例已由71％稍降64％，但在過去一個月中曾吸煙的比例，在1981年及1990年均為29％。至於公元2000年時，究竟將有多少高中生繼續使用此等藥物，則目前不易預測。

自殺

患有行爲違常者到某一個程度，有時會考慮自殺，尤其是有憂鬱症者，因爲他們感覺無助及徬徨。根據美國政府調查，一九九二年約有五千人自殺 (U.S. Bureau of Census, 1995. P.94)。史乃德曼等人分辨三種自殺行爲：㈠有堅決動機 (Intentional)，㈡半意圖動機 (Sub-intentional)，㈢無眞正動機 (Contra-intentional) (Schneidman, Faberow, and Litman, 1970)。有動機之自殺行爲是指當事人很清楚自己該如何進行，使自殺目的有效地達成。半意圖動機之自殺行爲則指尚有求生之意願，所以使用的方法不太有效。無眞正動機之自殺行爲完全是出於恐嚇動機，一方面表達自己內心之不快樂，另一方面激起別人之關愛。

一般而言不太容易預期誰有眞正動機去自殺。獨居者，常常述及自己之無希望、一無所成、無精力，或失眠及鬱鬱不樂，酗酒嚴重，遭遇嚴重危機等人如威脅著要自殺，其自殺之可能性比沒有這些特質的憂鬱者爲大。而且上述之三種自殺行爲，多半是事後之分析。因此，對於威脅要自殺者，或是在徵候方面顯示有自殺企圖，不可不予以重視，以防萬一。他們需要被關懷，也需要受保護，必要時，送往醫院治療。很多時候，自殺行爲的動機僅是由於世界上沒有一個人關心的感受。

情境四適應下之主要特質

在行爲困擾下，人格之變化會影響適應之主要特點。其衝擊雖無危機反應之甚，但仍甚顯著。其主要特質有三：㈠生活之愉快感減少，㈡問題原因不明顯，㈢過分及歪曲之行爲。

㈠**生活之愉快感減少**：在情境四的人常感覺以前的日子愉快得多。如以班濟而言，此對照特別明顯；以華爾德而言，這種感覺發展得很慢，也許一直等到有人逼著他去體認這個情境。行為違常者不太了解他們為什麼會一直停留在不良適應中，譬如班濟，他不明白為什麼同學都讓他吃苦；以程桃而言，雖然她很希望能結交一位男朋友，但當她姐姐或女朋友替她介紹的時候，他又怕別人不喜歡她而拒絕了這些機會。

㈡**問題原因不明顯**：在行為違常之情境下，當事人所使用之自我保護方式往往可將痛苦減少，也因此使人對問題之原因遮掩，如有需要彌補或改善之處也被忽視。結果，導致基本問題之主因會持續很多年。如以華爾德為例，可從他個人歷史去檢驗其適應過程。他在家中是獨子，由母親單獨撫養。她在一個高社會地位人士所組織的俱樂部服務，心中惟一的願望乃是華爾德將來能出人頭地，和該俱樂部之會員享有相同成就。由於經濟困難，華爾德必須努力向學以爭取獎學金。

從華爾德進小學一年級開始，母親對他的課業成績就極操心，當他的一年級老師告訴她：「華爾德功課不錯，可惜似乎有點懶惰。」她聽了非常緊張，即刻勸告華爾德非但不可以懶惰，而且為了能出人頭地，必須比其他同學更努力。從此以後，華爾德認為母親的愛有其基本條件，亦即如果他努力讀書，成績優異，母親必定很愛他。易言之，銘刻在他幼弱心靈的幾句話是：不用功，成績壞，成績壞，沒母愛。從此以後，華爾德全心全力唸書而沒有玩的興趣，當他產生和朋友玩或是看電視的驅力時，他會變得十分焦慮，因為在其潛意中，不唸書而去玩是不應該的事。

這種方式使他在學業上維持穩定的成就，終於榮獲獎學金

在賓州大學完成建築系學位，畢業後能順利進入一家享譽極盛之建築公司任職。對華爾德而言，他努力工作之動機並非為金錢、權勢，或獲取合夥地位，而是童年時要保留母親對他的愛的意願。到此時，他已不覺得這是他繼續拚命努力的原因，也因此不會以成熟的心態去了解當年幼弱心靈的想法而予以適當之轉變。譬如，他大可對自己說：「我現在已讓母親非常滿意，我可以鬆弛下來了。」但他沒有這樣做，因為他並不知道問題之原因，所以竟成為工作之奴隸。在此情境下，以前清晨和兩個朋友一起慢跑的活動也漸漸放棄，因為他已失去以前所感到的樂趣。總之，生活各層面的領域所得之愉快都減少了。

　　㈢**過分及歪曲之行為**：處於行為違常情境者，雖然基本人格特質如舊，但在某方面之行為會趨於過度及歪曲。懷特和其同僚（White and Watt, 1981）曾指出在此情境下之適應有趨於過度驅使自己之現象，此實因應壓力感受之自我保護方式。如以前述戴蓮為例，她天賦之人格形態是極外向，及好表現，而且她也自認為長得不錯。可是她在青春初期的發育比其他女孩延後，使她開始覺得不夠動人，對著鏡子一看：「從側面看來，一點曲線也沒有，好像一個男孩子。」當她的經期一直到初中三年級才開始，更增強她認為自己性功能不成熟的信念。覺得自己的吸引力不如其他女孩子，帶給她極大困擾，由於她本性外向及好表現，所以她的穿著令人注意，舉止輕浮迷人，以吸引老師，同時常到遇見高中及大學男生的地方。

　　戴蓮之情形，可謂已將其平常所扮演角色之能力歪曲為過分之行為，她竟然無所顧忌的在男人面前賣弄風情，以緩和她對自己吸引力所失去之信心，其行為顯示過分歪曲行為的三個特點：1.無法分辨行為之適當性，如戴蓮引誘男性時，不觀察

表三八　情境四：行為違常之次要特質

| (1)因應警告訊息之能力減弱
・較低層次適應反應阻止對原因之意識
・錯誤之痛苦焦點
・強度之情緒使當事人失去解決問題之能力

(2)**身體健康退步**
・主要生理徵候繼續
・新的大問題或小問題出現
・加強濫用有處方或無處方之藥物
・自我照顧著退步

(3)**心智功能效率減低**
・處理資訊顯示困難，決斷力受損，行動之自信心喪失
・冒險行為減少 | ・對控制自己命運之感覺減低
・部分行為經常與價值體系相違背
・志向減低

(4)**週期性之不穩定情緒**
・突然出現之抑鬱、憤怒及焦慮
・經常之情緒使生活之情緒低落
・很少高興或熱烈的感受

(5)**不良之人際關係**
・人際關係端視對當事人之適應不良行為是否能忍受或敵視
・可能激發別人之不良適應
・有時使親人或朋友疏遠 |

對方是被她吸引，2.無約束之重複性，如戴蓮需要一再地顯示她很性感，3.無挫折容忍力，當她的父母不同意她的做法時，就立刻大發脾氣，顯示極度挫折感。

情境四適應下之次要特質

　　表三八詳列情境四適應之次要特質。表三九列下行為違常者遇到創傷性生活事件之生理徵候。表四十列出行為違常者遭遇到人生重大創傷事件之心理徵候。表四一則描述在此情形下

表三九　日常生活中遭遇重大衝擊時，所引起的
神經失調而表現在生理徵候上的百分比

生　　　理　　　徵　　　候	在過去七天內，病患報告症狀之百分比 (%)
頭　　　　　　　　　　　　痛	79
身　體　部　分　部　位　感　覺　虛　弱	77
反　　　　　　　　　　　　胃	70
筋　　（　　肌　　）　　肉　　痛	66
忽　　　　冷　　　　忽　　　　熱	59
腰　　　　　　　　　　　　痛	58
頭　　　　昏　　　　眼　　　　花	56
身體某些部位感到刺痛或麻痺	55
手　臂　或　腿　部　感　覺　沈　重	55
喉　　　　嚨　　　　哽　　　　住	53
心　　　臟　　　或　　　胸　　　痛	52

錄自：Horowitz, M. J., Wilner, N., Kaltreider, N., and Alvarez, W., Signs and symptoms of posttraumatic stress disorders, *Archives of General Psychiatry*, Vol. 37,1980,pp.85 ～ 92.

個人情緒上之影響。

個案追蹤

㈠**班濟**：隨著時日，他的情形惡化，同班朋友都取笑他，所有活動都受排斥，班濟之憤怒亦劇增。為了報復，他給他們取了很多惡意且不好聽的別名，故意取笑他們的缺點。從男青年會學習拳術後，他就隨時藉故與人打架，前一年欺侮他的同班同學被他擊斷鼻樑。這種方法，非但不能化敵為友，而且使別人更孤立他。當同學的父母向班濟的父母抱怨時，他們覺得

表四十　日常生活中遭遇重大衝擊時，所引起的精
　　　　神失調而表現在心理功能問題上的百分比

官　　能　　障　　礙	在過去七天內，病患報告症狀之百分比 (%)
注　意　力　難　以　集　中	92
腦　　海　　空　　泛	90
難　以　決　定　事　情	88
做　事　不　起　勁	77
記　　憶　　力　　差	75
因懶散、漫不經心而困擾	64
內　心　一　片　空　白	64
無　謂　的　檢　視　完　成　的　事	59
為達萬無一失之目的緩慢做事	58

錄自：Horowitz, M. J., Wilner, N., Kaltreider, N. and
　　　Alvarez, W., Signs and symptoms of post-traumatic
　　　stress disorders. *Archives of General Psychiatry*, Vol. 37,
　　　1980, pp. 85 ~ 92.

表四一　日常生活中遭遇重大衝擊時，所引起
　　　　的神經失調而表現在情緒上的百分比

情　　　　緒	在過去七天內，病患報告症狀之百分比 (%)
覺　　得　　憂　　鬱	97
為某些事物而責備自己	89
易　煩　惱　或　發　怒	82
覺　　得　　失　　望	75
覺　得　一　無　是　處	72
無　理　由　的　驚　嚇	56

錄自：Horowitz, M. J., Wilner, N., Kaltreider, N., and
　　　Alvarez, W., Signs and Symptoms of post-traumatic
　　　stress disorders, *Archives of General Psychiatry*, Vol.
　　　37,1980, pp. 85 ~ 92.

很訝異，經校長的建議，他們帶他到華府一位精神醫師處接受治療。第一次班濟極不願意隨父母同去，第二次也不肯去，因為他否認自己有心理病。精神醫師說如班濟不了解自己有問題，則他無能為力。

到國中後，班濟的情形好轉，其原因有二：第一是他的體格和運動性向。他雖然並非在這方面有特別才華，但他在班上最高，他加入學校所有的球隊，無論是足球、籃球，或長棍球，他也因此開始感覺到歸屬感。漸漸地，他的遺尿症及肌肉抽搐症消失，但仍有口吃現象。第二個原因是他結交到一位名為肯尼（Kenny）的知友。肯尼是初一時隨父母遷居到該鎮。由於相同之運動興趣，他們很快就成為好朋友。他也發現和肯尼一樣對科學有興趣，所以常常數小時一起做化學實驗。就在這個時期，班濟開始憧憬日後做一位研究科學家。

㈡戴蓮：她的父母將她送至新英格蘭一個校規極嚴謹的寄宿女校就讀。她父親說：「也許她需要這種環境，我們實在無法應付她，而且留在家裏對妹妹是個壞榜樣。」剛開始，成績和老師的報告都不錯，可是不久，分數漸漸下降，顯示反抗性，在寢室違規抽煙，同時被捉到在酒吧喝酒，結果被學校開除。回家後，父母親送她到附屬於某高中的一所新觀念的學校，但也無效，她不上課，所有成績都不及格。當一位老師問她是否無意進大學，她竟大怒，因為她是希望學牙醫的。老師認為她這種求學態度和成績無法使她達成願望，她一聽之下決定離開學校。

不到十六歲的戴蓮和父母親的關係至此發展得十分痛苦，戴蓮自己也不知該怎麼辦。她隱瞞自己年齡後，在一所老人療養院謀得職位，在那裏似乎穩定下來。經父母同意後由家裏遷

出獨自住在公寓裏，但是不久卻和一位二十五歲的大學退學生同居，這位青年表面是兼任機車修理員，但實際是從事推銷毒品。此後四年，戴蓮和父母失去聯絡。在此期間，她曾一度吸毒、墮過胎、染上梅毒、機車肇事折斷一條腿、頭骨被同居的男人在酗酒後打裂。

在戴蓮出走四年後的復活節前一週，她忽然打長途電話回家，問母親是否可和家人一同去教堂做禮拜。接到這個電話，父母一方面考慮是否答應她，另一方面卻又很想看到她，結果還是讓她回家。在教堂裏對家中每位成員的態度都非常好，她告訴父母已和那個男人分居，同時表示願意復學，不知父母是否支持她。

此後兩年，她專心攻讀高中夜校，考取在佛羅里達州的社區大學夜間部，並安排每週三十五小時的工作。最後，終於進入牙科衛生工作系。

㈢**程桃**：在她過了三十歲生日後，曾告訴她的朋友：「我要在四十歲前將體重減到一百五十磅」從另外一位朋友，她聽到一位精神醫師使用催眠術協助人減重，她抱著半信半疑的態度去求醫，她對相識的人表示：「我決定嘗試這個方法，因為他不用佛洛伊德的理論，我對這理論已失去信心。」這位精神醫生用綜合心理輔導法，經過精細體檢後，醫師囑她將每天進食之卡路里熱量予以精確記錄。開始時，她平均每天吃三千卡路里的食物，最少為四百，最多為四千五百。醫生用催眠術去治療她，他先問她減重之原因，她列舉為：「要怡人，年長時較健康，能利於滑雪運動之成績，能穿平常人身段的衣服，使人覺得她體型正常。」在催眠後之迷糊狀態下，她被暗示每天將這些理由對自己重複，同時，每週參加減重人的小組討論會，

以獲得互相鼓勵的效果。

　　一個月之後，她的進食量減到每天平均八百卡路里，從四百五十到一千八百爲範圍。由於營養員認爲此數量稍趨低，故再以維他命丸補助。程桃每月去看精神醫師兩次，在六個月內減去六十磅，起初她覺得很高興，當她體重接近一百五十磅時，她忽然感覺很緊張，不能再控制飲食，立即又重了十磅。她急得流淚，即刻去找精神醫師，她不了解爲什麼會焦慮而飲食過度。醫師追溯她以前的相同經驗過程，他發現自從青春期開始，程桃就爲母親酗酒，不容許她獨立，以及在心理上完全倚賴她的情形而不快樂。每次，她提出要遷出，獨自住在公寓或度假，母親就很憂鬱，而且胸腔陣痛，似乎心臟病要發作。程桃內心雖不滿，但不敢表示，因此就猛吃，但一旦節食又感困擾。當程桃澄清其飲食不能節制之原因後，她發現母親常有其他親屬及朋友可予她精神之支持，並不需要給自己那麼重的心理負擔，可以安心減重到一百五十磅後就終止治療。一年後，程桃體重已降至一百三十五磅，她寫信告訴醫師：「我已遇到一位如意郎君，不久即將結婚。」

　　㈣華爾德：由於他不願繼續接受家屬治療，華爾德和太太以及孩子的關係也愈壞，爲了回到家裏覺得痛苦難忍，華爾德索性在辦公室延長工作時間。五年內體重竟增加二十磅，在年度例行體檢時，醫師於心臟電波圖發現可疑跡象，建議他即刻要減重並少抽煙。他並未依照醫師建議做進一步深入檢驗或實行減重計畫，不過他嘗試戒煙，但不成功。在緊接著的夏天，華爾德覺得比平常易疲倦，運動時比較沒有勁，走上一層樓梯就覺得左顎有點痛，晚上有時因胃痛而醒來，就服用中和胃酸的藥物，他認爲這些都是年長者的一些徵候，所以無需請教醫

師。

　　有一個星期六下午，當他和三個朋友玩網球雙打時，忽然
覺得有點頭暈，同時又感到左顎痛及左臂有點麻，他立刻打電
話給醫師，醫師囑即至醫院急救室，經驗醫生之檢驗，斷定他
患心臟病，華爾德不相信，怪醫生把別人的診斷結果誤爲他的。
醫師和家人都勸他住院，在心臟科病房接受治療。他進步得很
快，經過數星期的治療，醫生讓他出院繼續在家休養，使自己
體力慢慢恢復。在院接受治療時，他和太太同時參加一個團體
輔導活動，參與者都是心臟病後復健者和他們的家人。這項活
動主要強調適當飲食、運動，及戒煙之重要。生活中之工作、
愛及遊樂適當安排之重要性也被強調，這些集會是由一位社會
工作員及護士所主持。華爾德從中發現自己屬Ａ型人格，其特
點包括：永遠忙碌，每分鐘非要擠滿事不可，搶著替人把話說
完，喜歡同時做兩件事，容易大發脾氣等。爲了避免再發心臟
病，他必須控制自己，不讓自己繼續有這種行爲特質。同時，
他接受諮商輔導時，也發現他的過度驅使、自我鞭策的行爲是
源於兒童期深怕不能取悅母親之心理。他漸漸修改生活方式，
減少工作時數，固定運動，戒除煙酒，重建和家人朋友之關係。
過了很多年，在他五十歲生日前夕，他對太太說：「我比三十
五歲時感覺舒適得多。」他太太回答：「我也是啊！」

　　㈤查利：他找到一位治療恐懼症的專家。剛開始幾次約
談，他敍述自己對雷雨之恐懼心理，而且爲去除此恐懼什麼方
法都試過，偶然碰到一雙橡膠鞋似乎覺得好一些，他自認很神
經，但總覺得碰到橡皮做的東西會較有安全感。他說：「想起
祖母，我曾經和她一起住到十歲大，她也很怕大雷雨，因爲她
幼年時所住的農村房舍曾被雷電所擊燬，每次雷電交加時，她

必和我一起躲在壁櫥裏，或許因此我也害怕。」心理治療醫師說：「這是很久以前的事」查利同意此為其中原因之一，但卻無法克服。

心理醫師決定採用認知輔導法（A Cognitive Learning Approach），過程包括三個步驟：1.教育：醫師解釋恐懼症（Phobia）是由學習而來，所以也可以學習去消除。2.技能訓練：查利學習如何在面臨雷雨時鬆弛神經，同時預演在雷電交加時如何應付。3.學習有關之知識和技術，並應用之：譬如了解坐在汽車裏駕駛不需恐懼，因為四輪為橡膠所製，不會傳電，或家中有裝置避雷針，不會有被電擊之危險。如果理智過程失敗，可在公共場所儘量和別人在一起，當他學會控制恐懼之途徑，就漸漸不害怕而將之降到最低程度。一旦消除對雷電之恐懼，他的推銷成績會增強，因為可以有較多機會去接洽買主。到他準備出席母校三十週年校友會議時，決定將一雙橡膠鞋扔掉。

協助行為違常患者

行為失調常持續很多年，極影響個人以及接近者之生活素質。從前節所敍述之個案追蹤記錄，可見有些人經過一段時期會慢慢恢復，但多半情形是專業人員之協助結果。

貝爾京及研究同僚（Bergin and Lampert, 1978）估計約有百分之四十之行為違常患者獲致自然復健，而主要原因是環境的轉變。例如班濟，當他改變了居住環境及換了學校後，一切漸漸好轉，終以優異的體育成就受同學所欽佩，而他的心態亦恢復平衡。

環境轉變有時包括突然發生或引起顯著改變的事件，例

如：青春發動期、結婚、第一個孩子的誕生、退休。環境轉變也指引起損害創傷的事件，例如華爾德之心臟病發作，促使他積極改善自己之適應與生活方式。此外，親友之關懷與支援，雖未經專業訓練，有時也能使行為違常者得到自然康復，他們所使用的方法可能是建議恰當之處理壓力的方法，或者是鼓勵他們除去壓力的根源，以及使用適合的行為。不過，非專業人員之助是不容易的，而且常會有挫折感；或很想對他們說類似以下的話：「戴蓮，妳為什麼不肯長大呢？」如果去請教專業人員，可以增加協助的效率。

情境四之不良適應，即行為違常，經過環境改變或朋友之協助仍沒有進步，則應求助於專業輔導人員。不同之專業準備及方法均顯示相當的成功，其中三種最主要的專業輔導人員（Professional Counselors）是精神科醫師、心理學家，以及臨床社會工作人員。此外，教會牧師及醫院護士亦正熱烈參與輔導工作。茲分別將各輔導專業人員敍述如下：

㈠輔導專業人員

1.**精神科醫師**（Psychiatrists）：係專門醫療精神疾病之醫師。多數之精神科醫師須具有以下資格：學士學位、醫學博士學位，一至兩年之駐院實習，以及至少三年精神醫學專門訓練之證書。他們尚須獲得政府之執照以及精神病學會之執照。他們能使用各種治療方法：如為病人開藥方，使用電震擊法（Electroconvulsive），他們也有權准許病患入院治療。

2.**心理學家**（Psychologists）：包括臨床（Clinical）、輔導（Counseling），及學校心理學家（School Psychologists）。心理學家起初為專門研究人類心智之學人，但在過去五十年，很多心理學家對於心理障礙之診斷與治療極感興趣，

使他們成為今日之臨床、輔導與學校心理學家。他們均須具備大學學士及博士學位（哲學博士〔Ph. D.〕、教育學博士〔Ed. D.〕，或心理學博士〔Psy. D.〕），此外，他們都必須再接受一兩年的專門訓練。在美國很多州，他們尚須有數年之實際經驗以及通過特種考試才可獲得行業執照，然後再分屬全美心理學會之有關組為會員。心理學家都懂得如何主持及分析心理測驗：臨床心理學家多半在社區診療所或心理衛生中心處理較嚴重之心理問題；輔心理學家則在大學輔導中心協助大專青年之適應、學業、感情及職業性向問題；學校心理學家則在大學以下之各級學校兒童、青少年及其父母，輔導他們之一般適應及親職教育。雖然有上述之區別，事實上，臨床心理學家、輔導心理學家，及學校心理學家之任務與功能仍有重疊之處。

3.臨床社會工作人員 (Clinical Social Workers) ：係由社會個案工作人員所發展之專業人員，以前其工作著重減輕與生理、心理、疾病、貧窮、社會變遷、家庭破碎有關之社會問題，如今在美國卻將重點置於精神、醫療，或家庭諮商服務，或私人診所開業，且對家屬治療、團體治療尤其注重，在學理架構上則以精神動力學為基礎。臨床社會工作員之學歷包括大學學士、社會工作碩士 (M. S. W.) ，某些職位尚須社會工作博士學位 (D. S. W.) 。至於私人診所開業資格，在美國，如果是社會工作碩士學位，則需要至少兩年的實習經驗或是州政府規定的持別訓練。臨床社會工作員的專長是輔導個人、團體，及家庭，尤其是情緒和人際關係上之障礙，他們通常和精神學醫師，及心理學家共同分擔心理諮商工作。

4.牧師及護士輔導工作 (Pastoral Counselors and Nurse Practitioners) ：目前，教會裏的牧師或神父以及護士

都能提供很有效之輔導工作，不過，他們也需要經過最少兩年的專業訓練，才可以取得資格。諮商輔導員之分類不但是根據前述學業資格，亦依照他們所使用之治療法（Therapy）：如精神分析（Psychoanalytic）、行為（Behavioral）、人本（Humanistic），或認知（Cognitive）。他們更可分別專長於輔導不同的問題：如職業、婚姻、性、恐懼症（Phobias）、憂鬱病、濫用藥物、酗酒等。此外，更有以舞蹈或按摩為治療的方法。

今日大多數有經驗醫護人員在處理情緒障礙的起源及治療時，均會聯想到「生物心理社會」模式（biopsychosocial model），立即某人產生情緒前的經歷部分可視為生物性作用，此沮喪情緒部分是由於腦中一種稱為「複合胺」（serotonin）的化學物質不平衡所致。個人不健全之心態也可能部分歸因於如無法表達憤怒之心理衝突。最後，一些社會因素亦為沮喪的原因；身家貧困或身為弱勢團體之成員；生長於虐待、無親情之家庭；以及自小身體殘障以致於限制了與朋友發展正常的關係。

情緒障礙之診斷與治療法也許皆可以此「生物心理社會」模式為指南。早期使用此法之例為阿諾・拉薩瑞斯（Arnold Lazarus）之多重模式治療法（multi-model therapy）（1981）。此治療法可以BASIC-I.D.一詞概括說明，B代表行為（behavior），是一個受行為困擾的人所希望改變的公然舉動、習慣以及反應，如咬指甲或拖延的習性。另外有一些行為是人們希望改善的，如定時做功課或撿拾隨手亂放的髒衣服，A代表情緒（affect）或情感狀態。一位求助於醫療人員的人，可能希望減輕沮喪的情緒或設法控制暴躁的脾氣。S代表身體

上的感覺（sensation）。一些為焦慮所困擾的人，發現自己胃部不舒服、臉紅、頭暈、嘴四周發麻，或手指及手臂有刺痛之感。此治療法之主要目標即為學習如何控制這些身體上的感受，I代表心像（imagery）。人們通常因令人困擾的想法、感覺或夢而尋求幫助。這些現象有時和過去精神上受創傷的經驗有關。C代表認知（cognition）。此為支配我們各方面行為的非理性想法。一位美麗的女子也許會覺得自己醜陋、一名資賦優異的學生向輔導人員求助，因為他認為自己是一名冒充者，一點都不像別人想像的那麼聰明，他懷疑自己還能「愚弄」別人多久。第二個I代表人際關係（Interpersonal Relation-ships）。如某位學生因過於害羞而總是獨自在自助餐廳用餐，而另一位年輕人卻因為花太多時間和朋友相處，而沒時間為自己做一些重要的事。D代表藥物／生物學（drug/biology）。在此領域可能不只一個。譬如一個害羞的人，很可能會有行為、認知及人際關係等方面的問題，這種以多種向度來處理問題的治療法，不僅能協助評估當事人的問題，同時也主導了治療過程的方向。

今日大部分心理健康工作人員並不使用拉薩瑞斯（Lazar-us）所倡導的BASIC-I.D.治療法，因為此法使用過多技巧。美國大多數治療師形容自己為折衷主義者，意即他們執業時使用超過一種以上之治療形式（Norcross & Lipsey, 1986）。例如，查利的恐懼涉及一些洞察力導向治療法（insightoriented therapy）（記得小時候有大雷雨時躲在祖母的壁櫥裡），行為訓練法（behavioral training）（學習放鬆），以及在大雷雨時會找人作伴的社會介入法（social intervention）。為了進一步協助查利克服他的恐懼症，也可能使用抗焦慮藥物或認

知治療法。

　　爲何及如何去尋求輔導服務呢？很多心理不平衡者不願或不敢去尋求專業輔導服務，因爲他們不了解這對他們有益，而聽其自然復健，很多時候非但不可能，而且會惡化。有很多人則不知道應如何或往何處去尋求協助，最好的辦法是由了解當事人去推薦最適當的輔導專業人員，因爲成功的治療過程是仰賴受諮商者與輔導員兩者個性之配合。如果，您不知道去找誰，可請教醫院、診所、教會、基督教女青年會或男青年會、大學心理衛生輔導中心、社區心理衛生中心，或家庭諮詢中心等。

　　㈡**各種諮商輔導法**

　　茲就行爲、人本，及認知治療法闡明如何協助本書所引述之華爾德個案。

　　1.*行爲治療法*：此方可分正向及負向增強法（Aversive Conditioning）。很多醫院以後法協助酗酒者戒酒，以華爾德爲例，如果他入院戒酒，醫院會容許他喝任何酒，但是每喝一種酒必加入使他持續嘔吐的藥。醫生所定的治療期是兩週，每天讓他和藥物一起進酒，直到他喝最喜歡的酒時，即使不加藥物也會吐，就顯示酗酒問題已被治癒。根據雷彌爾等人之研究資料，只有半數的人在接受這種治療法後，就完全不再喝酒了（Lemere and Voegtlin, 1950）。此乃負向增強法範例。

　　2.*人本治療法*：這一派治療法假設個人不需以外在制約去改變行爲來克服華爾德的酗酒問題，因爲每個人都有內在潛力改變自己生活的方向。人本治療法學派中以羅傑斯（Carl Rogers）享譽最盛，他所創之「個案中心之治療法」（Client-centered Therapy）是以絕對尊重受輔導者爲原則，因此治療者對個案所言應完全接受，並視之爲合情合理，

羅傑斯稱此爲「非占有性之關懷」（Unpossessive Car-ing）。以下爲華爾德接受此治療法過程中之片段記錄：

華爾德：我勞累了一天，在精疲力竭時眞需要喝杯酒。

輔導員：需要喝杯酒？

華爾德：你眞了解我！的確，我每天晚上非喝十二兩酒不行。

輔導員：那就是每晚大概半瓶酒。

華爾德：是的，有時候多一點。

輔導員：你需要這個量。

華爾德：可不是嗎？沒有了它我實在沒有辦法得到它。

輔導員：得到？你突竟想得到什麼？

華爾德：哦，你可知道……

輔導員：我應知道……什麼？

華爾德：好極了，我現在很想即刻喝一杯酒。你想……爲什麼每個人都那麼努力工作？……還不是爲了錢財、權勢，和名氣。

輔導員：錢財、權勢、名氣……你現在還沒有？

華爾德：我現在是有了，但以前並沒有，而……我也不懂。

輔導員：現在很難明白。

華爾德：你要我告訴你一件事嗎？我一點也不了解我現在爲什麼還要工作得那麼辛勞。

輔導員：哦？

華爾德：我以前要的東西都已經得到了，……但同時也得到不不要的東西；婚姻不如意、心臟病、酗酒問題，……怎麼辦？

輔導員：這些問題不是新問題吧？是不是可以使它們不
　　　　要惡化呢？

華爾德：對了！我早就知道這些問題的存在，只是我沒
　　　　有下決心去處理它們。

輔導員：你到現在為止的確沒有。

華爾德：是，我該從戒酒開始，你覺得怎麼樣？

輔導員：你要知道我在想什麼嗎？

華爾德：事實上，我並不在乎你在想什麼，我已知道我
　　　　自己要做什麼了。

從以上之記錄，可見以個案為中心之治療者顯示極大之同
理心（Empathy），亦即從案主本身觀點去了解他，讓他自由
自在表達自己的問題，而治療者不指導或引發他說什麼，他的
任務僅是接受、了解，及協助華爾德發現他困擾的根源。一旦
問題癥結被發掘，華爾德不再需要藉口大量喝酒，至此，華爾
德已決心開始戒酒。

　　3.認知治療法：此方法亦為問題解決法（Problem Solv-
ing Therapy），根據心理學家如蘇利勒等人之意見，很多被認
為變態或異常之行為，其實是不懂得如何處理某些問題的結果
（D'Zurilla and Goldfriend, 1971）。根據此學理之解釋，則
華爾德之酗酒問題是因為他不知道應如何解決他個人的問題所
引起。西雅圖榮民醫院（A Veterans Administration Hospi-
tal in Seattle）的醫生發現治癒的酗酒者出院後遭遇到挫折，
或在社交場合中看到別人喝酒就會酒癮復發。因此，他設計一
套很有效之解決問題方法（Chaney, O'Leary, and Marlatt,
1978）。醫治者用此方法時先將問題解決治療法之學理解釋給
華爾德聽，然後在一個有人集會的情境假設會被朋友勸他喝

酒；或者假設是一個充滿挫折，不如意的工作天之後，他又想喝酒解悶。透過團體討論，華爾德也許發現有其他途徑可替代喝酒，他想出的途徑也許會受到團體成員的批評，直到他自己和團體成員都認為是可嘗試之辦法。

4. 藥物心理輔導合用法 (Blended Drugs with Supportive Therapy)：上述之各種輔導方法並非對酗酒問題或任何在情境四之行為違常的每位患者皆有效，然而，卻可提供吾人了解心理輔導之可循方法。有時候，可同時用兩種或兩種以上的方法，此外，精神科醫師可用藥物，如 Sodium Pentothol，那是一種催眠藥，使患者在輕微的睡眠狀態下，將被壓抑之強烈反應在醫師安撫與保護的情境下，可放心重新去體驗它們，然後再透過輔導過程，便可回復平衡。茲將「冰人」 (The Iceman) 個案治療實例敍述如下：

本章開始所介紹之個案「冰人」，是一位受殘酷戰爭衝擊所導致之壓力創傷 (War Stress)。當他瘋狂的徵候使他妻子極害怕時，她送他至榮民總醫院精神科去求治。住院後，起初他很願意訴說一切過去的經驗，但一引起越戰的話題時，他即刻回答：「我不願意談這方面的事情。」也拒絕回想一些有關的惡夢。醫生乃給他服用輕微的催眠藥，在半睡眠狀態下鼓勵他敍述在越南使他精神受創傷的經驗。在第一次會談中，他回憶所帶領的排隊裏，有一次地雷爆炸，他在殘肢血肉堆中，救出受傷的，也擡走陣亡的夥伴，當時，他一面大笑，高叫，並一邊哽咽著說他願意犧牲自己的生命使他們再重生。在第二次的約談中，他的情緒再度非常激動，因為他回憶一位救起來的夥伴死在他的懷抱中，他幾個小時一直緊抱著他。在第三次約談中，當他描述自己親手所做的殘忍行為，他哭泣並顯示極度

焦慮。最後一次約談時，他提到有一次他挑選七個士兵和他結伴巡邏，這次巡邏結果只剩他是生還的，他表示非常的內疚，說道：「我獨自活著，他們都死了。」

除催眠藥兼心理輔導方法外，「冰人」也接受其他的治療法，在整個過程中，他持續重新體驗過去的一切予他強烈衝擊的經驗。結果，情緒波動漸進步，且開始能安眠，出院後一個月之追蹤約談中，他報告自己覺得很好，睡眠也沒有被惡夢驚醒，對前途覺得樂觀 (Cavenar and Nash, 1976, pp.647～653)。

結語：心理輔導過程之基本要點

如前所述，各種心理輔導及治療法對行為違常，即情境四之適應均有其功能，因此所有專業輔導人員已一致承認，有效之治療方法必具有以下要點：㈠認識有一個情緒上之困擾需要外力協助 (Recognition that a Problem Exists)，㈡受該專業人員重視之感覺 (Sense of Worthiness)，㈢給予復建希望 (Expectation of Help)，㈣與協助者有默契並建立良好之治療關係 (Theraprutic Relations) 及㈤不良適應經修正後，能導致積極行為改變的信念 (Behavioral Change) (Murray and Jacobson, 1978; White and Watt, 1981)。茲將一般心理輔導流程之基本步驟分述於下：

心理輔導流程

一、接案

案主進入中心請求協助，由專職人員接待，進行會談。

二、認識問題存在

當事者能敍述自己之困擾，並覺得平常自我矯治之方法無效，持續性之不安乃驅使案主自動尋求協助。

三、重視案主感受

輔導者專心傾聽，使案主有勇氣將自己內心之困擾表達清楚，而輔導者給予同情並尊重其感受。

四、改善在望

輔導者使案主感覺有希望，可獲得減輕或消除痛苦之協助。

五、建立良好的關係

輔導者與案主一旦建立良好關係後，案主更能安心表露一切之感受、意念及行為，不必害怕被責怪，而且雙方均有決心將此困擾情形化解或緩和。

六、重新學習

案主認清自己不良適應之觀念或行為後，乃予以糾正改善。

七、行為改變

認識與糾正不良之觀念及行為後，所導致之行為改變，可使個人得以從生活中之工作、愛及遊樂，獲得較多愉快和效率。

八、結案

指個案接受輔導過程已結束（約談次數通常需一次以上）。

總之，不論各種學理如何解釋問題之根源，不論輔導人員使用何種治療法，以上之要點均一致被公認為成功之心理輔導所必須具備的。最後必須強調的是：治療渚之人格品質和方法同樣重要，而且受輔導者必須深深感受到：

輔導人員並非僅在個案身上使用某種技術，

而是，將專精經驗透過自身之人格，儘量去協助個案之成長。（Bergin and Lampert, 1978)

幾乎所有治療法的有效性都已成功地證實。一份最近的報告係以超過一百萬人爲受試對象，內容涵括心理、教育及行爲治療等主題的九四〇〇份研究結果，予以整理歸納。此報告證實上述之治療法對於減輕疾病徵候都有高度的正面效果（Lipsey and Wilson, 1993)。此外，此等治療法之效果皆十分顯著。例如，心理、教育及行爲治療法之效果並不遜於藥物治療。對嚴重身體問題，雖然它們並未涉及生死的重大問題，但據發現，此種心理介入療法的功效，和冠狀動脈繞道手術、乳癌之化學治療，以及愛滋病之AZT療法有同等之重要性。

這些發現是由另一類截然不同的研究所支持。消費者報導（Consumer Reports）是一份備受推崇的月刊，致力於消費者產品之科學性比較報導，曾調查其十八萬名讀者在過去三年是否曾爲其情緒上之困擾尋求解脫。超過七千名讀者回覆以肯定的答案，其中三千名表示它們以朋友、親戚及牧師談話來抒解情緒，大約四千名曾與心理健康專業人員晤談。這些曾尋求協助者接著又填答了一份詳細的問卷，其中問及所欲解決之問題爲何，諮詢之治療師的類型，運用之治療法以及他們治療前及治療結束時的情緒狀態。大約一年之後，此項調查結果被刊登於1995年之消費者報導。（Consumer Reports, November 1995)。此調查之結論爲，受試之讀者表示它們從治療中充分受益。此外，許多不同形式之治療法都極爲有效——如精神療法、配合藥物治療之心理療法、藥物治療或認知行爲治療法。最後發現，精神病醫師、心理學家及社工人員在身爲治療師時，其有效性並無差異。所有專業人員均獲有力正面結果（Seligman, 1995）。雖然使用的方法頗不相同，但此項「消費者報導」調查可謂提供較嚴謹之科學研究相輔相成之資料。因為調查結果的發現極為相近。心理治療法對於有情緒問題的人，的確有所助益。

本章摘要

一、行為違常係對不愉快事件之持久性反應，它包括心理摧殘性之行為、意念，及情緒。處於情境四者，其適應狀態似被凍結在不良調適中。

二、行為違常和危機反應不同處在於造成前者困擾之原因是徵候或一組徵候；而後者是包括一系列徵候之過程。

三、處於情境四者之行為違常可分為四類：㈠有徵候之違常，㈡兒童及青春期之違常，㈢飲食習慣之違常，㈣使用藥物之違常。

四、在美國，隨時會有約五百萬人企圖自殺，每年平均約有二萬五千人自殺成功。自殺行為有三類：㈠有堅決動機 (Intentional)，㈡半意圖動機 (Sub-intentional)，㈢無真正動機 (Contra–intentional)。

五、情境四適應下之主要特質包括：㈠生活之愉快感減少，㈡不良適應之原因為較低層次之自我保護反應及直接控制行為所混淆，㈢正常之人格形態呈現過分及歪曲之行為。

六、行為違常之次要特質為：㈠因應警告訊息之功能減弱，㈡身體健康退步，㈢心智功能效率減低，㈣週期性之不穩定情緒，㈤不良之人際關係。

七、在美國，處於情境四者約有百分之四十不經過專業輔導可以復健，有兩種經驗顯示有助於其復健：㈠改變環境，㈡

親友之誠摯協助。

　　八、使用不同輔導學理及方式之專業人員對治療行為違常均有高度成功之記錄。

下章展望

　　本書最後一篇，即第四篇將包括兩章，下章為「鵬程萬里」 (The Road Beyond)，敘述大學教育結束後的歲月所面臨的各種問題，以及性別、家庭背景，或種族之影響，並涉及如何在壓力之衝擊下，維護自我尊嚴。

重要術語

- Symptom Disorders
- Disorders of Childhood and Adolescence
- Eating Disorders
- Substance Abuse
- Psychiatrist
- Psychologist
- Social Worker
- Substance Dependence

- Intentional Suicide
- Sub-intentional Suicide
- Contra-intentional Suicide
- Biopsychological model
- BASIC-I.D.
- Aversive Conditioning
- Client-centered Therapy
- Problem-solving Therapy

相關性參考書目

1. **Types of behavior disorders**

American Psychiatric Association, *Diagnostic and statistical manual of mental disorders.*
Fourth Edition. Washington, D. C.:Author, 1994.

Comprehensive description of State 4 and other maladjustments.

2. **Experience of State 4**

Horney, K, *Neurosis and human growth: The struggle toward self-realization*. New York: Norton, 1950.

McNeil, E. *The quiet furies: Man and disorder,* Englewood Cliffs, N. J.:Prentice-Hall, 1967.

Readable accounts of the subjective experience of a neurotic disorder and of the progress toward recovery.

3. **Drugs**

Julien, R. *A primer of drug action*. Third Edition. San Francisco: Freeman, 1981.

Detailed and understandable summary of drugs and their effects.

4. **Methods of professional help**

Kanfer, R., and Goldstein, A. *Helping people change: A textbook of methods*. Fourth Edition. New York: Permagon Press, 1991.

Techniques used by professional counselors in treating State 4 and other disorders.

5. **Evelution of therapy**

Consumer Reports (November, 1995). Mental health: *Does therapy help?* PP.734-739.

Understandable evelution of the effectiveness of many types of therapy.

第4篇　常態適應對人生各週期之涵義

　　本書之最後一篇包括兩章，第十三章敍述大學後之人生各時期。首先探討性別、家庭背景、或種族對各週期變化之影響，其次觀察維持自我尊嚴及個人效率之道，如何管理與人生壓力有關之情緒亦將討論。

　　第十四章之開始請讀者假設自己面對應屆畢業同班生致詞，以及嘗試撰寫自己之訃文略傳。在前者您預備說什麼以鼓勵同學將以後之歲月過得充實完美？在訃文略傳中擬如何評估自己一生的滿意度和成就？

　　最後，將從古今聖賢博學者之智慧精選十一項守則，做爲促進身心健康之參考。

第十三章　鵬程萬里

綱　要

一、個人命運是否被性別、家庭背景、或種族所決定？

  ㈠性別

  ㈡家庭背景

  ㈢種族

二、維持自我尊嚴與個人生活效率

  ㈠從適當安排工作、愛及遊樂獲得滿足

  ㈡擁有可及之資源

  ㈢發展處理壓力之有效方法

  ㈣克服心理困擾之自助策略

  ㈤提昇個人生活效率之策略

思考問題

- [ ] 您認為自己的性別、家庭背景、或種族將會如何影響到您的前程？
- [ ] 您對於工作、愛及遊樂將做如何的安排以給予自己適當的滿意？
- [ ] 面臨嚴重壓力時，您將如何維持自我尊嚴及個人生活之效度？

想像你正在自己的大學畢業典禮時，頭戴學士帽，身穿學士袍，手中拿著畢業證書，對著照相機預備照相，也在憧憬未來，你看見什麼？你認為前途是否會勝於西元一九六○及一九七○年代的青年？社會對男女、不同種族，及家庭背景會比較開放嗎？這一代的大學畢業生是否希望無窮？抑或畢業典禮的賀辭只是一片空談？

個人命運是否被性別、家庭背景、或種族所決定

在第七章曾提及教育程度高能獲得較優良的職業及比較能保持其職位。在一九八○年代的初葉，雖然經濟不景氣及失業率高，但接受過良好教育的青年一般而言並沒有受太大影響，然而，試問大學教育果真能提高女性、家庭窮苦、及有色人種之就業機會嗎？美國社會並不公開承認偏見的存在，但卻盛傳很多有關女性、窮困者、少數民族不能成功的看法，譬如：婦女天性容易趨向憂鬱、畏懼成功，及無男性之進取強硬；貧窮兒童之父母，心理多半適應不良，及無事業野心；至於黑人或其他少數民族由於缺乏父親之照顧及智能低，所以永遠陷於貧

民國三十三年，本書譯者大學畢業後，迎接人生大道之
重要里程碑。

困，因此本節擬將焦點置於上述情形下之成就限制，並檢驗有關之研究發現，是否驗證性別、貧窮，或種族會影響愉快及充實生活的機會。

㈠性別

一九九二年時，美國女性之平均所得僅為相同教育程度男性所得之 62%（Kominsky and Adams, 1994, p.IX）。此數據僅稍高於一九五○年（Masnick and Bane, 1980）是何原因？是否因大專程度的男性多尋求執行方面之職位，而相同教育程度之女性傾向於酬勞較少的職業？答案似乎是否定的。此種情形是因為男女之間有同工不同酬的現象存在。兩性之間的差異在最高等及最低等的職業間較不明顯，但在中等範圍的職業中就顯得差異很大。例如，在最高層行政主管或專業人員中，女性所得只是男性的 75%，而在最低層的職業方面（如書記或服務工作）所得為同業男性的 82%（U.S. Bureau of Census, Statistical Abstract of the United States, 1995, p. 433）。

進一步分析，薪資實質上的不平等在中等職業中較顯著，如果將大專教育列入考量因素，政府調查顯示大多數教育程度低落的女性較工作類似之男性晉升慢且所得較少（Marwell, Rosenfeld and Spilerman, 1979）。行銷業是另一個例子。一九九四年時，女性推銷員的所得為男性推銷員的 56%，傳統的「女性」職業如護士，比傳統男性職業如維修人員的薪水低，然而護士須受更多的訓練及承擔更多的責任。

什麼原因能解釋兩性間薪資上的差異呢？對此可提出幾項解釋。此等解釋與心理學家所發現之性別上差異有關，這些性別上的差異可歸類成三大範疇：認知、社會及心理。在認知部

份，男性與女性在言辭、數學及視覺空間等三方面才能皆有差異。在言辭領域中，女學生的能力平均比同班男同學稍強 (Hyde and Linn, 1988)。在數學方面，男性平均成績較女性為高，和語言方面的情形剛好相反 (Hyde, Fennema and Lamon, 1996)。然而這些差異都很小。

兩性間最大的差異是在視覺空間的部份 (Linn and Peterson, 1985)。男性在有關旋轉智力測驗中，得分數遠強於女性。從演進觀點而言，此能力是男性所不可缺 (Buss, 1995)。數千年前，一名成功的男性獵人，必須要具備此能力才能判斷矛的軌道及速度如何能射中與矛移動速度不同的動物。其次獵人須能辨別方向，及返回當時婦女照顧小孩的營地，亦需要視覺空間能力。總之，能生存並繁衍下一代的男性通常擁有最佳的空間視覺能力。

類似之進化能力，也許是造成女性在社會領域中優於男性的原因。女性大致上較男性溫和、善於照顧人且有同理心 (Eagly, 1995)。男性在社會上則多被形容成好支配人及具侵略性。在團體中，男性通常較女性多發言，同時常試著去主導以工作為取向的團體。

在心理學上，常有人爭辯兩性在道德推理能力上有很大的基本差異 (Gilligan, 1982)。根據此理論，男性以正義的角度來推理，而女性則多從關懷個人的角度著眼。第一手的例子，為作者岳父及岳母在孩子們說想吃葡萄時的態度。那時鎮上所有商店均被同情加州移民摘取葡萄工苦楚的人所監控，因為他們遭受殘酷的過度勞役且薪資過低，此等監控者勸戒民眾拒買葡萄，以顯示支持葡萄工的團結性。岳父和岳母均極同情這群摘葡萄工，岳父告訴我的孩子們，為了要支持這群移民工人，

他很抱歉他不能為他們買葡萄，然而他們的祖母卻坐上車，開到賣葡萄的店舖前，對著那些控制店的人說：「我很同情那些工資過低的摘葡萄工人，但我的孩子想吃葡萄。」這時抗議者讓出一條路，讓這位嬌小的老太太為他的孫子買葡萄。抗議者似乎直覺的了解到女人的推理方式和男人不同。

這些差異有多大多重要呢？事實，大多數的研究只顯示了極小的性別差異（Hyde and Plant, 1995）。如果我們將任何一個大學班級的男女分數做成圖表，將會發現兩個分數分配大部分重疊。在一個英文班級中，我們可以預期女性較多成績在前 10%，而成績殿後者多為男性，如果科目改為物理或高等數學時，情形則相反。

此現象是表示生物上的差異是天意？科學和醫學難道和女性無緣嗎？男性不能渴望成為詩人嗎？當然歷史上已經證實有能力及動機的女性在科學及醫學方面獲得成功；而且許多詩人為男性，然而體認性別差異確實存在於個體中是十分重要的。因此，如果女學生渴望從事科學訓或醫學工作，他們必須投注心力增進其空間能力。果斷能力的訓練也許對想從事管理階層職務的女性有益。同理，如果男性欲從事服務性行業如臨床心理學，他們必須努力發展其同理心及支持性向，此等性向對一般的女同學而言則為第二天性。

現代社會為女性創造教育機會方面已有長足進步，一九九〇年代進入大學就讀學生中，超過一半為女性。某些一度為男性所充斥的研究所及職業學校，目前女性人口也有成長的趨勢。例如，女性工程師及建築師的比例已從一九八三年的 32% 成長至一九八四的 42%（U.S. Bureau of Census, Statistical abstract of the United States, 1995, p.411）。

女性晉升至較高職位時，依然要面對長久以來男性身居高位掌權的傳統，無論是公司會議室、大學教職員會議、職業團體或工會，大多數女強人均曾經歷過所謂「玻璃天花板」(glass ceiling) 的歧視，阻礙她們晉升至有權力的職位或承擔責任。「玻璃天花板」一詞係指一道無形障礙阻隔有才華的女性爭取可見卻難求之職位，此微妙、不言而喻的組織政策實為隱撓一般女性於事業上晉昇之現實原因。

　　固然，一些女性已經突破這層障礙，至目前為止，能破碎「玻璃天花板」的女性必定十分傑出。今日的「玻璃天花板」較可能阻礙有才能但並不傑出的女性，因為有同等才能的男性並不需要超越此障礙才能升職。當一般男性及女性同樣考進大學、研究所和職業學校後、就職或升等都能在平等的起跑點競爭時，我們就可稱已有更大的性別平等性。

　　女性較難在事業上成功之另一原因是關心他人感受與利益多於非得不可之動機。第五章曾提及賀爾納有關「婦女成功動機恐懼心理」之詳細研究結果 (*Horner's Research on the Fear of Success Motive in Women, 1978*) 該研究曾引發多項有關婦女心理之研究，譬如，婦女對升遷或發展事業之心理，是否應具有男性性格抑或持女性特質？應好競爭抑或好關懷等，奧特滋 (Olds, 1979) 之研究則顯示具有強度男性特質之女性和男性本身之雄心勃勃並無異，彼等均同樣極獨立、自信及活躍。此外，不論男性或女性如具有強度之女性特質，如溫柔、樂於助人、和藹、諒解，則均比較懼怕成功，因此對賀爾納之研究發現提出疑問。

　　系列之研究引起一疑問：以前所指稱男女性別之差異異究竟是否藉以支持對女性之歧視？如果就美國所完成之有關研究

而言，評估之標準並不一致，即使心理衛生工作人員對適應良好與適應不良之男女亦有不同之定型觀念。勃羅弗門等人（Broverman et al., 1970）曾請七十九位有專業準備之心理學家、精神病醫師，及社會工作員（其中四十六位為男性，三十三位為女性），描述心理成熟及具有社會性能力之男女人格特質。綜合結果有以下之共同觀點。（見表四二）該組織臨床專業人員再被邀請描述任何性別之心理健康成人之人格特質，結果他們對健康成人及健康男性之觀念並無區別，而表四二之男女兩性之差異卻極顯著，由此可見社會對心理健康之男女具有雙重標準。心理健康之男性與心理健康之成人相同，而心理健康之女性卻不然。

上述之研究引起另一個疑問：具有較男性化人格特質之女性是否會較女性化特質者心理健康或成功？根據鐘斯等人之研（Jones, Chernovetz, and Hansson, 1978），從大多數研究顯示，具有較多之男性性質之女性在心理健康與能力上均勝於具有傳統性女性特質者。而且，呈現高度女性特質之男性較無安全感，較神經質及有較多之酗酒問題。奧特滋與其同僚之研究（Olds and Shaver, 1980）則發現具有男性人格特質之婦女雖表現強烈之勇往直前發展之動機，她們並不失去對人性感受之敏感性，同時生活功能仍極佳，但被評估為高度競爭性之婦女，即將自己目標置於他人之感受之上者，則有心理困擾之徵候。奧特滋解釋對婦女而言，過高競爭性，置他人感受與利益不顧之女性，與現行社會對女性脚色之要求不符，因此其心理困擾實為其所付之代價。

女心理學家班恩認為所有行為屬人類行為，毋須區辨男性或女性之分，性別並不指揮我們應有野心或了解別人；好競爭

表四二　心理健康觀念與男女性別差異之專業評估

心　理　健　康　男　性	心　理　健　康　女　性
支配性	較馴服
獨立性	較不獨立
冒險性	較不冒險
不易被影響	較容易被人影響
攻擊及積極性	較少攻擊及積極性
競爭性	較少競爭性
不嚴重之危機中不激動	在不嚴重之危機中易激動
感情不易受損害	感情易受損害
對外表不重虛榮	對外表重虛榮
客觀	較不客觀
很喜歡數理	較厭惡數理

錄自： Broverman, I, Broverman, D, Clarkson, F., Rosenkranz, P, and Vogel, S. Sex Role Stereotypes and cliical judgements of Mental health. *Journal of Consulting and Clinical Psychology*, Vol. 34, 1970, pp. 1 ~ 7.

或顧及別人之感受。其實吾人均具有此等特質（Bem, 1981），易言之，每人之性別不應阻礙我們達成人生目標，正如一位大學校長所言：「大學教席是否提供婦女均等機會之最有力考驗不在於一位傑出女性被聘爲專任教授，而在於一位學經歷普通之女性與另一位情形相似的男性是否享有平均機會被聘請爲老師。」

男性之優勢在於不需同時負起生產與繁衍下一代之職責，至於目前高層次之職位及待遇爲男性所享有之情形，與社會之組織體系而並非女性之性別有關。無可否認社會是逐漸在變遷，但多數人認爲太緩慢，深信今日大多數已接受大專教育之婦女會負起改革之使命，而不只是坐待結果，她們將推動立法之修改，並喚起政府及機構注意男女之不平等的立法與組織，以謀求婦女之合適工作條件與環境。

近數十年來，婦女各方面機會實際上已漸漸在增加，譬如很多婦女被錄取專攻昔日爲男性所占有之行業之高深學業準備，目前，也有很多婦女從事經理及其他專業性之工作，其數字係有史以來最大。

圖十四顯示一九六二至一九七六年間，女性從事傳統「男性」職業之百分比呈具體成長，這些弧線在過去二十年中持續上升。例如，女性律師及法官的比例從一九七六年的 10% 成長至今日的 25%，女性醫師佔醫學專業人員的比例從一九七六年的 14% 成長至現在的 22%。女性職業人數的增長並不只限於高地位的職業，女性郵務員的百分比已由一九七六年的 32%，升至一九九四年的 44%；比起二十年前的 40%，女性調酒員的比例目前已超過一半（53%）（U.S. Bureau of Census, Statistical abstract of the United States, 1995, pp. 411-

圖十四　女性在受雇時，所選擇傳統男性職業的百分比
（1962～1976）

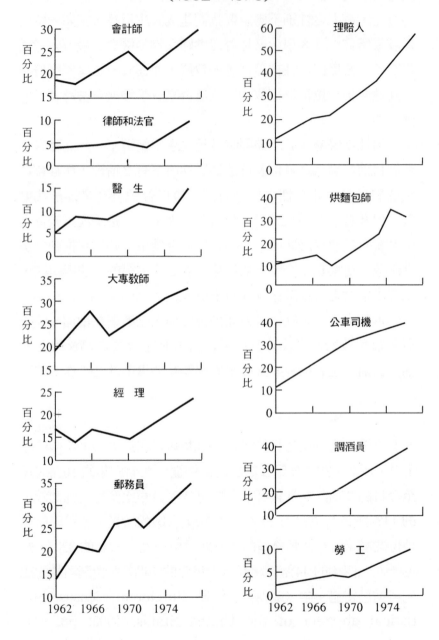

413）。

另一使人興奮之現象是男女所得薪俸差距之縮短，表四三顯示一九七六至一九七七學年大學畢業男女在各行業的平均待遇非常接近，有兩項職業，婦女之起薪竟較高。

㈡家庭背景

在世界所有國家中，美國常被表徵為機會之領土（Land of Opportunity），它可使一個有才華、志向，及有決心努力學習與工作者（如唸大學）能從貧窮往上升遷成為有財勢者。美國名社會學家立普西特曾言：「全球很少國家能像美國這種情形，使家庭背景不足阻止有志向者成全其意願。」（Lipsit and Bendix, 1959）不過，當然有才華的窮苦人很多並不能順利實現其志向，而能力及事業動機並不出色之富家子弟卻因家屬安排得以進入適當之學校，以及事業得以直上青雲。既然如此，就很難肯定美國是一個提供每個人平均機會之國家，而該進一步問：這一代的人究竟能克服多少家庭背景之限制？以及家庭背景對人生各種機會究竟具有何種無以突破之限制？

個人之家庭背景或社經地位指標，根據社會學家卡爾等人之定義包括父母職業、教育、居處、收入、收入來源（薪俸、投資、基金）；如果父母富有，則問從何開始（Kahl, 1957; Warner, Weeken, and Eels, 1949）。此多項研究曾做社經地位與人生機會之比較，所搜集之資料分為兩類：第一類包括低社經地位者顯示較高百分之比之疾病、死亡、被囚禁，及心理不調適，阻礙人生機會之情形。第二類資料包括低社經地位者得以上升至勝於其雙親社經地位之頻率。根據麥基比較高低社經地位男女之研究（Mckee, 1969），窮苦者比富裕者健康差、壽命短、被囚禁及診斷為精神病患等方面在百分比上比較大。

表四三　大學畢業生在職業之不同性別之平均月薪

職　　　　　　　　業	男性（元）	女性（元）
會計／審計	1,065	1,060
商業管理	940	849
傳道	829	721
社區組織服務	747	702
EDP－計畫／系統	1,115	1,090
工程	1,279	1,328
農場和天然資源	895	941
財政和經濟	936	927
健康（醫療）服務	937	864
家政和飲食	853	685
法律服務	933	798
圖書館和相關工作	742	598
製造和／或工業操作	1,212	1,122
市場：消費產品服務	931	890
市場：工業產品服務	1,055	1,029
數學／統計	1,016	1,016
商品促銷	883	812
職員、從業員	973	869
公共行政	879	762
研究—非科學性的	990	789
研究—科學性的	1,119	1,062
輪流訓練—技術性的	1,241	1,195
輪流訓練—非技術性的	911	866

錄自：*Work in America-The Decade Ahead*, edited by Clark Kerr and Jerome M. Rosow. Van Nostrand Reinhold Company, 1979.

表四四　一九五○年曼哈頓居民社經地位與心理健康之關係

父母親之社經地位	居民心理狀態之百分比		
	無或輕微之心理障礙	中度心理障礙	影響生活效率之心理障礙
前三分之一	61	22	17=100%
中三分之一	56	21	23=100%
後三分之一	46	23	31=100%

有兩件實例可說明其觀察：

　　第一件實例是關於世界聞名之「太坦尼克」(Titanic)號豪華輪船遇礁下沉的動人故事，根據羅爾德之記載 (Lord, 1955) 其中有一小段是關於援救各乘客次序的記錄。在女性乘客溺斃中，頭等占百分之三，二等占百分之十六，三等占百分之四十五，上述死亡率之差異是由於救生艇之提供數量是根據乘客艙位等級所付之總值而定。此外，上救生艇之次序亦以頭等乘客為先。

　　第二個實例可引錄斯魯爾等人以紐約曼哈頓市民橫斷面取樣所作之晤談研究 (Srole, Langer, Michael, Opler, and Rennie, 1962, vol. I) 。研究結果顯示社經地位與心理困擾之高度相關性，表四四顯示最富裕之父母被評估為心理健康或僅有輕微之心理困擾之百分比最高，相反的，最貧窮的父母被評估有嚴重心理障礙之百分比幾乎多兩倍。（請參見表四四）

　　對上述情形的一個解釋是最窮困的人是因為他們無棲身之處，或無能力維持一項好的工作，也許這些父母對子女教養之

素質不佳，或是身體健康未照顧好，因此邁向成功之路非常崎嶇。另外一個解釋是醫生經常趨於診斷上級社經地位者之問題為輕緩或中度，而對同樣徵候的低社經地位者則指為精神病之證據，這種趨向在早幾年被一位法國精神科醫師珍娜（Janet, 1975, p.172）所發現，他曾如此寫：

如果一個病患是貧窮者，他被診斷為精神病後（Psychotic）而監禁在精神病院；如果他經濟能力足以進入一家私人療養院，他只被診斷為神經衰弱（Neurasthenia）；如果他很富裕，可以在家裏請醫生護士不停照顧，則他僅被視為一個脾氣古怪的病患。

有多少低社經地位的青年能在一生中力爭上游成功？根據一九七三年的一項研究，發現有百分之三十八低社經地位的青年獲得高於其父親的職業，但富家子弟則有百分之六十五事業上成功。費特門之最近研究認為此項百分比之分布，自第二次世界大戰後還相當穩定（Featherman, 1980; and Abegglin, 1955）。成功的低社經地位青年和不成功的有什麼分別呢？有一點是很明顯的，前者都重視父母的價值觀，有益友，以及學業興趣濃厚。本書第一章提及成功的低社經地位青年很多是父母對自己之際遇不滿，而希望自己兒女能奮發圖強，費特門之研究資料綜合以下幾個原因為導致青年得以往上升遷：培養成為有責任感、有志向，及自我導向之性格；有遠景與人生目標，能為日後之成果放棄目前之愉快，及超越父母成就之決心。

青年結交的朋友亦頗能影響個人志趣。如果所交往的友人是奮發圖強，唸書用功，勤勞，不與人吵鬧滋事；必然會受其積極影響。相反的，如果所交往的朋友，人生徬徨無目標，對學業無興趣，常觸犯法律，則亦必產生近墨者黑之結果。教育

是協助低社經地位青年往上升遷的第三個重要因素，在美國社會，青年之地位是其學業成績而非家庭背景所決定，尤其如果能進入優秀之大學預科學校，然後被錄取進入知名度很高之大學，則其個人智力及學習心得係決定其成績之主因，與家庭背景無關。

㈢種族

種族對獲致一個有作為及愉快生活的機會有什麼影響？在美國，很多人認為少數民族，如黑人，墨西哥籍之美國人，以及加勒比海，中南美的葡萄牙、西班牙、拉丁美州籍的人一直陷於窮困、健康不良、失業，或就業不理想中，其所以然主要原因有二：家庭不穩定，以及智力較低。

一九六〇年代初期，美國政府的確下極大決心透過教育機會之擴大，就業訓練，保健服務，並以立法通過平均機會進入大學院校，經理及專業之職業，以改進少數民族之生活，此乃詹森總統之「消滅貧窮」政策之主旨 (War on Poverty) 。但卻遭遇很多人反駁，因為種族之問題已與貧窮混淆不清。比較少數民族和窮困的白種人家庭時，情形相似，如家庭結構僅有女性，子女學業成績低，兒童有犯罪行為，此外，學校或就業構之歧視，貧民區住宅，保健缺乏等情形，影響青年之失敗實屬社經地位因素而非皮膚之顏色。

在中等家庭生長的白種及黑種兒童又如何呢？有關此問題，一項在二十五年前完成之名研究提供非常明確之觀察。戴維斯及同僚 (Davis and Havighurst, 1956) 發現中等階級的黑人或白人母親在教養兒女時，均強調培養良好習慣，從小訓練照顧自己，上學要用功唸書。至於低社經地位之黑人或白人母親則沒有。至於智商是否因遺傳或人種之關係而不同，迄今

尚無有力之證據，根據廣泛取樣之實驗研究所獲致之有限差異不足以解釋不同種族在學業或工作績效之顯著區別。

因此，究竟是什麼影響兒童青少年的學業動機和成績呢？綜合柯爾門（Coleman et al, 1966）、人類學家奧格布（Ogbu, 1974），及名兒童心理學家勃郎凡布蘭納（Bronfenbrenner, 1979）之研究，可歸納為以下幾個觀點：㈠學業成績優良、事業滿意，及生活愉快者並非有天賦才華或天資特別優異，㈡其父母對他們有合理的期望及鼓勵，㈢他們有益友之積極影響力，㈣正確之指導使能逐步邁向成功大道。奧格布並提出兩點學校因素，能影響學生之學業成績：㈠學校行政主管與家長之間缺乏良好溝通，㈡學童之學業困難被誤認為心理障礙，第一點是指家長對學校之政策或老師、教學等完全不了解，也無從表示其意見，以謀求應有之改善。第二點是指學業成績低劣之現象並未從了解其弱點或原因予以指導或補習，而僅以心理障礙或行為偏差處理。

總之，性別、家庭背景，以及種族對一個人之學業事業及整個命運僅有「或然」，而非「決定性」之影響力（Probability not Destiny）。

維持自我尊嚴與個人生活效率

本書第二章提及個人自我尊嚴是得自如何評估自我意象，如果是很積極，則自我尊嚴感很高；如果很消極，遠不及自己所願望，自我尊嚴感低。

從本書所涵蓋之內容，有何重點能做為建立自我尊嚴感及生活效率之準則，有助於大學教育後之前程呢？大概可分為以下五方面：㈠從適當安排工作、愛與遊樂獲得滿足，㈡擁有可

及之資源，㈢發展處理壓力之有效方法，㈣自我克服心理困擾之策略，㈤提昇個人生活效率之策略。

㈠**從適當安排工作、愛及遊樂獲得滿足**：雖然這一點重複提起，但從多年的觀察心理健康的人以及臨床證據均顯示此確為良好適應之主要指標，雖然這三個生活層面的適當安排是因人而異。每個人都需要記住從工作、愛及遊戲分別培養及維持樂趣。因為它們不是與生俱來之本能，是學習而來之行為，正如駕駛汽車，學習應備之技術後，需要練習使人駕駛得很熟練與精確，而且常需要每一個生活層面所能獲得最大之愉快做調適之準備，譬如換職業，結交新朋友，以新嗜好代替原有的。

我們亦須提防工作過勞，三十至四十五歲這段時期最容易有此傾向，根據喜斯之兩項研究（Heath, 1968,1977a）：過度追求事業成就者有時對心理成熟會有影響，或對生活品質感覺不滿，一旦發現此情形者，當決定增加和家人共處以及休閒娛樂的時間。

奧史生（Osherson, 1982）以四百位心理正常者做追蹤研究，幾乎半數人指出最使他們愉快的生活層面是身為丈夫與父親，已婚之男性亦感覺有兒女者事業較無兒女者更成功，奧史生進一比較家庭中夫妻都從事職業以及太太在家照顧兒女，發現前者情形之男性，事業更適合其能力與興趣。

㈡**擁有可及之資源**：根據研究所示人生不愉快之程度和可及之資源多少與整體適應有關。在可以培養之資源中，最重要有三項：可支援之親友關係網，美夢，及大於個人之信念。關於友人支援關係網對因應壓力之價值前曾提及。幕思之研究，以學業要求高、競爭性強之某加州大學學生為研究對象，結果發現獨自住宿舍者，往健康中心接受心理及身體服務次數多於

與朋友合住者（Moos, 1981）。另一項涉及相同壓力情境下，有無社會關係網支援與生理心理徵候之研究，取樣人數共五百位，分男女兩性，結果經十二個月之觀察，發現與家人及工作同事關係良好者能表達其感受，且較少不調適跡象。美夢之價值在於能賦予生命目標、生機、統整力、挫折之容忍，以及犧牲之精神。它使注意力有焦點，工作有意義。為了實現一個美夢，它能使人精力充沛，有效管理時間，使人放棄安逸的職位，改過舊習慣，變換新活動，正如一首古老的信義教會聖詩中的一行字句所言：「從雨中追蹤彩虹。」不過，如利文生之名著「人生之季節」中警告世人「美夢有時會化為幻影」。易言之，當美夢破碎時，人需要什麼力量再站起來？答案是大於我們自己的力量。今天很多青年從宗教信仰中去尋求這種力量，有些人則以科學為至高權威，有的則尊崇宇宙之普遍倫理道德，或人類之最終價值。當然也有人相信他們的命運和生理節奏有一定的行星在指引。

㈢**發展處理壓力之有效方法**：在未來的歲月中也許會體驗到願望與現實之差距而痛苦。我們會跌倒，感覺壓力無以承擔、迷失、無依、憤怒、沮喪。什麼使我們對失望有不同的反應？其實每個人內心都會感到有自身缺點阻止我們發展、不受人歡迎或使我們覺得不對勁，譬如，自己性別不合適、投錯胎、受歧視的人種等。或是身材太矮，不夠吸引人，信錯宗教，或是無社交技能。對這些缺點是否不予補救而讓它們使我們受罪？不，要維護自我尊嚴和生活效率就必須懂得如何處理這些不如意的感受。

名壓力權威賽爾利曾述及以下一則故事。一位酒棍有兩個兒子，一個是酗酒徒，另一個是戒酒者。當兩者被問為何對酒

有此不同之習慣，兩人之答覆不約而同：「有如此之父親，自然會如此。」（Selye, 1980）此故事之教訓實足以啟示適當處理壓力之重要性。當我們了解那一類事物最易激動我們，而我們經常的反應是什麼，所用的控制方法是否對己有害，是否應學習新的適應等，我們的自尊心及生活效度一定會進步很多。事實上，壓力是很主觀的感受。當女友告訴我她已轉移感情於第三者，也許我會大發雷霆，而您可能無動於衷。但是若教授給你打了一個中等的成績你覺得悶悶不樂，而我即使低分也不在乎，所以我們必須了解那些事物最能給我們壓力衝擊，而且衝擊會有多大。

當我們年齡漸增的時候，會慢慢的發現在我們不高興時，一般的感受是什麼？憂鬱、憤怒、焦慮、頭疼或是胃疼？我們也會發現自己習慣如何控制對壓力的反應，如果我們永遠是以酒澆愁，不論自己或別人也會覺得是不良的因應方法。有時，不良之調適方法並非如此明顯，如果我只會發大脾氣，而你陷於絕望之深淵，則你我的人生都不會幸福，甚至會導致心理障礙。我們該如何自拔？最重要的是考慮到自己過度反應之習慣，因為此乃傾向於不良調適之情境。茲以處理極度憤怒或憂鬱反應之策略為例。

第三章曾列舉以直接控制行為去處理激動情緒，譬如，以鬆弛技巧（Relaxation Response）處理焦慮或憤怒。諾法可（Novaco, 1978）之研究報告列舉幾項混合用之直接控制法去處理爆發性之狂怒，然後再繼用行為解決方法去學習可選擇之不同反應方式避免勃然大怒。此方法屬於認知行為輔導法（Cognitive Behavioral Interventions）。

易發怒者先學習以鬆弛技巧去處理面臨之壓力，然後依以

爲正面衝突作心理準備

可能不容易應付，但我相信可以，先不緊張，記住問題所在，不要感情用事，無爭辯之必要，我知道該如何做。

面對衝突情況

祇要我盡量保持鎮靜，必能控制情境，不須證明自己有理，也不要將問題擴大，更不要失去理智，細想該做的、與事情的正面，不要過早做結論。

應付激動情緒

當肌肉感覺很緊張的時候，設法鬆弛。動作緩慢下來、深深吸一口氣，將問題逐點考慮，我的激動顯示必須有所行動。將問題解決，對方是要我生氣，但我必須將事情處理得對己有利。

事後反省

a. 衝突未解決

試著忘記這件事，想也沒有好處。勿讓它影響工作，設法鬆弛，總比生氣好，事情沒有那麼嚴重，不須那樣難過。

b. 衝突已解決

覺得事情處理得很棒，我可能將事情作不必要之擴大；爲了自尊心也許找更多麻煩，還是現在這樣解決比較好，而且我居然平心靜氣地將這件事情解決。

錄自：Novaco, R. Anger and Coping with Stress: Cognitive Behavioral Interventions. In. J. Foreyt and D. Rathjen (Eds.), *Cognitive Behavior therapy: Research and applications.* New York: Plenum, 1978. Reprinted by Permission.

下各點去做：1.認清使生氣之人或情況，2.區別生氣與爆炸性之憤怒，3.明白開始之生氣如何發展至大怒，4.學習其他可選擇之處理壓力反應。最後，以假設之情況去演習如何使用此序列步驟，並與其他受訓人一起演習。表四五將處理一個與人發生衝突之情況詳細敍述。

表四五所介紹應付衝突（糾紛）之步驟也可以用在和女朋友面臨破裂之情況，而擬與她約談時也預期到難堪的局面，但須決定到時把事情澄清，並提醒自己不需要強持個人的立場是如何合理，也不要將事情做不必要之擴大。要明白自己到時情緒會激動，肌肉緊張，呼吸急速，所以要鎮靜下來，從積極方面去處理這問題。如果談判不成功，要試著忘記，不要讓這件事影響自己日後的生活，如果可不須激怒就解決了這次衝突，會覺得很舒適，以後可再應用此方法。

　　㈣**克服心理困擾之自助策略**：此策略可以休斯頓心理學藍姆（Rehm, 1982）對自我克服憂鬱之策略提出五點步驟為例：1.自我督察（Self -monitoring）2.清楚了解自己行為立即及長期之後果，3.糾正對事情原因之曲解，4.擬定可行目標，5.自我正增強。茲分別敘述各點如下：

　　1.**自我督察**：其基本意義在於個人之情緒是行為所決定。所謂行為可能是實際行動或在行動時之自己意見。很多憂鬱病患對事情的看法極端消極，而且以此對自己說。譬如華爾德發心臟病時，一直在想自己不能做的事，也指謫自己忽略個人健康、從今以後生活不會如舊、自己將成為別人負擔，等一連串之消極想法。如果華爾德依照藍姆之自我督導建議，他會記錄下來每天所發生的積極愉快的事以及對自己的積極意見，這可能包括朋友來訪並和他玩紙牌，看了一部很好的偵探電影，或是在身體復健上有進步。至於積極之自我意見可能是：「我的橋牌技術不錯。」「剛才看那部電影的時候，去猜測究竟誰是兇手很有意思。」或「我對恢復自己體力真的非常認真。」等。

　　當華爾德注意每天生活的光明面時，他也許會開始感覺高興：一天中有那麼多的事情使他得意，進而覺悟以前專注於一

表四六　評估一件渴望做的事之立時及長期正負後果

活動：請朋友來醫院聊天

	立　時　結　果	長　期　結　果
正向結果	覺得很痛快	成爲更好的朋友
負向結果	打電話去邀約時覺得很緊張	談話後很疲倦

些不愉快的活動時將它們忽略了。

2.清晰了解自己行為立即及長期後果：是自我克服心理困擾之第二個要點。罹患憂鬱症者比較重視目前行為之後果或影響，也因此常常做些任性的事情使自己後來很後悔當時的短視，表四六解釋如何分析一件行為之方法。在此表中，以邀請一位朋友到醫院來聊天爲例，剖析一件行為之立時及長期之正負後果。

3.糾正對事情原因之曲解：是自我管理策略之第三個步驟。華爾德心臟病發作後之復健運動需要在醫院物理治療室之機器設備上散步及慢跑運動。他雖漸漸恢復，但由於他仍感覺憂鬱，所以認爲僅是僥倖結果而已，如果他的主治醫生及護士說服他，使他接受這是他努力合作之結果，他會對這運動有信心而不繼續感覺憂鬱。

4.擬定可行目標：是第四個步驟。憂鬱病患常擬定不可及或模糊不清之目標，當這目標不能實現，則自然停留在憂鬱心態中。譬如當醫生告訴華爾德需要將體重減輕時，他對自己說：「我需要減輕四十磅。」或「我的運動量不足以使我減去那麼

多磅。」他這種過高的目標及不明確的意見不會使他感覺輕鬆，所以他必須另外擬定可行之目標。可行之目標包含四個重點：(1)可能再細分為較小之目標，(2)可以敍述為積極之行為，(3)有實現之可能，(4)為個人所能掌握。根據此四點原則，華爾德可將其目標改為每星期減去二至三磅，然後決定每天在他體力容許之下到物理治療室作十五分鐘之慢跑運動。

5.自我正增強：是心理困擾自我管理策略之最後一個步驟。憂鬱病患者很少對自己的行為予以讚許，如果華爾德試著每天讚美自己所達成之復健目標，他的憂鬱感會減少。所謂正增強可能就是使人感覺愉快之活動，譬如，華爾德能在一星期中減輕二至三磅時，也許決定去看壘球賽，因為這是他所喜愛的活動，他可以此為應得之酬報。

㈤提昇個人生活效率之策略：史丹福大學社會心理學家班都拉（Bandura, 1982）提出另外一個可緩和憂鬱情緒及提升自尊或自我維護之策略。關於個人生活效率的增進，班氏認為可基於下列四項來源：1.自己具體表現績效，2.他人之示範，3.口頭勸導或精神鼓舞，4.了解自己因應壓力之生理反應。

1.自己具體表現績效：是最能恢復對自己體力之信心，尤其是成功的證據。譬如，華爾德發現自己在復健運動之體力改善，就會相信心臟情形在進步。

2.他人之示範：此來源如果再以華爾德為例，則醫院可以召集與他病歷相似的治癒者和他會面，告訴他復健後仍可繼續以前的工作和生活步調，他會對自己的治癒增加信心。

3.口頭勸導或精神鼓舞：口頭勸導及類似之人際影響可促使人致力於自我改善，尤其是可達成之目標。以華爾德而言，口頭勸導可分兩方面：在醫生方面，他可以告訴華爾德他的體

力可以承擔多少復健運動以及需要多久可以恢復正常活動；另一方面可能得自其妻，她可陪伴他到物理治療室，看到增加增進時告訴他。

4.了解自己因應壓力之生理反應：亦有助於生活效率之增進，每個人對壓力有不同之生理反應。譬如一個籃球隊隊員在球賽之前感到之加速脈息，胸腔緊張，胃難過，以及一般性之焦慮是正常之反應，等到球賽一開始，這些感覺就消失，華爾德從發心臟病那次開始，也明白這些是病症之徵候。如果要使他將來復健後能有效地處自己生活，則必須能辨別心臟病發作之預兆以及在日常生活中工作、愛和運動之正常脈息加速。

當然，以上所介紹之策略對控制強烈之暴躁性情或重大創傷所引發之憂鬱並不一定生效，所以有時必須就教於專業輔導人員、醫生及其他協助之人，但心臟病一般不愉快之事更嚴重。藍姆及班都拉等學人之研究均可協助吾人在日後之壓力情境中維持自我尊嚴及生活效率。

本章摘要

一、目前的研究發現性別、家庭背景、及種族對很多人之成就僅具可能之影響，在現代社會，個人能達成人生目標之機會大於過去任何時代。

二、奠定自我尊嚴及個人生活效率之基石有三：㈠從適當安排我們的工作、愛及遊樂獲得滿足感，㈡擁有可及之資源，㈢發展處理壓力之有效方法。

三、能從工作、愛及遊樂獲取滿意並非與生俱來之本能，而是學習之行為，同時亦須培養能適應任何一方面變化所做之必要協調。

四、人生過程中極需可以緩衝及慰藉心理創傷之資源。所謂資源，包括三方面：㈠親友，㈡美夢，㈢信仰。

五、處理壓力之有效方法包含：㈠了解什麼最易使我們激動，㈡我們一般反應是什麼，㈢所用的控制方法須付出多少代價？㈣是否應考慮新的適應策略。

六、在壓力衝擊下，自我管理的策略包括：㈠自我督察，㈡清楚了解自己行為之立即及長期後果，㈢糾正對事情原因之曲解，㈣擬訂可行目標，㈤自我正增強。

七、增強個人生活效率之策略包括：㈠自己具體表現績效，㈡效法他人，㈢獲取別人勸導或精神鼓舞，㈣正確認識自己自己對壓力之正常及異常生理反應。

下章展望

第十四章係本書之最後一章，開始將問：假如你要為自己寫訃文，你對自己一生之成就及幸福會說些什麼？此問題為提出之生活之道展開序幕。十項健康生活守則是集合古今學人及臨床專業人員之智慧而擬定。

重要術語

- Glass Ceiling
- Fear of Success
- Self-esteem
- Personal effectiveness

相關性參考書目

1. Gender

Basow, S. *Sex-role stereotypes:Traditions ans alternatives.* Monterey, Calif.:Brooks/Cole, 1980.

Gilligan, C.(1982). In a Different Voice:Psychological Theory and Women's, Development. Cambridge, MA: Harvard University Press.

Nieva, V., and Gutek, B. *Women and work: A psychological perspective*. New York:Praeger, 1982.

Alternatives to the traditional sex-role stereotypes for modern women.

2. Social class and race

Featherman, D., and Hauser, R. *Opportunity and change*. New York: Academic Press, 1978.

Featherman, D. Schooling and occupational careers: Constancy and change in worldly success. In O. Brim, Jr., and J. Kagan (Eds.), *Constancy and change in human development*. Cambridge, Mass.: Harvard University Press, 1980.

Examines the relationship of socio-economic background and race to life chances, noting the value of education.

3. The dream

Levinson, D., with Darrow, C., Klein, E., Levinson, M., and McKee, B. *Seasons of a man's life*. New York: Knopf, 1978.

Sustaining value of the dream as it forms, fades, and is reestablished through the adult years.

4. Self-management of stress reactions

Karoly, P., and Kanfer, F. *The psychology of self*

management: From theory to practice. New York : Pergamon, 1982.

Flach, F. *The secret strength of depression.* New York: Bantam, 1975.

Ways of helping ourselves cope more effectively with distressing feelings.

第十四章　增進良好適應與心理健康守則

綱　要

一、心理健康守則

　　(一)注意身體保健

　　(二)培養擁有希望之心靈

　　(三)勇於接受新經驗

　　(四)了解自己之感受並給予表達機會

　　(五)「非我」內涵之再界定

　　(六)鍛鍊自恃見解

　　(七)視未來為系列之現在

　　(八)重播下愛的種子

　　(九)培養幽默感

　　(十)預期野心、挫折及忍耐之循環

　　(土)重視奮鬥人生之價值

二、結　語

思考問題

☐ 你能否為自己繼續成長定些心理健康守則？

☐ 你是如何擬定的？

☐ 你現在該如何改善自己的生活？

☐ 你希望自己的訃文中對一生之事蹟與幸福如何敘述？

心理健康守則

假如你被邀請在自己畢業典禮時致辭，而你想提供應屆畢業同學一些心理健康守則，使他們離開校園步入社會後，可藉此活得較愉快與成功，你會說些什麼？然後你再假設自己面臨死亡的邊緣，想為自己寫訃文，你將如何敘述自己的一生？幸福是否多於苦難？是順利達成人生目標？本章所提出之心理健康守則涵蓋無數學者及臨床專業人員之智慧。終結本書之前，所以請讀者思考死亡之問題，係藉以激發改善今後生活品質之動機。十一項守則分別為：㈠注意身體保健，㈡培養擁有希望之心靈，㈢勇於接受新經驗，㈣了解自己之感受並給予表達機會，㈤「非我」內涵之再界定，㈥鍛鍊自恃見解，㈦視未來為系列之現在，㈧重播下愛的種子，㈨培養幽默感，㈩預期野心、挫折及忍耐之循環，㈪重視奮鬥人生之價值。茲分別闡明：

㈠注意身體保健

人類之良好心理適應與健康的身體是息息相關的。名醫師諾爾斯曾言：「大多數人都能享有健康，可惜常因疏忽保健而致病。」（Knowles, 1977）那我們該如何提高維護健康之可能性呢？近日興起之行為醫學（Behavioral Medicine）家提

本書譯者伉儷遊覽荷蘭——阿姆斯特丹

供了六點建議：1.調節壓力之衝擊，2.遵守適當之安全設施，3.定期作體檢，4.注意飲食習慣，5.勿濫用藥物，6.維持衛生保健習慣 (Matarazzo, 1982; Dawber, 1980; U.S. Department of Health, Education, and Welfare, 1979) 。

1.調節壓力之衝擊：爲何要調節壓力之衝擊？我們都知道壓力與身心疾病之關係，因爲沒有一個人能容忍持久之壓力。因此當我們處在一個給予我們很大壓力的環境中，我們應該改變所處環境以減輕壓力。否則，就必須轉移導致壓力情境之因素。

2.遵守適當之安全設施：藉以避免身體受傷害之危險，馬特拉索特別以使用汽車安全帶爲可行之例 (Matarazzo, 1982) 。據馬氏之研究，美國每四十人中便有一位是死於車禍，他發現如果車者記得用座位安全帶，則死亡及重傷率至少減低一半以上。乘機車如戴上安全帽，則每年因機車失事死亡之五千餘人當中，也許有許多人仍可被救治。總之，無論在路上、在家中及工作場所，如果能遵守基本之安全措施可以避免意外之死亡，使充滿希望之生命，不致在一刹那間被終止。

3.定期作體檢：定期體檢對青年也有必要實施之原因，道勃指出它可以及早發現沒有明確徵候之疾病 (Dawber, 1980) ，譬如糖尿病及高血壓可以從定期體檢中發現。這種疾病假如在表面很健康的年輕人，而且在身體尚未受到損害前就發現，可收及早預防及治療之效，更可改善成年生活之素質。

4.注意飲食習慣：乃是保健的第四個要點。表四七是美國爲適當飲食所擬定之注意目標。

專家研究，糖、咖啡精，及食物中之加工化學原料對健康之影響意見不一致。醫生則較著重含有膽固醇之食物，雞蛋、

表四七　適當的飲食類型

美國飲食的目標

1. 避免超重，儘可能的消耗熱量。假如已超重，減少熱量的攝取，並增加熱量的消耗。
2. 從28％至48％的能量吸收來增加複碳水化合物及自然產生糖分的消耗。
3. 從10％的能量吸收來減少45％的精製糖總能量的消耗。
4. 從40％到30％能量的吸收來減少全部脂肪能量的消耗。
5. 由10％總能量的攝取來減少不飽和脂肪的消耗；然後再由10％總能量的攝取來平衡聚不飽和脂肪和單不飽和脂肪。
6. 每天約減少300mg膽固醇的消耗量。
7. 由每天減少5g鹽的攝取來限制鈉的攝取。

對每種食物群的建議

牛奶和奶類產品
　　　　每天二份（或二份以上），例如一份包括：
　　　　　　　　　　一杯牛奶
　　　　　　　　　　二片乾酪
　　　　　　　　　　一杯軟乾酪
　　　　　　　　　　一杯酸奶酪
肉類和代替品
　　　　每天二份（或二份以上），包括肉、魚。
　　　　家禽或乾酪、蛋、乾豆、堅果、花生醬。（每份三英兩）
水果和蔬菜
　　　　每天四份（或四份以上），包括柑橘水果、番茄，以為維他命C之來源。
　　　　一分深綠色或淡綠色蔬菜，以為維他命A之來源。
麵包和穀物
　　　　每天四份（或四份以上）麵包和穀物。

錄自：From Everly, G. and Rosenfeld, R. *The nature and treat ment of the stress response: A practical guide for clinicians.* New York: Plenum Press, 1981, pp. 72, 73, 75.

乳酪食品，及肥肉含有膽固醇。學者如道勃指出膽固醇量之層次與心臟血管疾病之相關性已被接受（Dawber, 1980），當然個別差異是會存在的。有很多人能進食大量含有膽固醇之食物，而其血液內之膽固醇量卻維持一正常層次。

5.**勿濫用藥物**：適當使用藥物可予人舒適及愉快之感，不過一旦成爲習慣性服用任一種物質，不論是煙、酒、咖啡、大麻煙等，總不免有一天轉發爲濫用或上癮之可能。如果能先認淸可能發生之問題，也許可預防嚴重之危害。根據美國衛生、教育及社會福利部之報告，每天抽一包煙以上的人較已戒煙及不吸煙者患動心臟病率高兩倍以上，無節制之喝酒，其短期及長期的影響包含大多數之公路上車禍死亡及種類頗多之疾病。根據馬特拉索之研究，在美國一九八二年罹患慢性酗酒症者對國家之經濟消耗達美金四百二十億（Matarazzo, 1982a）。

6.**維持衛生保健習慣**：包括大小不同之各種生活習慣。小的如刷牙時用牙線（Dental Floss）去除牙縫間之食物，以預防牙周病。較大的是適當營養及有規律且和緩之運動，使體重能符合年齡及體格之標準。

人壽保險公司常以此六個指標去預測壽命。一位申請投保者也許會被要求塡寫類似表四八的申請人資料表。各專家之意見雖然對每一項目之輕重不一致，但他們都同意上述幾點：較低之壓力，遵守安全措施，定期體檢，控制體重，不濫用藥物，及有恆之運動，均與較長之壽命有關。

(二)培養擁有希望之心靈

希望是預期意欲之事能實現。一方面是未來愉快之期待；另一方面是很可能實現之信心。我們並不輕易擁有實現希望之理想。

表四八-1　你的生命年齡預估

□　你吃什麼？

□　你常運動嗎？

□　你體重多少？

□　你有安全感嗎？

□　你有好的壓力調適嗎？

□　你的人際關係好嗎？

在短時間內，你的健康可能出現危機，或更爲健康。你也應該知道如何做，才能改變一些小小的惡習，使它不致影響你的生活狀況或是將更加速你的死亡。

你現在已朝那一邊走呢？

讓我們來看看保險公司如何來計算你的生活，我們以72分開始計算。

個人數據

假如你是男性　　　　　　　　(-3)

假如你是女性　　　　　　　　(+4)

假如你住在一個人口超過200萬的城市　　　　　　　　(-2)

假如你住在一個人口在一萬人以下的小鎮或是鄉村　　　(+2)

假如祖父或祖母活過85歲　(+2)

假如你的祖父母及外祖父母都活過80歲　　　　　　　(+6)

假如你的雙親之一在50歲以前死於中風或心臟病　　　(-4)

假如你的父母、兄弟姊妹之一在50歲以下患癌、心臟病或從小患有糖尿病　　　　　　　(-3)

你的年薪超過50000美元　(-2)

你大學畢業(+1)如果你有研究所學位或專業執照再　　　　　　　　　(+2)

超過65歲，仍在工作　　(+3)

如果你與配偶同住或朋友同住(+5)，假如沒有，從25歲以後，每年　　　　　　　(-1)

健康實況

假使你在辦公室的工作　(-3)

假使你是勞工　　　　　(+3)

假使你不斷的運動(如網球、跑

（下頁續）

表四八-2

步、游泳等)至少一週5次，
每次30分鐘(+4)，一週2
至3次　　　　　　　　(+2)
每晚睡十小時以上　　(-4)
你緊張、攻擊、易怒　(-3)
你很悠閒輕鬆(+3)
你快樂(+1)，不快樂(-2)
你有超速罰單　　　　(-1)
你一天抽2包煙以上(-8)，
1至2包(-6)，半包至1
包　　　　　　　　　(-3)
你一天喝1夸特酒　　(-1)
你超重50磅以上(-8)，30～50
磅(-4)，10～30磅(-2)
假如你是一個超過40歲的男人，
每年有健康檢查　　　(+2)
假如你是一個女人，每年有在婦
科醫生處檢查一次　　(+2)
年齡分數
假如你的年齡在30～40之間

假如你的年齡在40～50之間　(+2)
　　　　　　　　　　　　　(+3)
假如你的年齡在50～70之間
　　　　　　　　　　　　　(+4)
假如你的年齡超過70歲
　　　　　　　　　　　　　(+5)
計算你的生命年齡預估，並與全
國的平均得分作比較（美）

現在年齡	男性	女性
0-10	69.8	77.2
11-19	70.3	77.5
20-29	71.2	77.8
30-39	71.3	77.9
40-49	73.5	79.4
50-59	76.1	79.0
60-69	80.2	83.6
70-79	85.9	87.7
80-90	90.0	91.1

錄自：Allen, R., and Linde, S., *Lifegain: The exciting new program that will change your health-and your life.* Norwalk, CT: Appleton-Century-Crofts. © 1981.

艾力生於其人類發展學說之最近觀點中將「希望」定爲人類發展之基石（Erikson, 1976）。它始於嬰兒期，爲成人期信心之根源。心理輔導專家佛郎克申言，「希望」對疾病之治療扮演極重要之脚色。因爲積極期望產生樂觀感受、精力，以及整體的舒適感，這些感受都能促進身心疾病之復健（Frank, 1974）。同樣，一個病人信任的醫生即使所處之藥方是糖製的中性藥（Placebo）也會治癒疾病。基督敎之信仰亦以希望爲其基石，譬如殘障者因路爾德鎭神父之祝福和祈禱而棄去拐杖再正常走路（路爾德〔Lourdes〕爲法國小鎭，以神蹟治病爲名）。

在壓力情境下，希望能使人正視困難，承受痛苦，使生活充實。很多觀察研究顯示有持續希望的人不會遭遇工作徒勞無功（Burn-out）之凄涼；而在集中營、嚴重大病、或船舶失事中也多能生還。總之，它使人比較有力量克服人生之障礙（Pines and Aronson, 1981; Frank, 1974）。

很多人從幼年開始似乎就充滿希望，有些人因不幸遭遇而影響其積極人生觀。無論如何，我們都需要培養希望。以下是幾點可行之方法：1.將壓力之不良影響減至最少，2.以積極態度分析問題，3.具有「自己掌握最後勝利」的信心。

基督徒信任上帝所以內心有希望之喜悅，但是信心可能被悲劇所考驗。譬如：自己的孩子罹患癌症、妹妹遭強暴、雙親被搶劫、自己住所被大火燒毀、或被友人欺騙而破產。我們懷疑如果上帝愛我們，爲何會讓這些事發生。猶太法師克許納曾於其著作「好人遭殃」（Kushner, 1981）談到在痛苦中堅持信心的問題。他認爲自然法則異於上帝法則。天災、人禍屬自然法則之事件，並不區別善人與惡人。上帝給人安慰並非保護

人免受自然災禍，舊約聖經中詩篇第一百二十一章之金句最能代表上帝與人之關係，「幫助從何而來，我的幫助從造天地的耶和華而來」。此外，宗教信仰之價值與希望相同，它使人心靈堅強，足以忍受不幸事件之衝擊和悲劇所導致之終生障礙，及珍惜可享受之恩典。

(三)勇於接受新經驗

我們之成長仰賴對新經驗之接受，從幼稚園開始，每一班級都有新知識要學習。到青少年期後，更富於新挑戰。每次我們學會運用新經驗，可以邁進更高的層面，感覺更大的愉快及成就。每個人對接受新經驗之意願程度不同。你也許好冒險，喜歡探索一個新的城市，或是以十天去考驗在荒野生存的能力。你的母親，雖然已五十五歲，但很願意學習新式舞蹈。我呢？雖然很年輕，但對新東西覺得不舒服，寧願接受熟悉的聲音和景物。壓力研究泰斗賽爾利曾說：「很多人停滯在一個階段不進步，就是因為不願改變現狀。 (Selye, 1980)

願意開放心智去接觸不熟悉的事物可以使生活更豐碩，也可協助我們控制壓力以及建立「能力」感。嘗試做新穎、富於挑戰的事，我們的生活體驗會迥然不同。想像一件事和實際去做是完全兩回事。譬如，藥物能引發的興奮絕對異於親身之體驗。跳降落傘的富於刺激、登山抵達最高峰時的喜悅、或與合唱團一起所感受到之完美和諧，必須自己體驗才了解其意義。這些具體的經驗使我們的感受與現實銜接。真正的喜悅、恐怖，或高興已不僅為電視銀幕前之視覺刺激，因為我們已親身體驗到。

素克門之研究顯示在「追求刺激測驗」得分高之男女受試者較低分者對人生不如意事件之容忍度為高 (Zuckerman,

圖十五　左二殘障青年，非但修完碩士學位，且精於羽毛球、桌球及歌唱
現任振興醫學院復健中心復健心理師。曾帶領殘障運動員出席巴塞隆那世
界運動會，民國八十五年榮獲第一屆金鷹獎。

1979)。貝薩亦認為敢於追求新經驗者，能學到如何因應不愉快之事件，因而增強日後成功地處理問題之能力（Beiser, 1971）。

㈣了解自己之感受並給予表達機會

較高層次之心理功能應包含了解自己之感受並予以表達。因此壓制我們的感受必然導致心理失調。個人如何表示自己的身心不舒服，以及願意對人訴說多少是不相同的。須知抑制我們感受的一個很常見的影響是減弱我們對愛與快樂之能力。佛洛伊德曾對此點發表其觀點：當我們不表達感受幅度中一個極端，我們一定也會約束了另一個極端（Freud, 1915）。易言之，當我們不表露憤怒、憂鬱或焦慮，我們也不會感受到積極的情緒。心理學家朱勒德在其著作《透明的自我》（*The Transparent Self*）提出自我表露（Self-disclosure）是與親近的人分享我們內心感受的意願。對愉快人際關係之建立與維護是非常重要的（Jourard, 1971）。

年齡較長的人，常常訴說自己麻煩的疾病者其健康情形反而勝於自認為一切很好者（Lowenthalet al., 1976）。一般研究發現婦女比較趨於訴說一些小的不舒適，心理學家懷疑是否婦女壽命較長與此有關。感受到痛苦是能以直接行動減輕它之第一步。人本心理學家羅傑斯曾敍述自己在年齡較高時的轉變態度。他以前很善於照顧別人，但近年，他已學習開始想到自己，在照顧自己時，他也更能了解需要他幫助的人。

㈤「非我」內涵之再界定

前述之名人本心理輔導學家羅傑斯在八十歲的時候，覺得不需要像以前對那麼多事情負責。他決定只管對他最重要的事，就是自己。

人生八大期學說創始人艾力生從另一個觀點討論此問題 (Erikson and Erikson, 1981)。他強調從青年期以後之人生週期是否能圓滿度過端視每期對「非我」(Not-me) 之定義如何。例如：青年期自我認同之建立必須仰賴能放棄某些角色。做民主黨員就不能為共和黨員；也不能和兩個人同時維持親密關係。艾力生對青年人之疏離感亦有極正確之觀察，究其原因係不能從不同之價值及態度做抉擇所致。不能從追求之對象決定一位固定之伴侶亦為青年陷於失望之原因。成年人不能為原則或理想而犧牲，結果造成排斥自己。很多不同年齡組的人不知道什麼不必憂慮，結果任何事都去擔心，不論是國內的政治、能源危機、「鯨魚自滅」悲劇，或幣值之穩定。不幸的是，他們竟對自己的幸福反而忽略：愛、工作、遊樂，以及如何有效處理生活的各種問題。

總之，艾力生所謂青年期以後之每段人生週期，有必要重新界定「非我」之意義，是指人非萬能，無法任何事都做得盡善盡美，或任何事物均同樣喜好，所以必須有原則與立場。懂得權衡輕重做抉擇，對自己之喜惡專長清楚了解，則可使人隨歲月增長及體力之變化，更能集中精神於建立及維護健全之自我認同。

㈥鍛鍊自恃見解

美國文豪愛默生 (Emerson, 1880) 在其豐碩著作中，有一篇文獻主題為「自恃」(Self-reliance)。他是牧師，也是哲學家。在此文獻中，愛氏將「自恃」解釋為在人羣中能堅守自己良知行事。他認為一般人在別人面前易於隨波逐流，惟有特殊者才能在社會壓力下依然遵循本人良知。愛氏嘆惜我們究竟有多少候曾懊悔沒有將自己意見表達出來？又有多少次放棄當

衆提出相反之觀點，而過後卻被他人發表而且備受讚美？他深信人類文明之進步並非基於大眾之動力，乃是自恃者憑其信念去發現新大陸、新構想、科學原理，以及使人更和諧共處之道。

與愛氏同時代，及居住於相同之麻省康可特市另有一位學人──所魯，亦為「自恃」之實踐者。所氏選擇處於偏僻之華爾登池 (Walden Pond) 畔之茅屋鄉居兩年。他於一八五四年出版之名著《華爾登》(*Walden*) 敍述該兩年之生活體驗，他建議避開都市生活之複雜問題而過簡單樸素的生活。他申言：「如果有人不能與其夥伴步調一致，也許因為他聽到另一個鼓手之指引。就讓他隨著他所聽到的音樂向前走吧！」 (Thoreau, 1854, p.347) 第二次世界大戰後，領導印度人和平獨立之運動，脫離大英帝國統治之甘地 (Mohandas Gandhi) ，及美國黑人民權運動領袖馬丁路德金 (Martin Luther King, Jr.) 等人均受所魯思想之影響。

㈦視未來為系列之現在

美國小說家詹姆斯曾發表一篇關於名為約翰馬塞爾的短篇故事，故事之名稱為「森林裏之猛獸」 (James, 1903) 。約翰是位青年，他心裏覺得有一天，稀罕和驚奇的事，甚至極恐怖的事會面臨他。除了他的情人──瑪利，沒有任何人知道此事。因此，約翰雖然熱愛瑪利，但不願意和她成婚，因為他覺得恐懼的事隨時會像森林中的猛獸撲到他身上。經過很多年，約翰一面漫遊世界各國，一面等待此驚駭的事發生，可是一直沒有來臨。在此期間，兩人均漸漸衰老，而瑪利終於去世。約翰頓覺極悲慟，常去其墓地憑弔。有一天，他遇見另一個人在旁邊新掘好的墓地哭泣，而埋葬在裏面的是這個哭泣者的太太。此時約翰恍然大悟自己曾經多愛瑪利，為了終生期待一件恐懼事

情發生，竟犧牲了與唯一愛過的人締結良緣、共享家庭生活之幸福。他一生將注意焦點置於將來，結果完全沒有生活現在。很多人就像是約翰，他們也將精力投注在未來的歲月，忽略在此時此地之生活。譬如為考取「明星大學」，很多高中生日夜只知道用功唸書。醫學預科的學生什麼都不管，只盡力準備考上醫學院。很多剛踏入社會謀發展的青年，往往忘記家庭生活時間。雖然，我們鼓勵延續「立時愉快」之精神，但並非指僅為遙遠之將來而活，而忘記了享受現在。很多時候，我們目前所犧牲的並不一定值得，等到目標達成，也許發現並無預期之美好。總之，人生是連續性的，每一個今天都需要好好的生活，每天的黎明都帶給人新的喜悅和希望。當我們懂得去掌握所累積的今天，就是為美好的明天鋪路。

㈧重播下愛的種子

在我們逐成長過程中，愛和友誼關係之穩定是情緒適應的指標。不過，親友之喪亡、遷居或疏遠是難免的。因此，在人生過程中是需要重播下愛的種子 (Vaillant, 1977)。結交新朋友常為三個原因所阻礙：害羞、誤解及年齡大。害羞或膽怯者有根深蒂固之自卑心，這可能是外表的缺點，如青春痘、牙齒不齊；也可能是內在的感受，如不善於社交、不夠機智；也可能是道德價值與人不同。本書第七章曾介紹促進社交技能的具體方法，此外也可透過行為矯治法或認知學習法。在美國某些社區成人教育班有一項社交訓練班，名稱為：「當你們彼此稱呼後，該如何開始交談？」

重播下愛的種子也包括消除朋友間之誤解，第七章提及寬恕及化解友人間的誤會是最佳之良藥。固然有時為了很充分的理由不得不終止多年的友誼關係，但如果只是為了一時之誤會

就太惋惜。知心的摯友在人生中極可貴，尤其有很多回憶只能
與他分享，所以實不可輕易失去。人漸老之後，朋友會減少，
因爲失去以往的朋友後，並沒有再結交新友人，雖然年老者不
易與較年輕者爲友，但應試著和他們建立感情，如此將會增加
老年生活之溫暖。

㈨培養幽默感

　　古希臘名醫與哲人希波格拉底斯（Hippocrates）曾說：
「一個小丑對社會的貢獻勝於二十頭驢所載運的藥品。」的
確，人格特質中最受人歡迎的一項是幽默感，它也是人類最重
要的適應方法。本書常引錄的一位作者凡爾倫曾解釋幽默感可
使人在不太委曲自己及不傷害別人之方式下直言無諱（To
Call a Spade a Spade）。它既不影響我們對壓力情境之認
清，又可以機智詼諧減輕內心之不舒適，所以是屬於高層次之
自我保護策略（Vaillant, 1977）。美國大文豪馬克吐溫
（Mark Twain, 1894）認爲幽默感之背後是痛苦，非喜樂。雖
然馬克吐溫之觀察有其正確之處，但他僅敍述部分之事實，因
爲幽默感對人類之功能實有其重要之價值。除上節所述之功
能，更可促進社交場合之歡樂氣氛。譬如在大學社團活動中，
很多暖身節目常包括以笑話、雙關語描述、模倣，或扮演同學、
老師或彼此熟悉人物的特色及動作。

　　幽默感可使人減輕的痛苦包括敵意、忿怒、不滿、精神緊
張，及困窘等。以下是兩個例子。一位大學生在畢業之後，在
求職應徵時被邀約面談。當被問起大學成績與名次時，他很機
智的回答：「我班上名次所屬的一半，足使另一半同學得以成
爲較高層次。」第二例是關於兩位不擇手段唯利是圖的商人，
在他們出高價請最盛名的畫家爲他們繪人像，然後擇日舉辦一

個大宴會邀請社會名流出席，並計畫在那天將畫像並排懸掛於宴會廳，希望藉以改善社會對他們形象之評價。貴賓中有一位是極有名之美術鑑賞家。兩位商人問他：「這兩幅人像畫得怎麼樣？」鑑賞家暗暗自語：「我明知道你們的作為與賊無異，但如我直說，你們一定立即對我下逐客令。」所他僅彎著腰，細察兩幅畫像間之空隙，然後問：「耶穌在那裏？」（根據基督教聖經的記載，在耶穌受難被釘在十字架時，旁邊兩個也被釘在十字架上的人是賊）由此例可該鑑賞家的「不直言隱私」是用得很明顯。

㈩預期野心、挫折及忍耐之循環

美國名作家威廉・福克納（William Faulkner, 1969）於其短篇小說「明日」（Tomorrow）中，詳細敍述有關傑克遜・費特瑞（Jackson Fentry）的一段悲傷故事。他是一名貧窮的密西西比農夫，因緣份愛上了一位被丈夫遺棄的懷孕女子，不幸在她產下一個男孩後不久就去世。費特瑞在該女子臨終前許下誓言，會將孩兒視如己出，三年後，女子的家人發現男孩的所在地，決定將其領回，此舉雖使費特瑞心碎，但是他別無選擇。

此後，縱然相隔遙遠，費特瑞從未中止對那孩子的愛，甚至當男孩長大之後成了一位酗洒、好惹事生非並行竊的壞胚子，他仍愛著他。作者福克納強調從費特瑞悲劇性的一生而言，他對這名年輕人的愛既堅定又難能可貴，除付出一切之外，還有「……無盡的忍耐以及日復一日的持續」（p.95）

大學生在讀到這篇故事時，如果自問：「這個貧窮密西西比農夫的故事與我何干？」，也許是可原諒的。世界上大部分大學生既有抱負又成功，他們進入大學是因為中學時他們就期

待追求更高層次的學術表現，許多學生在完成大學學業之後渴望達到更高的目標——獲得理想工作、進入研究所或專業學校就讀。許多人也希望擁有幸福、充實且浪漫的感情生活，缺乏這些野心，成功幾乎難以達到。

然而事實上表面上成功的人，常因無法達成理想而感到挫折。試問那些最成功的人有多少次他們的渴望受到挫折，以及他們的成功如何被藐視、貶低或分解，你將會聽到令人目瞪口呆的數字。的確，此情形即使是平步青雲的人也會遭遇到。

然後再問他們如何忍受此類挫敗，如何面對不成功，不受賞識以及心血被毀壞等情形？通常答案是，他到忍受痛苦之道，一些堅忍的技巧能助我們度過艱困時期，進而返回競爭中，最後獲得勝利。

雖然我們大多數人一輩子都不會碰到傑克遜、費特瑞所面臨的苦難和不幸，然而，不容否認我們一生中需要忍受的事常遠多於達成的事，因此，我們應該磨練堅忍的技巧，此外，勿忘使用本書第三章所介紹適應壓力的直接行動法及壓力直接控制法，將會有助於我們處理不可抗拒的逆境，此等方法將幫助我們以身體及心理上的方式緩和挫折所帶來的痛苦，我們也需要提醒自己運用生活中可及的資源，為困境帶來喜悅，及減輕挫折所帶來的衝擊。我們也許無法改變面臨的負面問題，但我們可以掌握自己的反應，使我們能如傑克森、費特瑞一般能「無盡的忍耐，日復一日的持續」。

以下一首名詩，對全球人類均有鼓舞的力量。

㈡重視奮鬥人生之價值

The Impossible Dream　追求那呼喚我的夢

To dream the impossible dream,　追求那呼喚我的夢

To fight the unbeatable foe,　衝破那頑固的阻力

To bear with unbearable sorrow,　承擔那不易忍受的苦
痛

To run where the brave dare not go,　邁向那美好的世
紀

To right the unrightbale wrong,　爲自由、正義而努力

To love, pure and chaste,from afar,　不離去那道光芒

To try,when your arms are too weary,　繼續向前,即
使乏力

To reach the unreachable star!　以達閃耀的星光

This is my quest,to follow that star,　追求那星,那
你我的夢

No matter how hopeless,no matter how far,　不論多麼
艱苦,多麼不易

To fight for the right without question or pause,　爲正
確目標,你我攜手同行

To be willing to march into hell　爲實現光大使命,

for a heavenly cause!　不惜赴湯蹈火

And I know, If I'll only be true　若我們始終堅毅不拔

To this glorious quest,　實現這個美夢

That my heart will lie peaceful and calm　當去世長眠的
一刹那

When I'm laid to my rest,　心靈平安寧靜

And the world will be better for this, 　　人類因你我的執
　　　　　　　　　　　　　　　　　　　　著更完美

That one man,scorned and covered with scars, 邁向世界
　　　　　　　　　　　　　　　　　　　　大同

Still strove, with his last ounce of courage, 努力、再
　　　　　　　　　　　　　　　　　　　　努力，你我都能

To reach the unreachable star! 　追求那呼喚我的夢

—The Impossible Dream, Man of
La Mancha, Copyright 1956
Andrew Scott, Inc. Helena Music
Corp. Music be Mitch Leigh and
words by Joe Darion. 　　　　**俞筱鈞　譯**

　　「追求那呼喚我的夢」（*To Dream the Impossible Dream*）這首流行曲，是敍述人生之可貴在於追求及努力實現自己的理想。人類有多少堅強之意志，能忍受多少創傷雖不相同，但每人均能從掙扎中成長。杜布斯因此申言：「生活就是奮鬥。」（Dubos, 1968）人本心理學家馬思盧強調人類之獨特性在於能不斷捨棄現狀安定之需求，往自我實現之目標邁進（Maslow, 1967）。雅隆進一步解釋奮鬥之意願是涵蓋兩個因素：1.願意爲自己之行動負責，2.願意做必要之抉擇，因爲很多人覺得自己已夠繁忙，不能負荷更多之責任，所以讓別人爲我們掙扎，反正不能控制或掌握之事，我們也無以去過問（Yalom, 1980）。的確，有很多情況會限制個人爲實現理想而奮鬥。如身體殘障、貧窮、別人破壞等。但是，我們所持的

態度將決定我們是否放棄、被困難擊敗或是設法去克服，使人生最終目標得以實現。

　　至於為生命奮鬥與掙扎非但須為自己行動負責，而且更須做必要之抉擇。事實上，人類即使在最危險的時刻，始終有抉擇之自由。當我們面臨死亡、嚴重疾病、離婚或老年等情境，我們明知無以改變，但我們仍然選擇應持的態度去正視不可能改變之事實。我們的態度無論是接受或痛恨；勇敢或恐懼，但我們還是可以決定如何面臨生命中無法避免之困境。人人在每一個處境中均有自由去尋求有價值之目標，當我們年齡漸長的時候，常會發現這個有價值的目標無他，就是為生命奮鬥。

結　語

　　本章開始時曾問：如果你需要寫自己的訃文時，你將如何評估自己的一生？你將列入些什麼具體事蹟以顯示所經歷的幸福與成就？這項要求為一本以健康生活為主題的書籍做結語似乎太令人傷感，但我們也不得不承認一件事實，那就是：每個人總有一天無法再問自己該如何將有生之年活得更有意義。當我們決定去思考這問題，內容必因人而異。不過，遠在二千年前一位聖哲之名言卻極有參考之價值 (Herford, 1962)：

　　　如果我不為自己活，誰會？　*If I am not for myself,*
　　　　　　　　　　　　　　　　who will be?
　　　但如果我僅為自己，又有什麼用？　*But if I am only*
　　　　　　　　　　　　　　　　for myself, what good am I?
　　　又如果不是為現在，到何日？　*And if not now, when?*

本章摘要

一、心理健康之十一項守則為：

(一)注意身體保健。

(二)培養擁有希望之心靈。

(三)勇於接受新經驗。

(四)了解自己之感受並給予表達機會。

(五)「非我」內涵之再界定。

(六)鍛鍊自恃見解。

(七)視未來為系列之現在。

(八)重播下愛的種子。

(九)培養幽默感。

(十)預期野心、挫折及忍耐之循環。

(十一)重視奮鬥人生之價值。

二、接受死亡為無可避免之實事，可協助我們決定如何將有生之年活得更有意義。

重要術語

- Hope
- Self-reliance
- Humor
- Not-me

相關性參考書目

1. **Physical care**

   U. S. Department of Health, Education and Welfare, Public Health Service. *Healthy people: The Surgeon General's report on health promotion and disease pre-*

vention. Washington, D. C.:U. S. Government Printing Office, 1979.

Johnson, G., and Goldfinger, S. (Eds.), *The Harvard Medical School Health Letter Book* Cambridge, Mass.: Harvard University press, 1981.

Practical advice for staying healthy.

2. Marching to your own drummer

Emerson, R. *Essays.* (1847) Boston: Houghton Mifflin, Riverside Library, 1980.

Milgram, S. *Obedience to authority.* New York: Harper & Row, 1974.

Reading these back-to-back brings out the value and the difficulty in following our own conscience.

3. Resowing love

Vaillant, G. *Adaptation to life.* Boston: Little, Brown, 1977. Chapters 12,14, and 16.

Levinson, D., with Darrow, C., Klein, E., Levinson, M., and McKee, B. *Seasons of a man's life.* New York: Knopf, 1978.

Loving relationships, essential to normal adaptation, require continuing maintenance throughout life.

4. Self-realization

Wheelis, A. *How people change.* New York: Harper & Row, 1973.

Fromm, E. *The revolution of hope : Toward a humanized technology.* New York:Bantam, 1971.

The fullness of our growth is largely a function of our willingness to struggle with difficult choices.

書後

　　結束此譯本之前，本人擬附上刊登於中華心理學刊（民國
七十三年，二十五卷，第二期，七十五至八十四頁）拙作之一
個圖表：「中西學說對適應良好者特質之比較」。原著為英文
版，主題是：「從孔子、馬思盧及賽爾利分析心理健康者之概
念」(Concept of a Mentally Healthy Person: A Compari-
son of Confucius, Maslow and Selye's Theories) ，係去
年（民國七十二）八月下旬，在國際心理學會（ICP）大會中
臨床心理學組研討會中提出。茲將該表列於後。

　　該研究旨在比較孔子、馬思盧，及賽爾利學說中有關心理
健康性格之概念，探討之中心議題分別為：㈠孔子、馬思盧，
及賽爾利學說之精義為何？㈡心理學家及教育家對偉大文明傳
予世人之價值體系應持有何種態度？㈢如何使趨向物質文明及
科技發展邁進之現代社會不致腐化？㈣具有何種心態者可提昇
人類生活之素質？馬、賽、兩氏之生活時代雖與孔子相距兩千
五百年，然三位學人所維護之道德價值體系均深植崇高之人
性，不受時代影響，且每位不約而同均積四十年之研究觀察。
彼等之主旨亦皆為探索如何從個人修養與內心安寧導致世界和
平與福祉。研究分析各家學說之結果，對本研究所提出各中心
議題獲致清晰明確涵義。以此文摘錄於鮑爾譯著之後，可做為
今後探討適應心理學時，繼續融貫東西學說之研究。

中西學說對適應良好者特質之比較

人　格　特　質	孔　　　　子 (西元前551～479)	馬　思　盧 (1908　～　1970)	賽　爾　利 (1907　～　1982)
價值體系	智、仁、勇、忠孝、信義、和平。	自我實現性格所重視之價值：眞、善、美、智、仁、勇、正義、責任。	維護「自我一利他」人生觀：重視仁、敬、感激心、理智及邏輯思考。
情緒平衡 行爲適應	實行中庸之時中、中正、中和、中行。	個體內在需求與環境需求協調，行爲與觀念均超越二分法之思考形態。	了解自己適應能力、有效處理生活壓力。
邁向至善、至美之內在動機	飽學之君子、有修養之「大人」爲有德者，自立立人，以達至善。	致力於喜愛之工作以發揮求眞、善、美之內在需求。	追求內心平安及發揮自我潛力之成就；爲崇高之理想而終生努力，以達至善。
堅忍與持恆	修身養性，與人和諧相處爲安祥社會之基石，故須如河川，不捨晝夜而流。	做不斷成長之抉擇是堅忍不拔之持續歷程。	創造性之表現與實現必須從生活長期努力而致。

字彙

- **A-B-C Model of Faulty Thinking** 錯誤思考的A-B-C模式

  Ellis假設個人對連續的情緒困擾所應負的責任。A是指吾人生活中的一種壓力；B是我們對事情的想法；C是我們所產生的情緒和行為。

- **Actions** 行動

  我們每天所表現的各種行為，它可以反映出全部的適應情形。

- **Active Personality** 活動性人格

  一種充滿活力的、動態的、熱衷各種事物的人格形態。

- **Adaptation** 適應

  個人對外在環境做適當的調適，並且維持內在和諧的連續過程。

- **Adjustment Mechanisms** 調適機轉

  高層次的、自我防衛的反應。它們容許個人意識到當前與未來的壓力，並且對壓力做有彈性的評估與反應，同時使個人減低內在的緊張，而不致過分影響個人的生活。

- **Aesthetic Orientation** 審美取向

  根據Spranger的理論，人們對任何事情的價值均擁有某些態度，它充實了個人主觀的經驗。

- **Age-related Events** 年齡關連的事件

  年齡相近的人，大約在相同時間並且以相同方式所產生的生理與社會經驗，這些影響他們的發展。

- Aggressive Reaction　攻擊反應

　　對挫折的事物產生攻擊動機。

- Alarm Reaction　驚慌反應

　　Selye所提出的一般適應症狀的第一階段，即對某一突發或不熟悉的壓力事件的反應。其主要特徵是陷入焦慮、恐懼、憂鬱，或心理的紊亂。

- Altruism　利他主義

　　放棄個人自己的慾望，關心他人的需要或要求。

- Anal Stage　肛門期

　　在心理分析理論中，所謂肛門期是指個人在出生之後的第二至第三年，父母給小孩衛生清潔訓練，小孩從排便肛門之處獲得快感。

- Androgen　雄性激素

　　男性賀爾蒙能夠引起並維持第二性徵的發展。

- Anorexia Nervosa　神經性厭食症

　　因為自我討厭進食而產生一種飲食失常的徵候。

- Anticipation　預期

　　一種高層次的、自我保護的反應。它是一種以預測目前的抉擇對未來影響的適應機構。

- Anticipatory Fear　預期的恐懼

　　對一種壓力預先憂慮。

- Anxiety　焦慮

　　這是一種不舒適的、緊張的心理狀態。

- Anxiety Disorder　焦慮病

　　這是一種以焦慮為主要症狀的病症。

- Approach-approach Conflict　雙趨衝突

當個人面對兩個同等喜歡事物，而只能從中選擇其一時所
產生的心理壓力。

- Approach-avoidance Conflict　趨避衝突
  當個人面對一件自己既喜歡又討厭的事件，在做抉擇時所
  產生的心理壓力。

- Arousal　激發
  在遊戲中，需要尋找一種具有興趣或興奮的最佳狀態，它
  不是由愛或工作中所提供的。

- Artistic Occupations　藝術的行業
  某些工作吸引具有美感和尋求表現個人感受的人。

- Attention Deficit Disorder　注意不足徵候
  其主要特徵是注意力短暫不集中，並且容易衝動。

- Aversive Conditioning　嫌惡制約作用
  在行為治療中，這是一種對個案不良行為症狀施以其所厭
  惡的刺激，藉以糾正其不良之行為。

- Avoidance-avoidance Conflict　雙避衝突
  當個人面對兩個同等不利的事件，而必須從中選擇其一時
  所造成的心理衝突。

- Balance in Work, Love, and Play　在工作、愛和遊樂中
  獲得平衡
  每個人在工作、愛和遊樂中獲得平衡，亦即從此三者獲得
  滿足，而不必從其他事來獲得快樂。

- Bargaining　討價還價
  根據Kübler-Ross的「危機反應理論」，個人在面臨危機
  之前，企圖改變個人的行為以回復平衡狀態。例如，一個
  小女孩表示：如果其分居的父母能和睦同居，她答應要做

個乖女孩。

- Behavioral Disorders　行為違常
  兒童或青少年表現出一些不適於其年齡的不良適應行為。
  例如，注意力短暫。

- Best Friend　最佳朋友
  在青少年前期經常可以發現，同性之間有一種很親密的關
  係。

- Biofeedback　生理回饋
  由某種記錄儀器呈現個人之生理狀況訊息，使個人學習控
  制其身體狀態，例如手的溫度。

- Biological Model　生物的模式
  一種生命週期的觀點，認為心理成長的過程與身體發展的
  程序相同，各個階段皆依可預期的順序；每一階段皆包括
  該期成長的主要特徵，各階段是不可倒退的，而且對每個
  人都一樣。

- Bulimarexia　偏差的飲食形態
  大量進食之後接著嘔吐、輕瀉或便祕，藉以減輕不舒服或
  控制不理想的體重。

- Bulimia　貪食症
  大量飲食，即使在感覺不舒服時也不能控制的一種飲食失
  常症狀。

- Burn–out　工作過勞
  竭盡一切心力去工作之結果。

- Career　事業
  個人在一生中所從事的一連串的工作、職位或職業、行業
  的總稱。

- Carry-over Skill　延續的技巧

  成功地處理壓力，並發展出克服未來難題的能力。

- Catharsis　情緒淨化作用

  將積壓在內心的緊張、情緒發洩出來，而回復到平靜的和
  放鬆的狀態。

- Choleric Temperament　暴躁的氣質

  一種易怒的氣質。

- Client-centered Therapy　案主中心治療

  由 Carl Rogers首創的一種人本主義式的非指導治療，其
  主要原理是對案主採取無條件積極尊重的態度。

- Cognitive Learning Theory　認知學習理論

  此理論主張，我們對一種壓力所表現的身體與情緒反應如
  何解釋，取決於我們是否繼續以相同方式去感受它。

- Compensation　補償作用

  以遊玩、休閒等機會來彌補工作的緊張、壓力，使個人身
  心獲得平衡。

- Competence　能力

  因能夠做某些事，因此內心感到極為愉快。

- Conditioned Reflex　制約反射

  當一個中性刺激與另一個可以引發反應的刺激相配對之
  後，所產生的學習。最後，該中性刺激亦可產生相同的反
  應。例如：鈴聲響起時，就讓狗進食。最後這隻狗雖然沒
  有看見食物，而只聽見鈴聲時，牠仍自動流出唾液。

- Conduct Disorders　行為違常

  兒童或青少年以行動違害他人權益或社會安全，其行為比
  一般惡作劇更為嚴重。

- Conflict 衝突

  個人面對兩種競爭但相互排斥的行為，所產生的心理壓力。

- Conscious (Awareness) 意識

  在心理分析理論中，行為、思想、慾望等皆為個人所清楚了解的。

- Contra-intentional Suicide 威脅性的自殺

  一個人不是真的想自殺而死，而是以自殺為藉口以引起他人的注意和支持。

- Controlled Personality 控制型的人格

  此種人格類型的主要特徵是有條不紊的處理事情。

- Conventional Occupations 傳統的行業

  有某些工作，其主要特徵是有順序的，在一連串的命令內工作，並且處理特殊的、清晰的問題。

- Coping Devices 因應措施

  中層次的自我保護反應。其由許多不尋常的壓力所激發，允許對未解決情緒較大的認知。他們主要問題是並不允許做太多評價，而只注重現在。當壓力過去後，所使用策略就消失，一直到下一次壓力來才再出現。

- Counterphobic Behavior 反恐懼行為

  以做一些不喜歡或害怕的事，來處理焦慮感。

- Crisis Reaction 危機反應

  對一種突發事件所做的一系列反應，它是人生旅途中無可避免的也是個人所不喜歡的過程，通常個人在短時間內感受到巨大的改變；這些改變往往被視為對個人未來有不利的影響，同時它們不利的影響會延伸到個人生活中的廣大

領域，危機也許持續幾週至六個月以上。

- Crisis Symbol　危機象徵

  中文字「危機」兩字含兩種內涵，第一個是危險，第二個是機會。

- Critical Incidents　重要的意外事件

  環境或身體發生不可預測的事件，它們對吾人之生長有深遠的影響。這些在何任文化以及個人一生中的任何時間裏都可能發生。

- Cross-sectional Studies　橫斷研究法

  對同一個階段的人，以觀察其生活，並且比較他們在其他階段的發展的方法進行研究。

- Cyclothymic Disorders　循環性精神異常

  患者憂鬱狀態與充滿活力、過份樂觀、魯莽等興奮行為或缺乏自制，循環而有規律的改變。

- Denial　否認

  一種低層次的自我保護的反應。自我對現實所存在的威脅，不承認其存在。

- Depression　憂鬱

  一種複雜的感覺，包括無助的、低自尊心，並且內心時常覺得將有不吉利的事情發生。

- Depressive Disorders　憂鬱症

  長期感到悲傷、悲觀或情緒低潮的症狀。

- Dietary Goals　飲食的目標

  維持身體健康的飲食習慣。

- Direct Action Responses　直接行動反應

  以認清壓力來源與採取行動改變它的一種高層次適應的反

應。

- Direct Control Response　直接控制反應
  中層次適應的反應。以減少心理或生理對壓力的反應,但不影響壓力的原因。

- Disorders of Childhood and Adolescence　兒童與青少年的違常
  在成年前期之前的明顯情緒問題,它不是發展上短暫的困難,而是連續的違常。它對個人及成人將產生相當長期的不快樂。

- Dissociative Disorders　解離症
  個人突然間短暫地改變正常的意識、行為形態或自我感受。

- Downward Drift　向下的漂浮
  由於不能得到或擁有良好的工作,個人降至社會階層的底部,因此產生嚴重的情緒問題。

- Dream　夢想
  個人對自我與世界的看法;對一特殊或持續目標的想法。

- Drug Use Disorders　藥物使用違常
  使用藥物影響中樞神經系統,以致產生不適當的行為改變。

- DSM-Ⅳ　心理違常的診斷和統計手冊第四版
  由美國精神醫學學會所出版,其標題為情緒違常。

- Dual Careers　双生涯
  結婚的人關心他們的職業要更好。

- Eating Disorders　飲食違常
  在飲食方面有很大困擾的特徵,包括神經性厭食症、易餓

病等。

- Economic Orientation　經濟取向

  根據Spranger的理論，有些人具有自我保護和累積財富的思想或態度。

- Ego　自我

  在心理分析理論中，自我是人格結構的一部分，它介於本我（Id）與超我（Superego）之間，並具有協調此兩者之功能。

- Ego Defenses　自我防衛

  這是一種低層次的自我保護反應。它保衛我們的意識，使我們能自動的防止相異的思想或情緒，以免其在意識中出現。

- Electra Complex　戀父情結

  在心理分析論裏，女孩傾向於愛戀父親而討厭媽媽的一種錯綜複雜心態。

- Empathy　同理心

  一種高層次的自我防衛反應。這種適應機構是一個人感受到別人的感覺，或者努力去感受別人的心思意念。

- Enterprising Occupations　進取創業性的行業

  一些需要管理、銷售和進取活動的職業。

- Enuresis　尿床。

- Esteem Needs　自尊需要

  根據Maslow的說法，一個人需要自我尊敬，感覺有用，並且在人生中顯示個人能力的需要。

- Estrogen　雌性激素

  女性的賀爾蒙可以促進和維持第二性徵的出現和生長。

- Exhaustion　耗竭

　Selye的一般適應症狀的第三個階段即為耗竭。如果個體繼續不斷暴露於壓力之下，而他無法抵抗此巨大壓力，久而久之，會產生明顯的無助感與冷漠。

- Extravert　外向

　一個具有外向特質的人，他是主動的、積極的、有主見的、熱衷外在事物、隨俗的、能與人打成一片的，以及具有支配的個性。

- Fantasy　幻想

　個人在面對壓力時，以想像的方式來發洩其情緒，這種應付壓力的方法屬於中層次的自我保護的反應。

- Fear of Success　害怕成功

　由於害怕成功之後會帶來一些不好的結果，這種避免成功的動機稱為害怕成功。

- Field Dependence　場地依賴

　一個人期望他所處的環境，能供給他更有用的線索，以便了解和處理問題，此種狀況稱為場地依賴。

- Friendship　友誼

　兩個或兩個以上的人，他們彼此間既非愛亦非親戚，然而因友愛而結合在一起，他們之間可能是偶然的關係或親密的關係。

- Frustration　挫折

　由於外在環境力量的阻撓或延遲，使得個人無法表現出所期望的行為，此種不舒適的心理狀態稱為挫折。

- Gender Identity Disorders　性別角色確認違常

　長期討厭自己的性別，期望成為異性，此種心理特徵稱為

性別角色確認違常。

- General Adaptation Syndrome　一般適應症狀

  Hans Selye所發展出來的模式，他描述個人對於壓力所反應的生理與心理的反應過程，包括警覺、抵抗，以及耗竭等三個階段。

- Generativity　生產力

  艾力生學說中以生產（Procreation）、生產性（Productivity），和創造性（Creativity）等合稱生產力。

- Genital Stage　生殖器期

  在心理分析理論中，一個人出生前幾年一直到大約青少年期。此時青少年逐漸學習控制性滿足之內在衝動及愛別人，並且開始想得到工作、成家立業。

- Habits　習慣

  一種自動的、重複的行為形態，不需要新的學習。

- Historical Influences　歷史的影響

  在某一特殊文化中，諸如發生經濟不景氣、傳染病或戰爭，對每一個人都會有所影響，這些可能對人格發展會有顯著的改變。

- Histrionic Personality　戲劇性的人格

  一種戲劇的、易受影響的人格形態。對事情具有強烈反應以及十分熱心和直覺的人格特徵。

- Holistic Functioning　整體的功能

  一個人的行為和心靈的活動是一個體整，而非部分的總合。

- Homeostasis　平衡

  在面對內在或外在壓力時，維持或恢復生理平衡的狀況。

- Hope 希望

    期望與預期的結合。

- Humor 幽默

    在個人遇到挫折時自娛的能力，或以藉口、動作來使自己
    或他人高興。

- Hyperventilation 換氣過度

    排出太多二氧化碳，產生頭昏眼花、麻痺、耳鳴等身體症
    狀。

- Id 本我

    在心理分析理論中，本我是人格的一部分，它具有衝動力
    使個體尋求快樂，它是情緒力量的主要泉源。

- Ideal Perspective（of Normality） 理想的觀點

    這是描述健全心理健康所應具有的理想條件。

- Idealistic Love 理想主義的愛

    熱愛他人，例如熱衷幫助他人或熱愛大自然。

- Identification 認同

    一種高層次的自我保護的反應。此種調適機轉包括選擇自
    認為崇拜對象的特徵。

- Identity 確認

    確認誰是誰非，那些人接受或那些人拒絕之價值與行為；
    感受自己餘生中要做些什麼。

- Intentional Suicide 有意圖的自殺

    在缺乏心理矛盾之下的自殺行為。

- Intimacy 親密

    兩個人之間經由語言或非語言的溝通，產生親密和彼此相
    互信任的關係。

- Introvert 內向

  一個人以自己為中心，難以發現引導生活的理想，不善與人打交道，不隨俗，個人主義的，冷淡的。

- Investigative Occupations 研究性質的行業

  有些人喜歡從事科學和科學活動方面的工作，這些工作對他們有吸引力。此種工作通常是工作取向的，與其他人沒有特殊的關係。

- Job 職責

  一個人在一個組織中所負責的工作。

- Life Change Unit 生活改變事件

  在社會再適應評定量表上，測量個人處理壓力事件所需要的數量。

- LIfe Cycle 生命週期

  將人生旅途依據各階段的特徵，區分成幾個特殊的週期。

- Life Experience Inventory 生活經驗量表

  一種測量壓力的問卷。該量表施測時要求受試者，在一個七點式量表下，對壓力事件評定一個數字。

- Longitudinal Studies 縱貫研究

  對相同的一羣人實施長期的研究。例如，從青少年至成人後期。

- Love 愛

  一種與他人的特殊關係，其主要特徵是感受到溫情及希望與他人相依偎。

- Love and Belonging Needs 愛與歸屬需求

  根據馬思盧（Maslow）的理論，每個人皆有希望成為他人所愛的對象，包括父母、親戚、朋友、和特別所愛的。

■ Maximum Effective Stress Tolerance 最大有效的壓力
容忍力
一個人在頹廢之前，所能忍受壓力的最大數量。

■ Maximal Heart Rate 脈搏最高限度
最大心跳速率220減去一個人的年齡，心跳速率少於最大心
跳率百分之七十，將喪失心臟血管的正常功能，如果運動
使心跳速率超過心跳最大速率的百分之八十五，則無法進
一步改變爲正常。

■ Melancholic Temperament 憂鬱的氣質
一種嚴重沮喪的氣質。

■ Mental Health Perspective (of Normality) 心理健康
觀點 (正常)
正常定義爲沒有疾病。

■ Mentor 良師
Levinson的術語，指稱一個人 (通常是年長者，男或女)
在工作地點幫助年輕人，他可能是教師、教父、教母、導
師、引導者、模範或諮商者。

■ Modeling 模仿
一種學習的模式，包括模仿他人的反應。

■ Mood Disorder 情緒違常
不論是憂鬱或高興，皆有顯著的情緒困擾。

■ Moral Anxiety 道德的焦慮
我們的心思欲念即使在某時刻是適當的，但是我們可能會
恐懼懲罰或羞愧，此種焦慮之罪惡感稱爲道德的焦慮。

■ Moral Judgment 道德判斷
我們用來判斷行爲的倫理標準。其範圍涵蓋自避免懲罰，

至內心的動機遵守普世的倫理原則。

- Multiple Personality　多重人格

在同一個人，存在著兩個或更多個彼此獨立的人格。

- Negative Reinforcement　負增強作用

當個人表現出合乎吾人理想的行為時，就除去其所厭惡的刺激。

- Neurotic Anxiety　神經質焦慮

個人意識到一種衝動將會失去控制，它主要不是由壓力本身產生的，而是由童年記憶所遺留下來的。

- Neurotic Disorders　神經症

長期不能有效的思考、行為或表達情緒，它們本身往往成為心理壓力的主要來源。

- Normal Adaptation　正常適應

個人能從和諧的工作、愛和玩樂中發現滿足的能力，對壓力也能表現出高層次的適應行為反應。

- Normal Curve　常態曲線

一種鐘形式的曲線用以描述常態分配的情形。

- Normal Distribution　常態分配

一個大羣體的測驗分數，多數人的分數集中在中間部位，少數人的分數很高或很低，這些分數的圖形呈鐘形。

- Not-me　非我

為了有一個較堅定的自我感覺，因而放棄某些價值、地位、和身份。

- Occupation　職業

工作的分類，通常以經濟或心理的觀點做為分類的基礎。

- Oedipus Complex　戀母情結

在心理分析論中，男孩性愛的感覺，既傾向又嫉妒父親的錯綜複雜心態。

- Oppositional Disorders 病態的反對
  表現出一種消極的、頑固的特徵，或對權威人物表現出挑撥的行爲。

- Optimistic Personality 樂觀的人格
  一種充滿希望的人格特徵形態。

- Oral Stage 口腔期
  在心理分析理論中，指出一個人出生的第一年，大多數嬰孩從口腔部位獲得快樂。

- Orgasmic Dysfunction 性興奮的障礙
  女性在性關係方面長期不能獲得性高潮。

- Orientation to Reality 對現實的認識
  由一個人是否知道時間、地點、人和情境等來衡量。

- Outcry 喧喊
  危機反應的第一個階段。

- Overeaters Anonymous 飲食過量者團體
  這是一種自我幫助的團體，幫助人們能控制肥胖，以同樣方法控制酗酒。

- Personal Effectiveness 個人的有效性
  以獲得客觀的行爲資料，模仿其他人的行爲，尋求說服他人以及對壓力反應作正確的解釋，以此種策略來增進抵抗壓力的能力。

- Personality Accentuation 人格強化
  在短暫過分負荷條件下，強化某一種有用的和功能的人格特質。

- Personality Style　人格形態

  人的行爲在一段很長的時間裏，在各種廣大的領域內，仍然維持相當一致的功能。

- Pessimistic Personality　悲觀的人格

  此種人格類型特徵是：沮喪的、心思專注於不確定的和痛苦的事情；有限的與自相矛盾的；以及感覺悲劇的或誇大不實的。

- Phallic Stage　性器官期

  在心理分析理論中，一個人大約從三至五歲，此時期的小孩逐漸從其他器官獲得快樂。

- Phlegmatic Temperament　冷淡的性格

  這是一種冷淡的、沈著的性格。

- Phobia　恐怖症

  對某些事物或環境具有強烈恐懼心理是其主要的特徵。

- Physical Disorders　身體違常

  在兒童和青少年時期，常有非自動的身體動作引起極大的苦惱，如「口吃」，此種不良適應稱爲身體違常。

- Physiological Needs　生理的需求

  根據 Maslow 的動機理論，人有各種維持生命的需要，諸如：氧氣、水、食物、避難所、活動和休息等。

- Play　遊樂

  一種不需負責任、不必有高度成就，有變化的活動。

- Pleasure Principle　快樂原則

  根據心理分析理論：個人需要食物、解除性的衝動或饑餓時，本我會循著快樂原則去尋求滿足。

- Pluralistic Model　多元論的模式

有一種觀念認爲人類的成長，受到年齡生理、歷史事件與關鍵事件等之影響，這些皆會影響個人生命的發展。

■ Political Orientation　政治取向
根據Spranger的理論，政治取向者對權力的追求比較熱衷。

■ Positive Reinforcement　正增強作用
等待個人表現出合適的行爲時，就給予酬賞，使其持續表現合適的行爲。

■ POSSLQ
它是由Person of the Opposite Sex Sharing Living Quarters等數個字的字首所組成的字。

■ Post-traumatic Stress Disorder　過去創傷壓力之違常
在心理創傷之後，再經驗到某些方面的事件，感覺麻木與減少與外界接觸，過分警覺，求生存之罪惡感對事情因回憶起痛苦的經驗，而產生過度的反應。

■ Preconscious　前意識
在心理分析理論中，有些行爲、思考、慾望彷彿在意識中，如果經由注意，則可將這些變成意識。

■ Prickly Personality　尖銳性的人格
一種易發怒及傾向唱反調的性格。

■ Primary Bond　親近信賴的關係
彼此在感情上相互信賴，相互支持，並且共同計畫未來。

■ Problem-solving Therapy　問題解決治療
以認知方法治療、幫助患者發展出有效且有系統的問題解決方法和程序。

■ Progressive Muscle Relaxation　漸進的肌肉鬆弛

利用抽緊和放鬆全身肌肉的方法，使全身逐漸地放鬆。

■ Projection　投射

一種低層次的自我保護反應。自我防衛的主要工作在不能
接受他人。有兩種投射作用：其一爲將自己無法面對的慾
望歸於他人，其二爲批評別人在挑剔自己不能接受的意
念。

■ Psychiatrist　精神科大夫

專攻心理疾病的醫生。他們至少要達成醫學學位，並且三
年專攻精神醫學。精神科大夫常使用許多種治療方法。有
的利用諮商並開藥方，或使用電療或他種身體治療。他們
如一般醫生一樣，准許病人入一般或精神醫院治療。

■ Psychoanalytic Theory　心理分析理論

由佛洛伊德所發展出來有系統的人格理論。它強調人格是
由本我、自我和超我之交互作用而形成的。根據心理分析
論，兒童早期的人生經驗、心理上的衝突和歷程，對其長
大後成人行爲有很大的影響。

■ Paychologists　心理學家

臨床、諮商和學校心理學家，積極從事心理疾病診斷與治
療。大部分心理學家擁有博士及學士學位，同時需要接受
一至二年的訓練。大部分州立心理學家必須有幾年的臨床
經驗才能取得執照。心理學者的素養可以擔任和解釋心理
測驗的結果。

■ Psychosexual Disorders　性心理違常

性區域的功能失常，但是沒有機體性的病因。

■ Psychosexual Dysfunctions　性心理功能不良

性反應週期發生違常現象。例如，不能有性的興奮、性無

能或無法達到性高潮，遲延或缺乏性慾等。

- Psychosocial Moratorium　社會心理成熟之延宕

　Erikson 稱，青少年有一段時期，在校外做某些與其身分不同的事，以建立較明確之自我認同。

- Rationalization　合理化

　一種中層次的自我保護反應。這種防衛方式往往是對個人所面對的事實，找些藉口來逃避自己所不喜歡面對的事實。

- Reaction Formation　反向作用

　一種低層次的自我防衛反應。當一個人的行為與其感受完全相反，此種防衛方式稱為反向作用。

- Realistic Occupations　實際型行業

　有些人喜歡從事實際的和戶外性質的工作。

- Reality Anxiety　現實焦慮

　在現實世界中對壓力事件產生緊張的反應。

- Reality Principle　現實原則

　協調內在的慾望與環境的需求。它通常包括延遲需要之滿足，直到適當的時間才獲得。

- Reinforcement　增強作用

　對某些行為的反應，藉以塑造新的行為。

- Relaxation　放鬆

　減少輸入刺激，使緊張和其他壓力情緒消失，同時恢復身心疲勞。

- Relaxation Response　放鬆反應

　對處理壓力的一種直接控制反應。有一種技術是安靜地坐在一個舒適的地方，閉上眼睛，放鬆肌肉，口中唸唸有詞，

呼吸平穩。

- Religious Orientation　宗教取向

　根據Spranger的理論，有些人熱衷於追求宗教信仰，永恆
　全能的神。

- Repression　壓抑

　一種低層次的自我保護反應。由個人之潛意識產生自我防
　衛，以免某些思想或感受進入意識層而產生焦慮。

- Repressor　壓抑者

　一個壓抑者常是避免和否認感情的人。

- Resistance　抗拒

　Selye的一般適應症狀之第二個階段。它是應付一個突發的
　或不熟悉的壓力事件，產生高層次的功能。

- Resources　資源

　吾人利用任何事，以避免挫折、壞消息、喪失；或提供補
　償的積極經驗。

- Rituals　儀式

　重複的動作用以幫助個人，處理短暫過度負荷的情況。

- Romantic Love　浪漫式的愛

　一種包含關心、依偎和親密的性愛。

- Safety Needs　安全需求

　根據 Maslow 的理論，人有防禦身體以免受傷的需求。

- Sanguine Temperament　樂觀的氣質

　一種充滿愉快的性格。

- Satisfaction (from Work, Love, and Play)　從工作、愛
　和遊戲中獲得滿足，這是一種合理的快樂。

- SCIENCE

Mahoney 所介紹解決壓力之認知學說的七個步驟，每步驟的第一個字母拼起就成SCIENCE。

- Self-actualization Needs　自我實現需求
  根據 Maslow 的說法，一個智慧者或自我接受者，發揮其個人的潛能、能力或才能，不停地追求統整的、統一的或個人的協同作用。

- Self-concept　自我觀念
  我們對自己的看法，它通常包括我們對自己的想法和我們的活動。

- Self-esteem　自尊
  我們對自我價值的評價。

- Self-limiting　自我抑制
  症狀自動地消失。

- Self-management　自我管束
  一種應付壓力情緒的策略。有一種自我管束憂鬱的例子，包括自我警覺，了解事情立即的與長期的結果，克服對事件發生原因的曲解，設定實際的目標以及正的自我增強作用。

- Self-objectification　自我客觀
  知覺自己真實狀況與意圖，以及自己實際的行為之間不一致性的能力。

- Self-protective Response　自我保護的反應
  一種適應的反應。在我們了解與減少苦惱之前，自動的心理歷程。

- Self-reliance　自我可靠性
  一個人能依自己的良心來對待他人的能力。

- Sensation-seeking Scale　刺激感覺量表

  此種量表可以測量四種感覺輸入的慾望：冒險刺激、經驗刺激、放肆，及富於變化的刺激。

- Separation Anxiety　分離焦慮　害怕離開母親和家庭，以及擔心進入一個新的環境，這是年輕人共同的恐懼心理。

- Sexual Perversions　性混亂

  需要奇異的心理意像或行為以達到性快樂為其特徵。

- Signal Anxiety　焦慮預兆

  少許的焦慮促使沒有意識的自我防衛。

- 16PF Test

  一種人格測驗，可以測量十六種不同的人格因素。

- Social Occupation　社會型行業

  此種工作以人本取向和關心他人福祉而吸引人。

- Social Orientation　社會取向

  根據Spranger的理論，有些人認為關心他人為其最重要人生價值者，即具社會取向。

- Social Readjustment Rating Scale　社會再適應評定量表

  此量表由 Holmes-Rahe 發展出來，它可以根據壓力的嚴重程度排出數字順序來。

- Social Workers　社會工作員

  社會工作員包括精神科和其他類型之社會工作。社會工作者需接受行為科學訓練，以及診斷和治療心理失常的訓練。他們通常是大學畢業再進行造獲得碩士學位，有些人則獲得博士學位。社會工作者專攻個人、團體與家庭問題。在全國各地的社區臨床診所和醫院中，皆有社會工作員。

- Socioeconomic Status　社會經濟地位

  由職業、教育程度、家庭收入、居住地區、收入來源等因素來衡量社會經濟地位。就高社會階層來說，此種家庭富有且地位很高。

- Somatoform Disorders　身體精神違常

  在沒有任何身體器官症狀下，抱怨身體不舒服。

- Sour Grapes　酸葡萄

  一種合理化的自我防衛方式。以認爲非不能也乃不爲也，來做爲藉口。

- Spontaneous Recovery　自發性復原

  在沒有專業諮商者的幫助下，心理疾病自動恢復正常的現象。

- State Anxiety　焦慮狀態

  短暫的焦慮狀況，在壓力消除之後即終止。

- Statistical Perspective (of Normality)　統計觀點（常態）

  在統計上「常態」的定義是平均。亦即大多數人在常態分布的中間部位。

- Stress　壓力

  任何事件促使情緒和身體不平衡，皆足以引起個人不愉快的反應。

- Stress Inoculation　壓力預防

  以期待事情的眞實性，減輕對未來壓力的心理衝擊。

- Sub-intentional Suicide　半意圖自殺

  指尚有求生意願，故使用的方法不會太有效。

- Sublimastion　昇華

一種中層次的自我保護反應。這種防衛方式是將不喜歡的
感受或思想，轉換成更能接受的形式。

- Substance Abuse　藥物濫用
  病態的使用藥物至少一個月，傷害到社會和職業的功能。

- Substance Dependence　藥物依賴
  由於連續使用藥物傷害到社會或職業功能。藥物依賴的主
  要特徵是有耐藥性與退縮。

- Superego　超我
  在心理分析理論中，超我是人格的一部分。超我是設定標
  準與酬賞良好的思想與行為，同時懲罰壞的思想和行為。

- Supportive Network　支持性網路
  一羣可以幫助我們因應壓力的人。

- Suppression　壓制
  一種中層次的自我保護反應。此種因應措施是將一切不能
  解決的事或情緒，排出意識之外。個人了解已經做了什麼。

- Sweet Lemon　甜檸檬
  合理化的防衛。將一件不愉快的事件，認為它的發生恰到
  好處。

- Symptom Disorders　症狀違常
  不良適應為其主要特徵。例如，憂鬱情緒、高度焦慮、心
  身性疾病或性功能不正常。

- Temporary Overload Condition　暫時性的過度負荷狀況
  當一個人主動的承擔比平常更大的壓力，只是短時期的，
  此種適應狀態稱為短暫過度負荷狀況。

- Theatrical Personality　戲劇性的人格
  此種人格形態是戲劇化的，給人印象深刻的、浪漫的、直

覺的、變化的、不規律的和富於表現的。

- Theoretical Orientation　理論取向

  根據 Spranger 的理論，有些人所擁有的態度是偏重在價值推理、客觀性、懷疑性、即重視理論的探討。

- Theory X　X理論

  為 McGregor 所提倡的管理理論。X理論假設人是天生懶惰、不喜歡工作，如果有機會儘量逃避責任，只有安全感激勵他們。因此，在X理論下要使人工作，必須採用強制的、威脅的、指揮的管理方式。

- Theory Y　Y理論

  由 McGregor 所提倡的管理理論之一。Y理論假設工作如休息一樣地自然。人們與生俱來擁有接受挑戰的抱負，他們會為自己的行為負責。用鼓勵方式，可使工人自我約束，並且在工作上創造與發揮自己的潛在能力。

- Threat　威脅

  一種不能控制未來狀況的預期。

- Tic Disorders　肌肉抽搐病症

  身體某些部位的肌肉，不由自由的、無目的的快速顫動病症。

- Time-limited Stress　有時間性的壓力

  將壓力視為一短暫的、能控制的時期。這種知覺是個人在短暫過度負荷狀況下的特徵。

- Tolerance　耐藥性

  增加使用藥物的劑量，才能達到舒服的效果。

- Topping Out　脫穎而出

  在某一個特殊的職業範圍內，達到我們最高的願望。

- Total Marriage　完美的婚姻

    Cuber and Haroff稱一種穩定的婚姻中，幾乎任何事情都是同甘共苦的。

- Trait　特質

    一種長久性、穩定的人格特質。

- Type A Behavior　A型行為

    一種包括不安全感、缺乏自尊、時間緊迫、過分敵意和焦慮的行為形態。

- Unconscious　潛意識

    在心理分析理論中，潛意識包括本能的、攻擊的和性衝動、思想，以及被壓抑的記憶，這心理狀態完全在意識知覺之外。

- Undoing　抵消作用

    一種中層次的自我保護反應。此種因應措施是個人以一種相反的行為，來取消不適的行為。

- Upwardly Mobile　上昇的移動

    一個人的社會階級超過父母的社會階級水準。

- Vocation　職業

    對一種行業有向心力謂之職業。

- Wedge Theory　楔形理論

    年齡增長與治療效果成反比之理論。

- Work　工作

    一種有責任的活動，包括花費精力從事一些社會所認可的事件。

- Workaholism　工作狂

    由於對工作過於熱衷而長期的過度工作，結果使其他生活

領域蒙受嚴重的缺乏。

■ Working Through 　解決

在 Horowitz 的危機反應階段模式裏，最後一個階段中，
個人更能充分體驗及接受創傷的壓力。

原著參考書目

1. Abbot, G. State child legislation. In G. Abbot, ed., *The child and the state.* Vol. I. *Legal status in the family, apprenticeship and child labor: Selected documents, with introductory notes.* New York: Greenwood, 1968.

2. Abramson, L., Seligman, M., and teasdale, J. Learned helplessness in humans: Critique and reformulation. *Journal of Abnormal Psychology,* 1978, *87,* 49~74.

3. Albert, S. Memories of play in the 21st century. *Journal of Child Clinical Psychology,* 1980, *9,* 179~181.

4. Allport, G. *Pattern and growth in personality.* New York: Holt, Rinehart and Winston, 1961.

5. Allprot, G.; Vernon, P.; and Lindzey, G. *A study of values,* 3rd ed. Boston: Houghton Mifflin, 1960.

6. American Psychiatric Association, *Diagnostic and statistical manual of mental disorders.* 4th ed. Washington, D. C.: American Psychiatric Association, 1994.

7. Asch, S. Effects of group pressure upon the modification and distortion of judgments. In H. Guetzkow, ed., *Groups, leadership and men.* Pittsburgh: Carnegie, 1951.

8. Azubike, U. The myth of the nuclear family. *American Psychologist,* 1979, *34,* 1095~1106.

9. Baltes, P. Life-span developmental psychology: Some

converging observations on history and theory. In P.
Baltes and O. Brim, Jr., eds., *Lifespan development
and behavior.* Vol. II. New York: Academic Press,
1979.

10. Baltes, P. and Staudinger, U. (1993). The search for
the psychology of wisdom. *Current Directions in Psy-
chological Science, 2,* 75-80.

11. Baltes, P., Reese, H., and Lipsett, L. Life-span
developmental psychology. *Annual Review of Psy-
chology,*1980, *31,* 65~110.

12. Bandura, A. Self-efficacy mechanism in human
agency.*American Psychologist,* 1982, *37,* 122~147.

13. ——. Self-efficacy: Towards a unifying theory of be-
havioral change. *Psychological Review,* 1977, *84,*191~
215.

14. ——. *Social learning theory.* Englewood Cliffs, N.J.:
Prentice-Hall, 1977.

15. Bandura, A., Blanchard, E., and Ritter, B. Relative
efficacy of desensitization and modeling approaches
for inducing behavioral, affective and attitudinal
changes. *Journal of Personality and Social Psychol-
ogy,* 1969,*13,* 173~199.

16. Bandura, A., Ross, D., and Ross, S. Transmission of
aggression through imitation of aggressive models.
Journal of Abnormal and Social Psychology, 1961,
63, 757~782.

17. Bane, M. *Here to stay: American families in the twentieth century.* New York: Basic Books, 1975.

18. Baretmeier, L., Kubie S., Menninger, W., and White-horn, J. Combat exhaustion. *Journal of Nervous and Mental Disease.* 1946, *104,* 374~375.

19. Basow, S. *Sex role stereotypes: Traditions and alternatives.* Monterey, Calif.: Brooks/Cole, 1980.

20. Baum, M. Love, marriage and division of labor. In H. Dreitzel, ed., *Family, marriage and the struggle of the sexes.* New York: Macmillan, 1972.

21. Beck, A. *Cognitive therapy and emotional disorders.* New York: International Universities Press. 1976.

22. Beiser, M. A study of personality assets in a rural community. *Archives of General Psychiatry,* 1971, *24,* 244~254.

23. Bell, A., and weinberg, M. *Homosexualities: A study of diversity among men and women.* New York: Simon and schuster, 1978.

24. Bem, S. Gender schema theory: A cognitive account of sex typing. *Psychological Review,* 1981, *88,* 354~364.

25. Benson, H. *The relaxation response.* New York: Morrow,1975.

26. Bergin, A., and Lambert, M. The evaluation of therapeutic outcomes. In S. Garfield and A. Bergin, eds., *Handbook of psychotherapy and behavior change: An*

empirical analysis. 2nd ed. New York: Wiley, 1978.

27. Bernard, J. *The future of marriage.* New York: World Book, 1973.

28. Betz, B., and Thomas, C. Individual temperament as a predictor of health and premature disease. *The Johns Hopkins Medical Journal,* 1979, *144,* 81~89.

29. Birnbaum, M. and Sotoodeh, Y. (1991). Measurement of stress: Scaling the magnitude of life changes. *Psychological Science, 2,* 236-243.

30. Bok, S. *Lying: Moral choice in public and private life.* New York: Pantheon Press, 1978.

31. Bolles, R. *What color is your parachute?* Berkeley, Calif.: Ten Speed Press, 1972.

32. *Boston Globe,* April 17, 1996.

33. Boyer, C. and Hein, K. (1991). Sexually transmitted diseases in adolescence. In R. Lerner, A. Peterson and J. Brooks-Gunn(Eds.), *Encyclopedia of adolescence. Vol.* II.Pp.794-802. New York: Garland.

34. Brazelton, B. *On becoming a family: The growth of attachment.* New York: Delacourt Press, 1981.

35. Brim, O., and kagan, J., eds., *Constancy and change in huamn development.* Cambridge, Mass.: Harvard University Press, 1980.

36. Bronfenbrenner, U. *The ecology of human development: Experiments by nature and design.* Cambridge, Mass.: Harvard University Press, 1979.

37. Brown, C. *Manchild in a promised land*. New York: Macmillan, 1963.

38. Brown, G. *The new celibacy*. New York: McGra-wHill, 1980.

39. Bruno, R. and Adams, A. (1994). *School enrollment —social and economic characteristics of students: October, 1993*. U. S. Bureau of Census, Current Population Reports. Washington, DC: U. S. Government Printing Office.

40. Burgess, A., and Holmstrom, L. Adaptive strategies in recovery from rape. *American Journal of Psychiatry,* 1979, *136,* 1278~1282.

41. Buss, D. (1995). Psychological sex differences: Origins through sexual selection. *American Psychologist, 50,* 164-168.

42. Butler, E. *Traditional marriage and emerging alternatives*. New York: Harper and Row, 1979.

43. Butler, J., and Haigh, G. Changes in the relation between self-concepts and ideal concepts consequent upon client-centered counseling. In C. Rogers and R. Dymond, eds., *Psychotherapy and personality change: Coordinated studies in the client-centered approach*. Chicago: University of Chicago Press, 1954.

44. Cabot, R. *What men live by*. Boston: Houghton Mifflin, 1914.

45. Caine, L. *Widow*. New York: Morrow, 1974.

46. Cantu, R. *Toward fitness: Guided exercise for those with health problems*. New York: Human Services, 1980.

47. Carnegie Council on Policy Studies in Higher Education.*Giving youth a better chance: Options for education, work and service*. San Francisco: Jossey Bass, 1979.

48. Carstensen, L. (1995). Evidence for a life-span theory of socioemotional selectivity. *Current Directions in Psychological Science, 4*, 151-156.

49. Cass, L., and Thomas, C. *Childhood pathology and later adjustment: The question of prediction*. New York: Wiley, 1979.

50. Cavenar, J., and Nash, J. The effects of combat on the normal personality: War neuroses in Vietnam returnees. *Comprehensive Psychiatry*, 1976, *17,* 647~653.

51. Chadwick, B. and Heaton, T. (1992). (Eds.), *Statistical handbook of the American family*. Phoenix, AZ: Oryx Press.

52. Chaney, E., O'Leary, M., and Marlatt, G. Skill training with alcoholics. *Journal of Consulting and Clinical Psychology*, 1978, *46,* 1092~1104.

53. Clarke, A., and Clarke, A. *Early experience: Myth and evidence*. New York: Free Press, 1976.

54. Clayton, P. (1979). The sequellae and nonsequellae of

conjugal bereavement. *American Journal of Psychiatry, 136,* 1530-1539.

55. Clemens, S. Pudd'nhead Wilson's new calendar. In *Pudd'nhead Wilson, a tale by Mark Twain.* London: Chatto and Windus, 1894.

56. Coan, R. *The optimal personality: An empirical and theoretical analysis.* New York: Columbia University press, 1974.

57. Coddington, R., and Troxell, J. The effect of emotional factors on football injury rates—A pilot study. *Journal of Human Stress,* 1980, *6,* 3~5.

58. Cohen, F., and Lazarus, R. Active coping processes, coping dispositions, and recovery from surgery. *Psychosomatic Medicine,* 1973, *35,* 375~389.

59. Cohen, S., and Gans, B. *The other generation gap: The middle-aged and their aging parents.* Chicago: Follet, 1978.

60. Cohler, B., and Grunebaum, H. *Mothers, grandmothers and daughters: Personality and child care in three-generational families.* New York: Wiley, 1981.

61. Coleman, J., ed., *Youth: Transition to adulthood.* Chicago: University of Chicago Press, 1974.

62. ——. The adolescent society. New York: Free Press, 1961.

63. Coleman, J., et al. *Educational opportunity.* Washington, D. C. :U. S. Government Printing Office, 1966.

64. *Consumer Reports.* (November, 1995). Mental health: Does therapy help? Pp.734-739.

65. Coyne, J., and Lazarus, R. Cognitive style, stress perception, and coping. In I. Kutash, L. Schlesinger and Assoc., eds., *Handbook on stress and anxiety: Contemporary knowledge, theory, and treatment.* San Francisco: Jossey-Bass, 1980.

66. Craddock, D. *Obesity and its management.* Baltimore: Williams and Wilkins, 1973.

67. Craik, D. Young and Old. In Bartlett, J., ed., *Familiar Quotations.* 15th ed. Boston: Little, Brown, 1980.

68. Cuber, J. Adultery: Reality versus stereotype. In G. Neubeck, ed., *Extramarital relations.* Englewood Cliffs, N. J. :Prentice-Hall, 1969.

69. Cuber J., and Haroff, P. *Sex and the significant Americans: A study of sexual behavior among the affluent.*Baltimore: Penguin Press, 1965.

70. Cunningham, J., and Antill, J. Love in developing romantic relationships. In S. Duck, and R. Gilmore, eds., *Personal relationships. vol. 2: Developing personal relationships.* London: Academic Press, 1981.

71. Daniels, P., and Weingarten, K. *Sooner or later: The timing of parenthood in adult lives.* New York: Norton, 1982.

72. Dangott, L., and Kalish, R. *A time to enjoy: The pleasures of aging.* Englewood Cliffs, N. J.: Prentice-

Hall, 1979.

73. Davis, A., and Havighurst, R. Social class and color differences in child rearing. In C. Kluckhohn, and H. Murray, eds., *Personality in nature, culture and society*. New York: Knopf, 1956.

74. Davison, G., and Neale, J. *Abnormal psychology: An experimental clinical approach*. 2nd ed. New York: Wiley, 1978.

75. Dawber, T. *The Framingham study: The epidemiology of atherosclerotic disease*. Cambridge, Mass.: Harvard University Press, 1980.

76. Devereux, G. *Basic problems in ethnopsychiatry (1956)*. Translated by B. Gulati and G. Devereux. Chicago: University of Chicago Press, 1980.

77. Dey, E, Astin, A. and Korn, W. (1991). *The American freshman: Twenty-five year trends, 1966-1990*. Los Angeles, CA: Higher Education Research Institute, University of California, Los Angeles.

78. Dickens, C. *A tale of two cities*. London: Chapman and Hall, 1859.

79. Dickens, W., and Perlman, D. Friendship over the life cycle. In S. Duck and R. Gilmore, eds., *Personal relationships. vol. 2: Developing personal relationships*. London: Academic Press, 1981.

80. Douvan, E., and Iglehart, A. *Work as a buffer in transitions in motherhood*. Presented at the annual

meeting of the American Psychological Association, New York City, September, 1979.

81. Drucker, P. *Management: Tasks, responsibilities, practices.* New York: Harper & Row, 1973.

82. Dubos, R. *so human an animal.* New York: Scribner's, 1968.

83. D'Zurilla, T., and Goldfried, M. Problemsolving and behavioral modification. *Journal of Abnormal Psychology,* 1971, *78,* 107~126.

84. Eagly, A. (1995). The science and politics of comparing women and men. *American Psychologist, 50,* 145-158.

85. Eckland, B. College drop-outs who come back. *Horvard Educational Review,* 1964, *34,* 402~420.

86. Elder, G. Historical change in life patterns and personality. In P. Baltes, and O. Brim, Jr., eds., *Life-span development and behavior.* Vol. II. New York: Academic Press, 1979.

87. ——. *Children of the great depression.* Chicago: University of Chicago Press, 1974.

88. Elder, G., and Rockwell, R. Economic depression and postwar opportunity in men's lives: A study of life patterns and health. In R. Simmons, ed., *Research in community and mental health.* Greenwich, Conn.: JAI Press, 1978.

89. Ellis, A. Rational-emotive therapy. In R. Corsini, ed.,

Current Psychotherapies. Itaska, Illinois: Peacock, 1973.

90. ——. *The essence of rational psychotherapy: A comprehensive approach to treatment.* New York: Institute for Rational Living. 1970.

91. ——. *Reason and emotion in psychotherapy.* New York: Stuart, 1962.

92. Ellis, M. J. *Why people play.* Englewood Cliffs, N. J.: Prentice-Hall, 1973.

93. Emerson, R. W. *Essays* (1847). First and second series. Boston: Houghton Mifflin, Riverside Library, 1980.

94. Entwhistle, D., and Doering, S. *The first birth: A family turning point.* Baltimore: Johns Hopkins Press, 1981.

95. Erikson, E. Reflections of Dr. Borg's life cycle. *Daedalus,* 1976, *105,* 1~28.

96. ——. *Identity, youth and crisis.* New York: Norton, 1968.

97. ——. *Childhood and society.* New York: Norton, 1950.

98. Erickson, E., and Erikson, J. On generativity and identity: From a conversation with Erik and Joan Erikson. *Harvard Educational Review,* 1981, *52, 249~* 269.

99. Eron, L., Huesmann, L., Lefkowitz, M., and Walder, C. Does television violence cause aggression? *Amer-*

ican Psychologist, 1977, *27,* 253~263.

100. Escalona, S., and Heider, G. *Prediction and outcome.* New York: Basic Books, 1959.

101. Everly, G., and Rosenfeld, R. *The nature and treatment of the stress response: A practical guide for clinicians.* New York: Plenum, 1981.

102. Fabe, M., and Wikler, N. *Up against the clock.* New York: Random House, 1979.

103. Fassler, J. *Helping children cope: Mastering stress through books and stories.* New York: Free Press, 1978.

104. Faulkner, W. (1969). Tomorrow. In *Knight's gambit: Collected works of William Faulkner.* (Pp. 77-95). London: Chatto and Windus.

105. Featherman, D. Schooling and occupational careers: Constancy and change in worldly success. In O. Brim Jr., and J. Kagan, eds., *Constancy and change in human development.* Cambridge, Mass.: Harvard University Press, 1980.

106. Felton, B., Hinrichsen, G., Revenson, T., and Elron, R. *Coping With chronic illness: A factor analytic exploration.* Presented at the annual meeting of the American Psychological Association, Montreal, Canada, September, 1980.

107. Fiske, M. Changing hierarchies of commitment in adulthood. In N. Smelser and E. Erikson, eds.,

Themes of work and love in adulthood. Cambridge, Mass.: Harvard University Press, 1980.

108. Flavell, J. *The developmental psychology of Jean Piaget.* New York: Nostrand, 1963.

109. Fletcher, G., and Cantwell, J. *Exercise and coronary heart disease: Role in prevention, diagnosis, treatment.* Springfield, Ill.: Thomas, 1974.

110. Folkins, C. Effects of physical training on mood. *Journal of Clinical Psychology,* 1976, *32,* 385~388.

111. Folkins, C., Lynch, S., and Gardner, M. Psychological fitness as a function of physical fitness. *Archives of Physical Medical Rehabilitation,* 1972, *53,* 503~508.

112. Folkins, C., and Sime, W. Physical fitness and mental health. *American Psychologist,* 1981, *36,* 373~389.

113. Fox, R. The recent decline of suicide in Britain: The role of the Samaritan Suicide Prevention movement. In E. Schneiderman, ed., *Suicidology: Contemporary Developments.* New York: Grune and Stratton, 1976.

114. Fraiberg, S. *The magic years.* New York: Scribner Lyceum, 1959.

115. Frank, J. Can workers still feel a sense of accomplishment? *Management Review,* 1973, *62,* 56~58.

116. Frank, J. D. *Persuasion and healing: A comparative study of psychotherapy.* Rev. ed. New York: Schock-

en, 1974.

117. Freud, A. Adolescence as a developmental distur-
bance. The writings of Anna Freud, vol. VII. New
York: International Universities Press, 1971.

118. Freud, A., and Bullitt, W. *Thomas Woodrow Wilson:
A psychological study.* Boston: Houghton Mifflin,
1967.

119. Freud, S. An example of psychoanalytic work
(1940). *The standard epition of the complete psycho-
logical works of Sigmund Freud.* Edited and trans-
lated by James Strachey, in collaboration with
Anna Freud. London: Hogarth Press, 1953~1964,
23.

120. ——. An outline of psychoanalysis (1940). *The stan-
dard edition of the complete psychological works of
Sigmund Freud.* Edited and translated by James
Strachey, in collaboration with Anna Freud. Lon-
don: Hogarth Press, 1953~1964, 23.

121. ——. Female sexuality (1931). *The standard edition
of the complete psychological works of Sigmund
Freud.* Edited and translated by James Strachey, in
collaboration with Anna Freud. London: Hogarth
Press, 1953~1964, 21.

122. ——. Civilization and its discontents (1930). *The stan-
dard edition of the complete psychological works of
Sigmund Freud.* Edited and translated by James

Strachey, in collaboration with Anna Freud. London: Hogarth Press, 1953~1964, *21*.

123. ——. Inhibitions, symptoms, and anxieties (1926). *The standard edition of the complete psychological works of Sigmund Freud*. Edited and translated by James Strachey, in collaboration with Anna Freud. London: Hogarth Press, 1953~1964, *20*.

124. ——. *A general introduction to psychoanalysis (1924)*. New York: Doubleday Permabook Paperback, 1956.

125. ——. Group psychology and the analysis of the ego (1921). *The standard edition of the complete psychological works of Sigmund Freud*. Edited and translated by James Strachey, in collaboration with Anna Freud. London: Hogarth Press, 1953~1964, *18*.

126. ——. Mourning and melancholia (1917). *The standard edition of the complete psychological works of Sigmund Freud*. Edited and translated by James Strachey, in collaboration with Anna Freud. London: Hogarth Press, 1953~1964, *14*.

127. ——. Instincts and their vicissitudes (1915). *The standard edition of the complete psychological works of Sigmund Freud*. Edited and translated by James Strachey, in collaboration with Anna Freud. London: Hogarth Press, 1953~1964, *14*.

128. ——. Five lectures on psychoanalysis (1910). *The*

standard edition of the complete psychological works of Sigmund Freud. Translated and edited by James Strachey, in collaboration with Anna Freud. London: Hogarth Press, 1953~1964, *11*.

129. ——. Three essays on the theory of sexuality (1905). *The standard edition of the complete psychological works of Sigmund Freud.* Edited and translated by James Strachey, in collaboration with Anna Freud. London: Hogarth Press, 1953~1964, *7*.

130. ——. The psychotherapy of hysteria (1895). *The standard edition of the complete psychological works of Sigmund Freud.* Edited and translated by James Strachey, in collaboration with Anna Freud. London: Hogarth Press, 1953~1964, *2*.

131. Freudenberger, H., with Richelson, G. *Burn out: The high cost of high achievement.* Garden City, N. Y.: Anchor Doubleday, 1980.

132. Fried, M. Grieving for the lost home (1963). In A. Monat and R. Lazarus, eds., *Stress and coping: An anthology.* New York: Columbia University Press, 1977.

133. Friedman, M. Type A behavior: A progress report. *The Sciences,* February, 1980, 10.

134. ——. The modification of Type A behavior in post-infarction patients. *American Heart Journal,* 1979, *97,* 551~560.

135. Friedman, M., and Rosenman, R. *Type A behavior and your heart.* New York: Knopf, 1974.

136. Garmezy, N. DSM-III: Never mind the psychologists: Is it good for the children? *Clinical Psychologist, 1978,31,* 1〜4.

137. Gesell, A. *Youth: The years from ten to sixteen.* New York: Harper & Row, 1956.

138. Gesell, A., and Ilg, F. *The child from five to ten.* New York: Harper & Row, 1946.

139. Gesell, A., Ilg, F., and Ames, L. *Infant and child in the culture today: The guidance of development in home and nursery school.* Rev. ed. New York: Harper & Row, 1974.

140. Gesell, A., et al. *The first five years of life: A guide to the study of the preschool child.* New York: Harper & Row, 1940.

141. Giapa, J. Children's friendships. In S. Duck and R. Gilmore, eds., *Personal relations. vol. 2: Developing personal relationships.* London: Academic Press, 1981.

142. Gilligan, C. *In a different voice: Psychological theory and women's development.* Cambridge, Mass.: Harvard Unviversity Press, 1982.

143. ——. Woman's place in man's life cycle. *Harvard Educational Review,* 1979, *49,* 431〜446.

144. Ginzberg, E., Ginsburg, S., Axelrad, S., and Herma,

J. *Occupational choice: An approach to a general theory.* New York: Columbia University Press, 1951.

145. Goethals, G. Love, marriage and mutative relationships. In K. Pope, ed., *On love and loving.* San Francisco: Jossey-Bass, 1980.

146. ——. *Stage theory and critical events: A reconsideration of critical events.* Paper presented at the Eastern Psychological Association, Boston, Massahusetts, 1978.

147. ——. Symbiosis and the life cycle. *British Journal of Medical Psychology,* 1973, *46,* 91～96.

148. Goldstein, M., Baker, B., and Jamison, K. *Abnormal psychology: Experiences, origins, interventions.* Boston: Little, Brown, 1980.

149. Gordon, M. *The American family: Past, present and future.* New York: Random House, 1978.

150. Graubard, S. Preface to the issue Adulthood. *Daedalus,* 1976, 105, p. v.

151. Greenberger, E., Steinberg, L., and Vaux, A. Adolescents who work: Health and behavioral consequences of job stress. *Developmental Psychology,* 1981, *17,* 691～703.

152. Greist, J., Klein, M., Eichens, R., Faris, J., Gurman, A., and Morgan, W. Running as treatment for depression. *Comprehensive Psychiatry,* 1979, *20,* 41～54.

153. Grinker, R., Sr., Grinker, R., Jr., and Timberlake, J. "Mentally healthy" young males (homoclites). *Archives of General Psychiatry,* 1962, *6,* 405~453.

154. Grinker, R., Sr., and Spiegel, J. *Men under stress.* New York: McGraw-Hill, 1963.

155. Gross, M., and Wilson, W. *Minimal brain dysfunction.* New York: Bruner/Mazel, 1974.

156. Guze, S. Can the practice of medicine be fun for a lifetime? *Journal of the American Medical Association,*1979, *241,* 2021~2023.

157. Haan, N. *Coping and defending: Processes of self-improvement organization,* New York: Academic Press, 1977.

158. ——. Personality development from adolescence to adulthood in the Oakland growth and guidance studies. *Seminars in Psychiatry,* 1977, *4,* 399~414.

159. Hall, G. *A primer of Freudian psychology.* Cleveland: World, 1954.

160. Hall, G. A., and Lindsay, G. *Theories of personality.* New York: Wiley, 1957.

161. Hartmann, H. *Essays on ego psychology: Selected problems in psychoanalytic theory (1939).* New York: International Universities Press, 1964.

162. ——. *Ego psychology and the problem of adaptation.* New York: International Universities Press, 1958.

163. Hayflick, L. (1994). *How and why we age.* New

York: Balantine.

164. Hayward, M., Grady, W. and McLaughlin, S. (1988). Changes in the retirement process among older men in the United States: 1972-1980. *Demography, 25,* 371-386.

165. Heath, D. *Maturity and competence: A transcultural view.* New York: Gardner, 1977.

166. ——. Some possible maturing effects of occupation on the maturing of professional men. *Journal of Vocational Behavior,* 1977, *11,* 263~281.

167. ——. *Growing up in college: Liberal curriculum and maturity.* San Francisco: Jossey-Bass, 1968.

168. Herford, R. *Ethics of the Talmud. Sayings of the Fathers (Pirke Aboth).* Translation, with commentary. New York: Schocken, 1962.

169. Herrnstein, R. *I. Q. in the meritocracy.* Boston: Atlantic Monthly Press, 1973.

170. Hersen, M., Eisler, R., and Miller, P. An experimental analysis of generalization in assertive training. *Journal of Behavior Research and Therapy,* 1974, *12,* 295~310.

171. Hettema, P. *Personality and adaptation.* Amsterdam: North-Holland, 1979.

172. Hinsie, L., and Campbell, R. *Psychiatric dictionary.* 4th ed. New York: Oxford University Press, 1970.

173. Holahan, C., and Moos, R. Social support and psy-

chological distress. *Journal of Abnormal Psychology,* 1981, *90,* 365~370.

174. Holland, J. *Making vocational choices: A theory of careers.* Englewood Cliffs, N. J.: Prentice-Hall, 1973.

175. Holmes, T., and Masuda, M. Life change and illness susceptibility. In B. S. Dohrenwend and B. P. Dohrenwend, eds., *Stressful life events: Their nature and effects.* New York: Wiley, 1974.

176. Holzman, P., and Gardner, R. Leveling and repression. *Journal of Abnormal and Social Psychology,* 1959, *59,* 151~155.

177. Horner, M. The measurement and behavioral implications of fear of success in women. In J. Atkinson, and J. Raynor, eds., *Personality, motivation and achievement.* Washington, D. C.: Hemisphere, 1978.

178. ——. Toward an understanding of achievementrelated conflicts in women. *Journal of Social Issues,* 1972, *28,* 157~174.

179. ——. Femininity and successful achievement: A basic inconsistency. In J. Bardwick, E. Douvan, M. Horner, and D. Gutman. *Feminine personality and conflict.* Belmont, Calif.: Brooks/Cole, 1970.

180. Horney, K. *Feminine psychology.* New York: Norton, 1967.

181. ——. Personality Changes in Female Adolescents. *The American Journal of Orthopsychiatry,* 1935, *5,*

19~26.

182. Horowitz, M. Psychoanalytic therapy.: In I. Kutash, L. Schlesinger and Assoc., eds., *Handbook on stress and anxiety: Contemporary knowledge, theory, and Treatment*. San Francisco: Jossey-Bass, 1980.

183. ——. *Stress response syndrome*. New York: Aronson, 1976.

184. Horowitz, M., Wilner, N., Kaltreider, N., and Alvarez, W. Signs and symptoms of post-traumatic stress disorders. *Archives of General Psychiatry*, 1980, *37*, 85~92.

185. Horton, P. *Solace: The missing dimension in psychiatry*. Chicago: University of Chicago Press, 1981.

186. House, J., Landis, K. and Umbertson, D. (1988). Social relationships and health. *Science, 241*, 540-544.

187. Hulin, C. Effects of community characteristics on measures of job satisfaction. *Journal of Applied Psychology*, 1966, *50*, 185~192.

188. Huston, T., Surra, C., Fitzgerald, N., and Cate, R. From courtship to marriage. In S. Duck, and R. Gilmore, eds., *Personal relationships, vol. 2: Developing personal relationships*. London: Academic Press, 1981.

189. Hyde, J., Fennema, E. and Lamon, S. (1990). Gender differences in mathematics performance: A meta-

analysis. *Psychological Bulletin, 107,* 139-155.

190. Hyde, J. and Linn, M. (1988). Gender differences in verbal ability: A meta-analysis. *Psychological Bulletin, 104,* 53-69.

191. Hyde, J., and Plant, E. (1995). Magnitude of psychological gender differences: Another side of the story. *American Psychologist, 50,* 159-161.

192. Inhelder, B., and Piaget, J. *The early growth of logic in the child.* New York: Harper & Row, 1964.

193. Ironson, G., Antoni, M. and Lutgendorf, S. (1995). Can psychological interventions affect immunity and survival? Present findings and suggested targets with a focus on cancer and human immunodeficiency virus. *Mind/Body Medicine, 1,* 85-110.

194. Jacobs, S., Nelson, J. and Zisooks, S. (1987). Treating depressions of bereavement with antidepressants. *Psychiatric Clinics of North America, 10.*

195. Jacobson, B. *Young programs for older workers: Case studies in progressive personnel policies.* New York: Van Nostrand Reinhold, 1980.

196. Jahoda, M. *Current concepts of positive mental health.* New York: Basic Books, 1958.

197. James, H. The beast in the jungle. In *The better sort.* New York: Scribner's, 1903.

198. James, W. *Varieties of religious experience.* New York: Modern Library, 1936.

199. ——. The gospel of relaxation (1897). In James, W. *Pragmatism and other essays*. New York: Pocket Books, 1975.

200. ——. *The will to believe, and other essays in popular philosophy (1896)*. New York: Longmans, Green, 1897.

201. ——. *Principles of psychology (1890)*. Volumes I and II. New York: Dover, 1950.

202. ——. Vacations. *The Nation*, August 7, 1873, p.91.

203. Janis, I. Adaptive personality changes. In A. Monat and R. Lazarus, eds., *Stress and coping: An anthology*. New York: Columbia University Press, 1977.

204. ——. *Psychological stress: Psychoanalytic and behavioral studies of surgical patients*. New York: Wiley, 1958.

205. Jensen, A. How much can we boost I. Q. and scholastic achievement? *Harvard Educational Review*, 1969, *39*,1~123.

206. Johanson, D., and Edey, M. *Lucy: The beginnings of humankind*. New York: Simon and Schuster, 1981.

207. Johnson, G., and Goldfinger, S., eds., *The Harvard Medical School health letter book*. Cambridge, Mass.: Harvard University Press, 1981.

208. Johnson, L., O'Malley, P. and Bachman, J. (1991). *Drug use among American high school seniors, college students and young adults. Vol. 1. High school*

seniors. Rockville, MD: National Institute on Drug Abuse.

209. Jones, M. A laboratory study of fear: The case of Peter. *Journal of Genetic Psychology,* 1924, *31,* 308~345.

210. Jones, W., Chernovetz, M., and Hansson, R. The enigma of androgyny: Differential implications for males and females. *Journal of Consulting and Clinical Psychology,* 1978, *46,* 298~313.

211. Jourard, S. *The transparent self.* Rev. ed. New York: Van Nostrand, 1971.

212. Jung, C. *Psychological Types* (1923). Revision by R. Hall of translation by H. Baynes. Princeton, N. J.: Princeton University Press, 1976.

213. Kagan, J. and snidman, N. (1991). Infant predictors of inhibited and uninhibited profiles. *Psychological Science, 2,* 40-44.

214. Kagan, J. (1989). Temperamental contributions to social behavior. *American Psychologist, 44,* 668-674.

215. Kagan, J., Resnik, J. and Snidman, N. (1988). Biological basis of childhood shyness. *Science, 240,* 167-171.

216. Kagan, J., Kearsley, R., and Zalaso, P. *Infancy: Its place in human development.* Cambridge, Mass.: Harvard University Press, 1978.

217. Kagan, J., and Moss, H. *Birth to maturity: A study*

in psychological development. New York: Wiley,
1962.

218. Kahl, J. *The American class structure,* New York:
Holt, Rinehart, and Winston, 1957.

219. ——. Educational and occupational aspirations of "
common man" boys. *Harvard Educational Review,*
1953, *23,* 188~201.

220. Katch, F., McArdle, W., and Boylan, B. *Getting in
shape: An optimum approach to fitness and weight
control.* Boston: Houghton Mifflin, 1979.

221. Katz, J., and Associates. *No time for youth: Growth
and restraint in college students.* San Francisco:
Jossey-Bass, 1968.

222. Keniston, K. *Youth and dissent: The rise of a new
opposition.* New York: Harcourt Brace Jovanovich,
1971.

223. King, S. Coping mechanisms in adolescence. *Psychi-
atric Annals,* 1971, *1,* 10~29.

224. Kinsey, A., et al. *Sexual behavior in the human
female.* Philadelphia: Saunders, 1953.

225. Kirkpatrick, M., Smith, K., and Roy, R. *Adjustment
and sexual identity of children of lesbian and heter-
osexual single mothers.* Presented at the annual
meeting of the American Psychological Association,
New York City, September, 1979.

226. Kitto, H. *The Greeks.* New York: Pelican Paper-

backs, 1951.

227. Kluckhohn, F. Dominant and variant value orientations. In C. Kluckhohn and H. Murray, eds., *Personality: In nature, society and culture.* 2nd ed. New York: Knopf, 1956.

228. Knowles, J. The responsibility of the individual. In J. Knowles, ed., *Doing better and feeling worse: Health in the United States.* New York: Norton, 1977.

229. Kobasa, S. *Personality and stress resistance across professional groups.* Paper presented at the annual meeting of the American Psychological Association, Montreal, Canada, September, 1980.

230. Kohlberg, L. *The philosophy of moral development: Moral stages and the idea of justice.* San Francisco: Harper & Row, 1981.

231. ——. From is to ought: How to commit the naturalistic fallacy and get away with it in a study of moral development. In T. Mischel, ed., *Cognitive development and epistemology.* New York: Academic Press, 1971.

232. Kohlberg, L., and Gilligan, C. The adolescent as a Philosopher: The discovery of the self in a postconventional world. *Daedalus,* 1971, *100,*1051~1086.

233. Kohlberg, L., and Kramer, R. Continuities and discontinuities in childhood and adult moral develop-

ment. *Human Development,* 1969, *12,* 93~120.

234. Kohn, M. Job complexity and adult personality. In N. Smelser and E. Erikson, eds., *Themes of work and love in adulthood.* Gambridge, Mass.: Harvard University Press, 1980.

235. Kominski, R. and Adams, A. (1994). *Educational attainment in the United States: March, 1993 and 1992.* U. S. Bureau of Census, Current Population Reports. Washington, DC: U. S. Government Printing Office.

236. Kotelchuck, M. *The nature of the child's tie to the father.* Unpublished Ph. D. dissertation. Cambridge, Mass.: Harvard University, 1971.

237. Kreitler, P., and Bruns, B. *Affair prevention.* New York: Macmillian, 1981.

238. Kretchmer, E. *Physique and character.* Translated by W. sprott. London: Routledge and Kegan Paul, 1925.

239. Kroeber, T. The coping functions of ego mechanisms. In R. White, ed., *The study of lives.* New York: Atherton, 1963.

240. Kubler-Ross, E. *On death and dying.* New York: Macmillian, 1969.

241. Kunen, J. *The strawberry statement.* New York: Random House, 1968.

242. Kushner, H. *When bad things happen to good people.* New York: Schocken, 1981.

243. Lamorisse A. *The red balloon.* Translated by F. Mack. Garden City, New Jersey: Doubleday, 1956.

244. Lantos, B. Work and the instincts. *International Journal of Psychoanalysis,* 1943, *24,* 114~119.

245. Lawler, E., and Hackman, J. Impact of employee participation in the development of pay incentives: A field experience. *Journal of Applied Psychology,* 1969, *53,*467~471.

246. Lazarus, A. (1981). *The practice of multimodal therapy.* New York: McGraw-Hill.

247. Lazarus, R. *Psychological stress and coping process.* New York: McGraw-Hill, 1976.

248. Lazarus, R., Averill, J., and Opton, E. The psychology of coping: Issue of research and assessment. In G. Coelho, D. Hamburg, and J. Adams, eds., *Coping and adaptation.* New York: Basic Books, 1974.

249. Lemere, F., and Voegtlin, W. An evaluation of the aversion treatment of alcoholism. *Quarterly Journal of Studies on Alcohol,* 1950, *11,* 199~204.

250. Leshan, E. *The wonderful crisis of middle age.* New York: Mckay, 1973.

251. Lever, J. Sex differences in the games children play. *Social Problems,* 1976, *23,* 478~487.

252. Levinson, D., with Darrow, C., Klein, E., Levinson, M., and McKee, B. *Seasons of a man's life.* New York: Alfred Knopf, 1978.

253. Levinson, H. *The great jackass fallacy.* Cambridge, Mass.: Division of Research, Harvard Graduate School of Business Administration, 1973.

254. Lewin, K. *A dynamic theory of personality.* New York: McGraw-Hill, 1935.

255. Lewis C. *Four loves.* New York: Harcourt Brace Jovanovich, 1960.

256. Lewis, H. The family's resources for change—Planning sessions for the White House conference "To Fulfill These Rights." In Rainwater, L., and Yancey, W., eds., *The Moynihan report and the politics of controversy.* Cambridge, Mass.: Massachusetts Institute of Technology Press, 1967.

257. Lewis, M., Gottesman, D., and Gutstein, S. The course and duration of crisis. *Journal of Consulting and Clinical Psychology,* 1979, *47,* 128~134.

258. Liberman, R., and Reigen, J. Behavioral group therapy. In P. Sjoden, S. Bates, and W. Dockens, eds., *Trends in behavior therapy.* New York: Academic Press, 1979.

259. Liddell, H. *A Greek-English lexicon, compiled by Henry George Liddell and Robert Scott (1870).* Rev. and augm. by Sir Henry Stuart Jones. Oxford: Clarendon Press, 1968.

260. Lindemann, E. Symptomatology and management of acute grief. *American Journal of Psychiatry,* 1944,

*101,*141~148.

261. Linn, M. and Petersen, A. (1985). Emergence and characterization of sex differences in spatial ability: A meta-analysis. *Child Development, 56,* 1479-1498.

262. Lipsey, M. and Wilson, D. (1993). The efficacy of psychological, educational and behavioral treatments: Confirmation from meta-analysis. *American Psychologist, 48,* 1181-1209.

263. Lipsit, S., and Bendix, B. *Social mobility in industrial society.* Berkeley, Calif.: University of California Press, 1959.

264. Loevinger, J. *Ego development.* San Francisco: Jossey-Bass, 1976.

265. Lord, W. *A night to remember.* New York: Holt, Rinehart and Winston, 1955.

266. Lorenz, K. *on aggression.* New York: Harcourt Brace and World, 1966.

267. Lowenthal, M., Thurnher, M., Chiriboga, D. and Associates. *Four stages of life: A comparative study of women and men facing transition.* San Francisco: Jossey-Bass, 1976.

268. Lowry, L. Mental health services in the community. In J. Birren and R. Sloan, eds., *Handbook of mental health and aging.* Englewood Cliffs, N. J.: Prentice-Hall, 1980.

269. Lumsden, C., and Wilson, E. *Genes, mind and cul-*

ture: *The coevolutionary process.* Cambridge, Mass.: Harvard University Press, 1981.

270. Lynch, J. *The broken heart: The medical consequences of loneliness.* New York: Basic Books, 1979.

271. Maddi, S. *Personality as a resource in stree resistance: The hardy type.* Presented at the annual meeting of the American Psychological Association, Montreal, Canada, 1980.

272. Magarrel, J. Today's new student, especially women, more materialistic. *The Chronicle of Higher Education,* January 28, 1980, pp.3~5.

273. Mahoney, M. Personal science: A cognitive learning therapy. In A. Ellis and R. Grieger, eds., *Handbook of rational psychology.* New York: Springer, 1977.

274. Mahoney, M., and Arnkoff, D. Cognitive self-control therapy. In S. Garfield and A. Bergin, eds., *handbook of psychotherapy and behavior change.* 2nd ed. New York: Wiley, 1978.

275. Maier, S., Watkins, L. and Fleshner, M. (1994). Psychoneuroimmunology: The interface between behavior, brain and immunity. *American Psychologist, 49,* 1004-1017.

276. Mandel, J., Hotvedt, M., Green, R., and Smith, L. *The lesbian parent: Comparison of heterosexual and homosexual mothers and their children.* Presented at the annual meeting of the American Psychological

Association, New York City, September, 1979.

277. Marcuse, H. *Eros and civilization*. Boston: Beacon, 1966.

278. Marland, S. *Career education: A proposal for reform*. New York: McGraw-Hill, 1974.

279. Marwell, G., Rosenfeld, R., and Spilerman, S. Graphic constraints on women's careers in academia. *Science,* 1979, *205,* 1225~1231.

280. Maslow, A. *The farther reaches of human nature (1967)*. New York: Penguin, 1971.

281. ——. *Motivation and personality*. 2nd ed. New York: Harper & Row, 1970.

282. ——. *Toward a psychology of being*. 2nd ed. Princeton, N. J.: Van Nostrand, 1968.

283. ——. *Toward a psychology of being*. Princeton, N. J.: Van Nostrand, 1962.

284. Masnick, J., and Bane, M. *The nation's families: 1960~1990*. Boston: Auburn House, 1980.

285. Masters, W., and Johnson, V. *Human sexual inadequacy*. Boston: Little, Brown, 1970.

286. ——. *Human sexual response*. Boston: Little, Brown, 1966.

287. Masters, J., Johnson, V., and Kolodny, R. *Human sexuality*. Boston: Little, Brown, 1982.

288. Matarazzo, J. Behavioral health's challenge to academic, scientific and professional psychology. *Amer-*

ican *Psychologist,* 1982, *37,* 1~14.

289. May, R. *Love and will.* New York: Norton, 1969.

290. McGregor, D. *The human side of enterprise.* New York: McGraw-Hill 1960.

291. McKean, R., ed. *Introduction to Aristotle.* New York: Modern Library, 1947.

292. McKee, J. *Introduction to sociology.* New York: Holt, Rinehart and Winston, 1969.

293. McKee, J., and Sheriff, A. The differential evaluation of males and females. *Journal of Personality,* 1957,*25,* 356~371.

294. McLean, P. Depression as a specific response to stress. In I. Sarasan and C. Spielberger, eds., *Stress and anxiety.* New York: Wiley, 1976.

295. Mechanic, D. Social structure and personal adaptation: Some neglected dimensions. In G. Coelho, D. Hamburg, and J. Adams, eds., *Coping and adaptation.* New York: Basic Books.1974.

296. Menninger, K., with Mayman, M., and Pruyser, P. *The vital balance.* New York: Viking, 1967.

297. Middleton, L., and Roarke, A. Living together is widely accepted among students today. *Chronicle of Higher Education,* July 6, 1981, pp.2~3.

298. Milgram, S. *Obedience to authority.* New York: Harper & Row, 1974.

299. Millar, S. *The psychology of play.* New York: Aron-

son, 1974.

300. Miller, N., and Dollard, J. *Social learning and initiation.* New Haven: Yale university Press, 1941.

301. Moos, R. *Creating healthy human contexts: Environmental and individual strategies.* Paper presented at the annual meeting of the American Psychological Association, Los Angeles, California, August, 1981.

302. Morse, H., and Weiss, R. The function and meaning of work and the job. *American Sociological Review,* 1955,*20,* 191～198.

303. Mortimer, J. *Changing attitudes toward work.* Scarsdale, N. Y.: Work in American Institute, Inc., 1979.

304. Moynihan, D. *Maximum feasible misunderstanding: Community action in the War on Poverty.* New York: Free Press, 1969.

305. ——. 1965. The Negro family: The case for national action. In Rainwater, L., and Yancy, W., eds., *The Moynihan report and the politics of controversy.* Cambridge, Mass.: MIT Press, 1967.

306. Munter, P. *The needs of the teacher.* Paper presented at the Northfield Counseling Institute, East Northfield, Massachusetts, June, 1977.

307. Murphy, L., and Moriarty, A. *Vulnerability, coiping and growth: From infancy to adolescence.* New Haven: Yale University Press, 1976.

308. Murray, E., and Jacobson, L. Cognition and learning

in traditional and behavioral therapy. In S. Garfield and A. Bergin, eds., *Handbook of psychotherapy and behavior change: An empirical analysis.* 2nd ed. New York: Wiley, 1978.

309. Neugarten, B. Time, age and the life cycle. *American Journal of Psychiatry,* 1979, *136,* 887~894.

310. Neugarten, B., and Hagestad, G. Age and the life course. In Binstock, R., and Shanas, E., eds., *Handbook of aging and the social sciences.* New York: Van Nostrand-Reinhold, 1976.

311. Neugarten, B., and Weinstein, K. The changing American grandparent. *Journal of Marriage and Family,* 1964,*26,* 199~204.

312. *Newsweek.* survival Test. January 20, 1975, p.69.

313. *Newsweek,* September, 22, 1969, p.68.

314. Norcross, J. (1986). Eclectic psychotherapy: An introduction and overview. In J. Norcross (Ed.), *Handbook of eclectic psychotherapy.* (Pp.3-24). New York: Bruner/Mazel.

315. Novaco, R. Anger and coping with stress: Cognitive behavioral interventions. In J. Foreyt and D. Rathjen, eds., *Cognitive behavior therapy: Research and applications.* New York: Plenum, 1978.

316. Offer, D. *The psychological world of the teenager.* New York: Basic Books, 1969.

317. Offer, D., and Offer, J. *From teenage to young man-*

hood. New York: Basic Books, 1975.

318. Offer, N., and Sabshin, M. *Normality: Theoretical and clinical concepts of mental health,* 2nd ed. New York: Basic Books, 1974.

319. Ogbu, J. *The next generation: An ethnography of education in an urban neighborhood.* New York: Academic Press, 1974.

320. Olds, D. *Masculinity, femininity, achievement con-flicts and health.* Paper presented at the annual meeting of the American Psychological Association, New York City, September, 1979.

321. Olds, D., and Shaver, P. Masculinity, femininity, academic performance and health: Further evidence concerning the androgyny controversy. *Journal of Personality,* 1980, *48,* 323~341.

322. Osherson, S. *Work-family dilemmas of professional careers.* Final report to the National Institute of Education of Project No. NIE-G-77-0049. January, 1982.

323. ──. *Holding on or letting go: Men and career change at midlife.* New York: Free Press, 1980.

324. Oxford English Dictionary. *The Compact Edition of the Oxford English Dictionary.* (1971). New York: Oxford University Press, 1979.

325. Page. J. *Psychopathology: The science of understand-ing deviance.* Chicage: Aldine, 1975.

326. Parkes, C. *Bereavement: Studies in grief in adult life.* New York: International Universities Press, 1972.

327. ——. Psychosocial transitions: A field for study. *Social Science in Medicine,* 1971, *5,* 101~115.

328. Pavlov, I. *Lectures on conditioned reflexes.*Translated by G. Anrep. London: Oxford University Press, 1927.

329.Peck, R., and Hughes, R. *Social adjustment and achievement: A cross-national survey.* Paper presented at the annual meeting of the American Psychological Association, New York City, September, 1979.

330. Peele, S., and Brodsky, A. *Love and addiction.* New York: New American Library, 1975.

331. Perry, C., et al. *The impact of governmental manpower programs.* Philadelphia: University of Pennsylvania Press, 1975.

332. Peterson, G. and Becker, E. (1996). *Employment and earnings: February, 1996.* U. S. Department of Labor, Bureau of Labor Statistics. Washington, DC: U. S. Government Printing Office.

333. Piaget, J. *The moral judgment of the child (1932).* New York: Free Press, 1965.

334. ——. *Play, dreams and imitation in childhood (1957).* New York: Norton, 1962.

335. Pines, A., and aronson, E., with Kafry, D. *Burn-out: From tedium to personal growth.* New York: Free Press, 1981.

336. Pollock, M., Wilmore, J., and Fox, S. *Health and fitness through physical activity.* New York: Wiley, 1978.

337. Pope, K., ed., *On love and loving.* San Francisco: Jossey-Bass, 1980.

338. Powell, D. H., *Understanding human adjustment: normal adaptation through the life cycle.* Boston: Little Brown & Co., 1983.

339. Powell, D. The effects of job strategy seminars upon unemployed engineers and scientists. *Journal of Social Psychology,* 1973, *91,* 165~166.

340. Powell, D. H. (1994). *Profiles in cognitive aging.* Cambridge, MA: Harvard University Press.

341. Powell, D. H. (1987). *Teenagers: When to worry and what to do.* New York: Doubleday.

342. Powell, D., and Driscoll, P. How middle-class unemployed men feel and act: Four progressive stages. *Society* 1973 January/February, 18~26.

343. Powers, R., and Kutash, I. Alcohol abuse and anxiety. In I. Kutash, L. Schlesinger and Assoc., eds., *Handbook on stress and anxiety: Contemporary knowledge, theory and treatment.* San Francisco: Jossey-Bass, 1980.

344. Rainwater, L., and Yancey, W., eds. *The Moynihan report and the politics of controversy.* Cambridge, Mass.: Massachusetts Institute of Technology Press, 1967.

345. Rausch, H., Bary, W., Hartel, R., and Swain, M. *Communication, conflict, and marriage.* San Francisco: Jossey-Bass, 1974.

346. Rawlings, S. (1994). *Household and family characteristics: March, 1993.* U. S. Bureau of Census, Current Population Reports. Washington, DC: U. S. Government Printing Office.

347. Rehm, L. Self-management in depression. In P. Karoly and F. Kanfer, eds., *The psychology of self-management: From theory to practice.* New York: Pergamon, 1982.

348. Reich, W. *Character analysis (1933).* New York: Orgone Institute Press, 1949.

349. Reisman, D., with Glazer, N., and Denny, R. *The lonely crowd: A study of the changing American character.* New Haven, Conn.: Yale University Press, 1950.

350. Reisman, J. Adult friendships. In S. Duck and R. Gilmore, eds., *Personal relationships. vol. 2: Developing personal relationships.* London: Academic Press, 1981.

351. Rist, R. Student social class and teacher expecta-

tions: The self-fulfilling prophecy in ghetto educa-
tion. *Harvard Educational Review,* 1970, *40,* 411~
451.

352. Rogers, C. Growing old-or older and growing. *Jour-
nal of Humanistic Psychology,* 1980, *20,* 5~16.

353. ——. Client-centered therapy. In S. Arieti, ed., *Amer-
ican handbook of psychiatry.* Vol. III. New York:
Basic Books, 1966.

354. Rogers, C., with Dorfman, E., Gordon, T., and
Hobbs N.*Client-centered therapy: Its current practice,
implications and theory.* Boston: Houghton Mifflin,
1951.

355. Rohrbaugh, J. *Women: psychology's puzzle.* New
York: Basic Books, 1979.

356. Roskies, E., and Avard, J. Teaching healthy man-
agers to control their coronary-prone (Type A)
behavior. In K. Blankstein and J. Polivy, *eds., self-
control and self-modification of emotional behaviors.*
New York: Plenum, 1982.

357. Rosow J., and Zager, R. *The future of older workers
in America: New options for an extended working
life.* Scarsdale, N. Y.: Work in America Institute,
Inc., 1980.

358. Rossi, A., and Rossi, P. Body time and social time:
Mood patterns by menstrual cycle phase and day of
the week.*Social Science Research,* 1977, *6,* 273~308.

359. Royce, W., and Arkowitz, H. Multi-modal evalua-
tion of practice interaction as treatment for social
isolation. *Journal of Consulting and Clinical Psy-
chology. 1978, 46,* 239~245.

360. Rubin, I. Sex over 65. In J. Wiseman, ed., *The social
psychology of sex.* New York: Harper & Row, 1976.

361. Rubin, Z. *Liking and loving.* New York: Holt, Rine-
hart and Winston, 1973.

362. Rush, B. *Medical inquiries and observations upon the
diseases of the mind (1812).* New York: Hafner,
1962.

363. Russell, W., and Branch, T. *Second wind: The mem-
oirs of an opinionated man.* New York: Random
House, 1979.

364. Saad, S., Lenauer, M., Shaver, P., and Dunivant, N.
Objective measurement of fear of success and fear
of failure: A factor analytic approach. *Journal of
Consulting and Clinical Psychology,* 1978, *46,* 405~
416.

365. Saluter, A (1994). *Marital status and living arrange-
ments: March, 1993,* U. S. Bureau of Census, Cur-
rent Population Reports. Washington, DC: U. S.
Government Printing Office.

366. Sartre, J. *Being and nothingness: An essay on
phenomenological ontology.* New York: Philosophical
Library, 1956.

367. Sassen, G. Success anxiety in women: A constructionist interpretation of its source and significance. *Harvard Educational Review,* 1980, *50,* 13~24.

368. Schafer, R. The psychoanalytic vision of reality. *International Journal of Psychoanalysis,* 1970, *51,*279~296.

369. ——. *Aspects of internalization.* New York: International Universities Press, 1968.

370. Schmittroth, L. (1994),(Ed.) *Statistical record of children,* Detroit, MI: Gale Research.

371. Schrecker. P. *Work and history: An essay on the structure of civilization.* Princeton, N. J.: Princeton University Press, 1948.

372. Schreiber, F. *Sybil.* Chicago: Regnery. 1973.

373. Schwartz, M., Jenusaitis, E., and Stark, H. Motivational factors among supervisors in the utility industry. *Personal Psychology,* 1963, *16,* 45~53.

374. Sears, R., Maccoby, E., and Levin, H. *Patterns of child rearing.* Evanston, III.: Row, Peterson, 1957.

375. Seligman, M. (1995). Effective psychotherapy: The Consumer Reports study. *American Psychologist, 50,* 965~974.

376. Selman, R., and Jacquette, D. Stability and oscillation in interpersonal awareness: A clinical developmental analysis. In E. Keasey, ed., *Nebraska sympo-*

sium on motivation. Vol. 25. Lincoln, Nebraska: University of Nebraska Press, 1977.

377. Selye, H. The stress concept today. In I. Kutash, L. Schlesinger and Assoc., eds., *Handbook on stress and anxiety: Contemporary knowledge, theory and treatment.* San Francisco: Jossey-Bass, 1980.

378. ——. *Stress without distress.* New York: Signet, 1974.

379. Shakespeare, W. *Henry V.* With notes by E. F. C. Ludowyk. Cambridge: Cambridge University Press, 1966.

380. Shanas, E., Townsend, P., Wedderburn, D., Friis, H., Milhoj, P., and Stehower, J. *Older people in three industrial societies.* New York: Atherton, 1968.

381. Shapiro, D. *Neurotic styles.* New York: Harper, 1965.

382. Shaw, G. *Man and superman.* London: Westminster Constable and Co., Ltd., 1903.

383. heehy, G. (1996) *New passages.* New York: Random House.

384. Sheehy, G. *Passages: Predictable crises in adult life.* New York: Dutton, 1976.

385. Sheldon, N., and Stevens, P. *The varieties of temperament: A psychology of constitutional differences.* New York: Harper & Row, 1942.

386. Sheleff, L. *Generations apart: Adult hostility toward youth.* New York: McGraw-Hill, 1981.

387. Shipley, R., Butt, J., Horowita, B., and Farbry, J.

Preparation for a stressful medical procedure: Effect of amount of stimulus pre-exposure and coping style. *Journal of Consulting & Cinical Psychology,* 1986, *46,*499~507.

388. Sierles, F., Hendrikx, I., and Circle, S. Cheating in medical school. *Journal of Medical Education,* 1980, *55(2),* 124~25.

389. Skinner, B. *About behaviorism.* New York: Knopf, 1974.

390. ——. *The behavior of organisms.* New York: Appleton-Crofts, 1938.

391. Smelser, N. Issues in the study of work and love in aulthood. In N. Smelser and E. Erikson, eds., *Themes of work and love in adulthood.* Cambridge, Mass.: Harvard University Press, 1980.

392. Snyder, T. and Hoffman, C. (1995), *Digest of education statistics.* Washington, DC: National Center for Education Statistics, U. S. Department of Education.

393. Sorenson, D. The return of the college dropout. In C. Blaine and C. McArthur, eds., *Emotional problems of the student.* 2nd ed. New York: Appleton-Century-Crofts, 1971.

394. Specia Task Force to the Secretary of Health, Education and Welfare. *Work in America.* Cambridge, Mass.: Massachusetts Institute of Technology Press, 1972.

395. Spence, J., and Helmreich, R. *Masculinity and femininity: Their psychological dimensions, correlates, and antecedents.* Austin, Texas: University of Texas Press, 1978.

396. Spencer, G. (1989). *Projections of the population of the United States by age, sex and race.* Bureau of Census, Current Population Reports. Washington, DC: U. S. Government Printing Office.

397. Spielberger, C. *Anxiety: Current trendt in theory and research.* New York: Academic Press, 1971.

398. ——. Theory and research on anxiety. In C. Spielberger, ed., *Anxiety and behavior.* New York: Academic Press, 1966.

399. Spranger, E. *Types of men: The psychology and ethics of personality.* Translation of the German, 5th ed. by P. Pigors. New York: Hafner, 1928.

400. Srole, L., Langer, T., Michael, S., Opler, M., and Rennie, T. *Mental health in the metropolis: The midtown Manhattan study.* Vol. I. New York: McGraw-Hill, 1962.

401. Staines, G., and O'Connor, P. *The relationship between work and leisure.* Ann Arbor, Michigan. Survey Research Center, 1979. Paper presented at the annual meeting of the American Psychological Association, New York City, September, 1979.

402. Stehower, J. *Older people in three industrial soci-*

eties. New York: Atherton, 1968.

403. Stein, P. Singlehood: An alternative to marriage. In A. Skolnick and J. Skolnick, eds., *Family in transition*. 2nd ed. Boston: Little, Brown, 1977.

404. Steinberg, L., Greenberger, E., Jacobi, M., and Garduque, L. Early work experience: A partial antidote to adolescent egocentrism. *Journal of Youth and Adolescence,* 1981a, *10,* 141~157.

405. Steinberg, L., Greenberger, E., Vaux, A., and Ruggiero, M. Effects of early work experience on adolescent socialization. *Youth and Society,* 1981b, *12,* 403~422.

406. Stern, P., ed. *The annotated Walden*. New York: Bramhall House, 1970.

407. Stewart, R. Natural childbirth, father participation, or what-have-you. *Medical Times,* 1963, *91,* 1064~1068.

408. Strodtbeck, F. Family interaction, values and achievement. In D. McClelland, A. Baldwin, U. Bronfenbrenner, and F. Strodtbeck, eds., *Talent and society*. New York: Van Nostrand, 1958.

409. Sullivan, H. *Personal psychopathathology: Early formation*. New York: Norton, 1972.

410. ——. *The interpersonal theory of psychiatry*. New York: Norton, 1953.

411. Super, D., et al. *Vocational development: A frame-*

work for research. New York: Bureau of Publications, Columbia Teachers College, 1957.

412. Swidler, A. Love and adulthood in American culture. In N. Smelser and E. Erikson, eds., *Themes of work and love in adulthood*. Cambridge, Mass.: Harvard University Press, 1980.

413. Sykes, C. *Nancy: The life of Lady Astor*. London: Collins, 1972.

414. Symonds, P., and Jensen, A. *From adolescent to adult*. New York: Columbia University Press, 1961.

415. Taeuber, C. (1991) (Ed.), *Statistical handbook on women in America*. Phoenix, AZ. Oryk Press.

416. Tanner, J. Sequence, tempo and individual variation in the growth and development of boys and girls aged twelve to thirteen. *Daedalus,* 1971, *100,* 907∼930.

417. Temoshok, L. and Dreher, H. (1992). *The Type-C connection: The behavioral links to cancer and your health*. New York: Random House.

418. Terkel, S. *Working*. New York: Pantheon, 1974.

419. Thomson, J. *The ethics of Aristotle: The Nichomachean Ethics translated*. New York: Penguin Books, 1953.

420. Thoreau, H. Civil disobedience (1849). In P. Stern, ed., *The annotated Walden*. New York: Bramhall House, 1970.

421. ——. *Walden* (1854). Introduction by B. Wiley. New York: Bramhall House, 1961.

422. Tresemer, D. *Fear of success*. New York: Plenum, 1977.

423. Troll, L. *Early and middle adulthood: The best is yet to be-maybe*. Monterey, California: Brooks/Cole, 1975.

424. Turin, A., and Johnson, W. Biofeedback therapy for migraine headaches. *American Journal of psychiatry,* 1976, *33,* 517~519.

425. Turkle, S. (1995). *Life on the screen Identity in the age of internet*. New York: Simon and Schuster.

426. Twain, M. *The adventures of Tom Sawyer*. New York: Nelson Doubleday, 1876.

427. U. S. Bureau of Census (1995). *Statistical abstract of the United States: 1995*. 115th Edition. Washington, DC: U. S. Government Printing Office

428. U. S. Bureau of Census, Current Population Reports. (1989). *Studies in marriage and the family*. Washington, DC: U. S. Government Printing Office.

429. U. S. Department of Commerce, Bureau of the Census. *Current Population Reports,* Series P-20, No.365. Washington, D. C.: U. S. Government Printing Office, 1981.

430. ——. *Current Population Reports*. Washington, D. C.: U. S. Government Printing Office, 1977.

431. U. S. Department of Health, Education and Welfare. *Healthy people: The Surgeon General's report on health problems and disease prevention. Washington, D. C.: U. S. Government Printing Office, 1979.*

432. U. S. Department of Health, Education and Welfare: Health Care Financing Administration, Health Standards and Quality Bureau. *Working with older people: A guide to practice.* Vol. I. *The knowledge base.* Washington, D. C.: U. S. Government Printing Office, 1978.

433. U. S. Department of Health and Human Services, Public Health Service, Office of Health Research, Statistics and Technology. *Monthly vital statistics report,* vol. 29, no. 13. September 17, 1981.

434. U. S. Department of Labor. (1987) *Employment and earnings Vol.34.* Washington, D. C.: U. S. Government Printing Office.

435. U. S. National Center for Health Statistics. *Vital statistics of the United States.* Washington, D. C.: U. S. Government Printing Office, 1977.

436. U. S. *News and World Report.* September 8, 1980, p. 52.

437. Vachon, M., Lyall, W., Rogers, J., Freedman-Letofsky, K., and Freeman, S. A. controlled study of self-help intervention for widows. *American Journal of Psychiatry,*1980, *137,* 1380~1384.

438. Vaillant, G. *Adaptation to life.* Boston: Little, Brown, 1977.

439. Vaillant, G., and Milofsky, E. Natural history of male psychological health: IX. Empirical evidence for Erikson's model of the life cycle. *American Journal of Psychiatry,* 1980, *137,* 1348~1359.

440. Vaillant, G., and Vaillant, C. Natural history of male psychological health: Work as a prediction of positive mental health. *American Journal of Psychiatry,* 1981,*138,* 1433~1440.

441. Vandenburg, B. Play and development from an ethological perspective. *American Psychologist,* 1979, *33,* 724~738.

442. Vecchio, R. The function and meaning of work and the job: Morse and Weiss (1955) revisited. *Academy of Management Journal,* 1980, *23* 361~367.

443. Veroff, J., and Feld, S. *Marriage and work in America: A study of motives and roles.* New York: Van Nostrand-Reinhold, 1970.

444. Visher, E., and Visher, J. *Stepfamiles: A guide to working with stepparents and stepchildren.* New York: Bruner/Nazel, 1979.

445. Voydanoff, P. The relationship between perceived job characteristics and job satisfaction among occupational status groups. *Sociology of Work and Occupation,* 1978,*5,* 179~192.

446. Wagner, C. Sexuality of American adolescents. *Journal of Adolescence,* 1980, *15,* 567~580.

447. Lookin' good but feelin' bad. Music by Thomas Waller, and lyrics by Lester Santly. Chappell Music, 1929.

448. Warner, W., and Abegglin, J. *Big business leaders in America.* New York: Harper, 1955.

449. Warner, W., Weeken, M., and Eels, K. *Social class in America.* Chicago: Science Research, 1949.

450. Weingarten, H., and Kulka, R. *Parental divorce in childhood and adult adjustment: A two generational view.*Presented at the annual meeting of the American Psychological Association, New York City, September, 1979.

451. Weiss, E., and English, O. *Psychosomatic medicine.* Philadelphia: Saunders, 1957.

452. Weiss, R. *Going it alone: The family life and social situation of the single Parent.* New York: Basic Books 1979.

453. ——. *Marital separation.* New York: Basic Books, 1975.

454. ——. *Loneliness: The experience of emotional and social isolation.* Cambridge, Mass.: Massachusetts Institute of Technology Press, 1973.

455. Weisskopf, W. Existence and values. In A. Maslow, ' ed.,*New knowledge in human values.* Chicago:

Regnery, 1959.

456. Weitzman, L. To love, honor and obey? Traditional legal marriage and alternative family form. In A. Skolnick and J. Skolnick, eds., *Family in transition.* 2nd ed. Boston: Little, Brown, 1977.

457. Wheelis, A. *How people change.* New York: Harper & Row, 1973.

458. White, B. *The first three years of life.* Englewood Cliffs, N. J.: Prentice-Hall, 1975.

459. White, R. Strategies of adaptation: An attempt at systematic description. In B. Coelho; A. Hamburg; and J. Adams, eds., *Coping and adaptation.* New York: Basic Books, 1974.

460. ——. *The enterprise of living: Growth and organization in personality.* New York: Holt, Rinehart and Winston, 1972.

461. White, R., and Watt, N. *The abnormal personality.* 5th ed. New York: Wiley, 1981.

462. Whiting. B., and Pope, C. A. cross-cultural analysis of sex differences in the behavior of children age three through eleven. *Journal of Social Psychology,* 1973,*9,* 171~188.

463. Whiting. B., and Whiting, J. *Children of six cultures: A psycho-cultural analysis.* Cambridge, Mass.: Harvard University Press, 1975.

464. Witkin, H., et al. Personality through perception.

New York: Harper, 1954.

465. Whitman, W. Song nf Myself (1855). In *Leaves of Grass*. New York: W. E. Chapin and Company, Printers, 1867.

466. Wilde, O. *Lady Windemere's fan,* Act III. London: S. French, Ltd., 1893.

467. Williams, R., Logue, E., Lewis, J., Barton, P., Stead, N., Wallace, A., and Pizzo, S. Physical conditioning augments the fibrinolytic response to venous occlusion in healthy adults. *New England Journal of Medicine*. 1980, *302*, 987~992.

468. Wilson, E. *On human nature*. Cambridge, Mass.: Harvard University Press, 1978.

469. Wilson, R. (1996). Unconventional cures: Universites study alternative treatments to enhance traditional medicine. *Chonicle of Higher Education*, January 12, A15-16.

470. Wolfman, B., and Bean, J. *Superwoman, Ms. or myth: A study of role overload*. Paper presented at the annual meeting of the American Educational Research Association. Boston, Mass., September, 1980.

471. Wolman, B. *Mental health and mental disorders*. In B. Wolman. ed., *Handbook of clinical psychology*. New York: McGraw-Hill, 1965.

472. Yalom, I. *Existential psychotherapy*. New York: Basic

Books, 1980.

473. Ziegler, E. Letter to the editor. *New York Times Magazine,* July 18, 1975.

474. Zissook, S. and Shuchter, S. (1993). Uncomplicated bereavement. *Journal of Clinical Psychiatry, 54,* 365 ～372.

475. Zuckerman, M. *Sensation seeking: Beyond the optimal level of arousal.* Hillsdale, N. J.: Erlbaum, 1979.

476. Zuckerman, M., Eysenck, S., and Eysenck, H. Sensation seeking in England and America. *Journal of Consulting & Clinical Psychology,* 1978, *46,* 139～149.

適應與心理衛生：人生週期之常態適應　心理學叢書 21

著　　　者 ／ Dougias H. Powell◎著

譯　　　者 ／ 俞筱鈞◎譯

出 版 者 ／ 揚智文化事業股份有限公司

發 行 人 ／ 葉忠賢

總 編 輯 ／ 閻富萍

責任編輯 ／ 范湘渝

登 記 證 ／ 局版北市業字第 1117 號

地　　　址 ／ 台北縣深坑鄉北深路三段 260 號 8 樓

電　　　話 ／（02）8662-6826

傳　　　真 ／（02）2664-7633

印　　　刷 ／ 偉勵彩色印刷股份有限公司

初版三刷 ／ 2009 年 3 月

I S B N　 ／ 957-9272-82-4

定　　　價 ／ 新台幣 500 元

電子信箱 ／ yangchih@ycrc.com.tw

網　　　址 ／ http://www.ycrc.com.tw

國家圖書館出版品預行編目資料

適應與心理衛生：人生週期之常態適應／
　Douglas H. Powell 著；俞筱鈞譯. --初版.
　--臺北市； 揚智文化， 1996〔民85〕
　　面； 公分. --（心理學叢書；A3021）
　譯自：Understanding human adjustment :
normal adaptation throuth the life cycle
　參考書目：面
　ISBN 957-9272-82-4(平裝)

1.適應(心理)　2.發展心理學　3.心理衛生

178.2　　　　　　　　　　　　　　85009859